Zur Sache,
wenn's beliebt!

AUGUST EVERDING

Zur Sache, wenn's beliebt!

Reden, Vorträge und Kolumnen

Mit einem Vorwort von Peter Wapnewski

WILHELM HEYNE VERLAG
MÜNCHEN

Ich danke meiner Referentin
Christine Reif für die redaktionelle Zusammenstellung
und Bearbeitung der in diesem Buch abgedruckten Reden
und Vorträge.

AUGUST EVERDING

Umwelthinweis:
Dieses Buch wurde auf chlor- und säurefreiem Papier gedruckt.

Umschlaggestaltung: Christian Diener, Berlin
Satz: Leingärtner, Nabburg
Druck und Bindung: Ebner Ulm

ISBN 3-453-11522-8

INHALT

Dritter Teil
Dankesreden. 153

Vierter Teil
Zum Theater 177

Vorwort von Peter Wapnewski

Semper Augustus

I

Zur Sache, wenn's beliebt. Hier stock ich schon. *Wenn's beliebt?* Ein Schiller-Zitat, zur geläufigen Phrase verblaßt. Macht das die Sache besser? Man hüte sich, die einladende Formel falsch zu verstehen. Es geht in diesem Buch, in dieser Versammlung von Reden, Vorträgen, Glossen nicht um das Beliebige, nicht um das Angebot dessen, wie es anderen, wie es Euch gefällt. Der Titel meint vielmehr: *Kommen wir zum Eigentlichen, wenn ich bitten darf.*

Und diese Bitte ist von der Art, die keinen Widerspruch erlaubt. Womit wir bereits bei einer Eigentümlichkeit des Theatermannes, des Kunstmannes Everding sind. Liebenswürdigste Manieren, artigste Worte über harter Substanz, die sie decken – und schützen. Die spielerische Geste, die leicht geschürzte Heiterkeit und der schnellfertige Witz sind die Instrumente seines Tuns, mit denen er das kleine und das große Welttheater installiert. Denn *All the World's a Stage …* Und von der dieser Welt entsprechenden, Welt schaffenden, Welt klärenden und erklärenden Funktion des poetischen Theaters zeugen diese prosaischen Darlegungen, die ergänzen, begründen und als Beiwerk begleiten, was ihres Autors eigentliches Werk und Geschäft ist.

August Everding: ein Macher. Der Begriff ist allgemeiner Mißbilligung anheimgefallen, was Ausdruck des deutschen Bedürfnisses ist, verträumtes Spekulieren über das pragmatische Tun zu erheben. Es steckt indes viel Wahrheit in dem Wort: Poesie verdankt sich dem *poieîn, Machen*, und die göttliche Schöpfertat begreift sich in der Formel des *Deus artifex,* des Gottes, der die Welt *gemacht* hat. *Ars* ist das aus Kunst, mit Kunst Gemachte – und davon und von den Artisten ist die Rede in diesen Kapiteln.

II

Der guten Ordnung halber ist das Ganze vier Teilen anvertraut gemäß den Themen, die bestimmter Gelegenheit und aktuellen Ereignissen verpflichtet sind. Aber man wird leicht entdecken, daß es immer wieder hinausläuft auf Konstanten, deren Reihung und Fügung als der *cantus firmus* die Grundmelodie liefert, um deren Lauf sich die vielen Noten der Nebentöne und Akkorde schlingen. Immer wieder die fordernde Frage nach dem, was Kunst will, was Theater soll. Nämlich: erregen, beunruhigen, Sand streuen ins Getriebe einer sich so fraglos wie unbefragt abspulenden Routine, Partisan sein im System des ›Normalen‹, um dessen Absurdität aufzudecken in den angemaßten Geltungsbereichen der Realität.

Kunst und Realität: immer wieder das Postulat, daß die Kunst nicht Wirklichkeit zu finden, sondern sie neu zu erfinden habe (nach einem Verdi-Wort). Daß sie nicht das Sichtbare zeige, sondern sichtbar mache (nach einem Klee-Wort). Immer wieder die Weisung in Richtung auf den unbekannten Ort der Utopie, die in Form der konkreten Hoffnung einen festeren Boden liefert als das längst vermessene Land. Immer wieder die Mahnung und Belehrung, Kunst zu begreifen als Resultat geistigen Bemühens, denn Kunst – immer wieder betont es dieser Text, sich auf Ludwig Thoma berufend und auf Arnold Schönberg – leitet sich ab von Können, das aber heißt vielmehr: von *Müssen*. Wobei es den Autor erfreuen wird zu erfahren, daß solchem *Können* etymologisch das *Kennen* vorausgeht, eines das andere bedingend. Das aber heißt: Jegliches Erfahren von

10

Kunst, dem blanken Genießen entgegengesetzt, ist Resultat von Kennen und Einsicht, von Bemühung und Kenntnis. Denn man begreift – nach einem Goethe-Wort – nur, was man kennt.

Die Praxis aber der Bühne, die *mise en scène*, ist das Ergebnis eines mit handwerklichen Mitteln in die Realität überführten Traumes. Wehe dem, der nur träumt. Wehe dem, der nicht träumt. Wenn alle Welt eine Bühne ist, dann ist alles Leben eine Probe, ein Probieren hin auf das endliche Produkt von Traum und Handwerk. Und die theatralische Vorstellung ist, was das Handwerk gemacht hat aus dem Gebilde von Willen und Vorstellung.

Kunst ist nicht weltflüchtig, sondern weltinnig; nicht weltfremd, sondern weltvertraut; nicht weltentrückt, sondern weltschaffend. Kunst ist die Darlegung des Entwurfes, der dem Menschenwesen zugrundeliegt. Und dem gerecht zu werden der Mensch beharrlich bestimmt ist.

Kunst ist die Bühne für den *Homo sapiens*, als welcher er das Produkt ist der Verbindung von *Homo ludens* und *Homo faber*. Und ihr Movens ist die Phantasie, die, wofern an der Macht, sich nur behaupten kann im Verein mit der sie zivilisierenden Energie der *ratio*. Denn nichts ist diesem Künstler Everding, dem der Fundus der Gefühle so nah vertraut ist, daß er ihnen auch mißtraut, verdächtiger als das »emotionale Gespräch«, als die unkontrollierte Eruption undisziplinierter Empfindungen aus dem Nebelreich des »Irgendwie«. Man denkt an das große Wort Serlos, an Wilhelm Meister gerichtet: *Ich habe aber bei Schauspielern, so wie überhaupt, keine schlimmere Anmaßung gefunden, als wenn jemand Ansprüche an Geist macht, solange ihm der Buchstabe noch nicht deutlich und geläufig ist.* Serlo ist, wie man weiß, Theaterdirektor. Wir aber, die Nicht-Schauspieler, halten uns an das »so wie überhaupt«.

11

III

Der Redner Everding hat sich eingeübt in das Regelwerk der antiken Rhetorik und ihrer Forderungen. Darin ist verlangt, daß der Redner zu allem Beginn – denn auf den Beginn kommt es an – den Hörer dreifach fessele. Dadurch nämlich, daß er ihn *benevolum, attentum* und *docilem* mache. Solchem Postulat gemäß verfährt der Redner Everding. Er versäumt nicht das artige Kompliment an die Fachkompetenz seiner jeweiligen Hörerschaft. Er läßt lockend durchblicken, um was es in der Folge gehen wird. Und solche Erregung von Aufmerksamkeit ist verbunden mit einer auch den Charakter der These nicht scheuenden Belehrung.

Indes, die geläufige Regel erfüllt ihren Zweck nur, wenn sie hinüberführt zur Eigen-Gesetzlichkeit. So, indem Everding das Fangnetz des Witzes ausschwingt, das komödiantische Vergnügen am Wortspiel, die flotte Formulierung, das dralle Bild nicht scheuend (»wer den Zeitgeist heiratet, wird bald Witwer sein«). Und uns, *à part* sprechend, über das Wesen des Humors belehrt. Der ja nichts zu tun hat mit Gewitzel und Gelächter, mit Komik und Juxerei, sondern der eine sehr ernste Sache ist und eine Form, die Gebrechlichkeit der Welt zu ertragen, indem man sich selber als ein Teil dieser Versehrung erkennt. Mit Everdings Worten: »Humorlosigkeit ist die Unfähigkeit, eine andere Wirklichkeit wahrzunehmen als die eigene.« Das läßt sich auch positiv ausdrücken: die Fähigkeit, die Wirklichkeit der anderen wahrzunehmen – und sie als korrigierende Einschränkung der eigenen zu begreifen.

Solche Bemeisterung des Lebens kraft des helfenden Humors erweist sich auch in mancher Selbstcharakteristik des Autors. Wenn er sich etwa unbefangen (oder befangen?) als »eitel« bezeichnet, dann bestätigt das: Er kann die Wirklichkeit seiner Person aus der Wirklichkeit einer anderen heraus betrachten. Wie weit indessen diese Eigenbestimmung zutrifft, bleibe hier unerörtert, die Eitelkeit ist eine tausendfältig facettiert sich anbietende Form der Menschlichkeit, schwer bestimmbar wie schon das vieldeutig schimmernde Wort, und gelegentlich naht sie sich sogar der Maske der Demut. Zu schweigen von der alttestamentlichen Weisheit, die dem *Homo religiosus* Everding sehr vertraut ist: daß nämlich alles eitel ist ...

IV

Prima la musica, dopo le parole. Dieses seit Salieri über Mozart bis hin zu Strauß (Krauss) anfechtbar-angefochtene ästhetische Postulat ließe sich, auf die Person Everding bezogen, verstehen als Imperativ: *la musica* ist das Erste, ihr gebührt der Primat. Und seine *musica* ist seine Arbeit, sein Werk als Regisseur, als Intendant, als »Macher« der Theaterszene und Theaterwelt. Solcher *musica* folgen die ihr unterzulegenden *parole*, eine Art von Generalbaß-Bezifferung. Sie leiten nicht, sie begleiten. Und die An-Rede in diesen Reden ist immer auch Selbstgespräch, in der Einsamkeit gedacht, in der Stille gehört. Es gibt – wie denn nicht – unzählige Photos des Theatermannes A. E. Eines davon hat sich mir nachdrücklich eingeprägt, es schmückt den Umschlag des Geburtstagsbandes aus dem Jahre 1988. Da steht er auf kahlen Bühnenbrettern, Hand am Kinn, der Kopf gesenkt, und ist allein. So allein, daß man die Einsamkeit zu hören meint. Bevor aber dieses Bild sich allzu aufdringlich als Sinnbild anbietet, ziehe ich den Paragraphen 86 jener »Regeln für Schauspieler« heran, die der Theaterdirektor Goethe (der von Everding bei sich ergebender Gelegenheit gerne kollegial Angesprochene) formuliert hat: *Wer allein auf dem Theater steht, bedenke, daß auch er die Bühne zu staffieren berufen ist, und dieses um so mehr, als die Aufmerksamkeit ganz allein auf ihn gerichtet bleibt.*

V

Der Staatsintendent A. E. stellte sich 1978 in seinem ihm nunmehr anvertrauten Münchner Hause vor mit einer Inszenierung der *Zauberflöte*. Da gab es eine Szene, die mir seit jenem Abend als symptomatisch gilt für die Aufgabe, die Chance und Wirkung des Regisseurs. Im zweiten Akt hat Papageno in knäbischer Sehnsucht sich ein Mädchen oder Weibchen gewünscht. Wunderlich genug, die Alte, die ihn zuvor mit Wasser abgespeist und mit ihm die Schikanederschen Sprachschnurren abgekalauert hat, *verwandelt sich in ein junges Weib*. Dergleichen ist der Bühne ein Leichtes, Zauberei solcher Art ist ihre Normalität. Was aber macht Everding aus diesem vergnüglich-harmlosen Gaukelspiel? Er hat die Szene mit einem Brunnen ausgestattet, den Brunnen mit zwei Figuren geschmückt, zwei einander korrespondierenden Frauenskulpturen. Die eine aber, von Papageno wie von den Zuschauern – die diesmal nicht klüger sind als er – für steinern angesehen, *verwandelt sich*, und zwar in geprägte Form, die lebend sich entwickelt; *wird das junge Weib*, wird Papagena. Aus Marmor wird Fleisch, die eine, die bildende Kunst geht über in die andere, die darstellende; und sie beide werden zu liebendem Leben.

Was aber, fragt der Schulmeister in uns, was können wir daraus lernen? Wir erinnern uns, was Ovid von dem Bildmacher Pygmalion erzählt. Der hat seine Seele in das Kunstwerk gelegt – und es damit erlöst aus der steinernen Verbannung, hat ihm Leben verliehen. *Deus artifex*, Mensch aus Erde (Stein) gemacht. So auch der Regisseur. Ihm ist auferlegt, der ihm anvertrauten Materie Leben einzuhauchen, den Stein tanzen, den Buchstaben singen zu machen. Somit ein ständiger Mehrer zu sein: *Semper Augustus*.

Zu den bezeichnenden Wesenszügen des Menschen Everding (von denen hier aus gutem Grund die Rede nicht eingehend sein kann) gehört seine Fähigkeit zu danken. Er ist ein lebensdankbarer Mensch, er ist ein menschendankbarer Mensch. Dankbar auch seinem Lehrer Hans Schweikart, dem er in liebevoller Erinnerung zugetan ist. Er zitiert gerne Schweikarts Vorstellung vom Bilde des Intendanten-Amtes:

Der ideale Intendant ist zugleich ein Intellektueller, ein Manager – ein Enthusiast, Don Quichotte und Geschäftsmann, ein Zentaur mit einer Dichterstirn und vier derben Pferdefüßen.

Soweit Schweikart. Und nun zur Sache. Ob 's beliebt oder nicht.

ERSTER TEIL

*Kultur – Politik –
Wissenschaft – Glaube*

Kultur und Politik

★

An diesem Schnittpunkt der Geschichte zu reden –
vor Politikern im neuen Abgeordnetenhaus –,
das ist eine Herausforderung für einen Intendanten.

★

Warum lädt die Frau Präsidentin einen Intendanten ein, um bei Eröffnung des Parlaments zu reden? Wo doch die Intendanten nur an der Klagemauer stehen, bei jeder Einsparung das Ende der Kultur prophezeien und die Politiker mit ihren Subventionswünschen nerven. Warum lädt sie ausgerechnet einen Intendanten aus Bayern ein, um im ehemaligen Preußischen Landtag zu reden? Hat Berlin nicht selbst größere Namen und selbst viele Intendanten – manche meinen: zu viele?

Frau Laurien kennt sicherlich die Kunstdiskussion von 1886 im Bayerischen Landtag wo – überraschend für Bayern – sehr klar der Kulturstaat definiert wurde: Der Kulturstaat ist die Selbstdarstellung der Kultur als Staat. Dabei wurde die Staatsfreiheit der Kultur, die Autonomie innerhalb des Staatssystems postuliert – 1886. Auf der einen Seite hat der Staat eine Kulturgestaltungsmacht im Schützen und Pflegen, aber auch die Kultur hat Staatsgestaltungsmacht, denn die autonome Kultur formt und prägt den Staat.

Vielleicht wollte Frau Laurien auch jemanden von *extra muros* einladen, dem zudem die Obsorge für alle deutschen Theater zufällt, insbesondere die Erhaltung der Theater in den neuen Bundesländern, jemanden, der mit dem Deut-

---

Festrede zur Eröffnung des Berliner Abgeordnetenhauses am 28. April 1993

19

schen Bühnenverein für den Erhalt auch der vielen kleinen Theater und für das Ensemble-Theater kämpft.

Ich danke für die Einladung und für die Ehre, die mir widerfahren ist.

Ich werde hier mit einem Bühnenbild konfrontiert, vor dem ich und in dem ich noch nie sprechen durfte. Ambiente nennt man das neudeutsch, aber ich meine mehr: Dies ist ein Bühnenbild, von einem surrealen Historienmaler entworfen – nein, von unserer verrückten Geschichte vollzogen. 1965 fragten in Berlin die Historiker: »Wozu noch Historie?« Man schien Geschichte nur noch als Steinbruch benutzen zu wollen, aus dem man sich das gerade Gebrauchte herausbrechen wollte. Dieser Platz hier zeigt, wozu Historienbetrachtung nötig ist: Er demonstriert, was Geschichte anrichten kann und nie mehr anrichten darf, was Geschichte ausrichten und auch wieder einrichten kann. Geschichte waltet nicht, Geschichte wird von Menschen – von uns – gemacht.

Dort der Gropius-Bau mit seiner Verbindung von Kunst und Politik, wenige Meter von uns Reste der Mauer, gegenüber das ehemalige Reichs-Luftfahrtministerium. Das Prinz-Albrecht-Palais mahnt uns mit seiner Topographie des Terrors, und in der Mitte der Szenerie dieses Haus, in der bürgerlichen Formensprache der Hochrenaissance gebaut – für viereinhalb Millionen Goldmark – was wäre das heute? Göring war hier als preußischer Ministerpräsident Hausherr und wollte, wie er es nannte, »aus dem Haus der Schwätzer ein Haus der Flieger« machen. Im Festsaal oben, wo nun Gerhard Richters offene Farbenwelt leuchten wird, gründete Rosa Luxemburg die KPD. In diesem Saal regierte die Weimarer Koalition, hier war der Volksgerichtshof, hier tagte der Ministerrat unter Grotewohl, hier verplante eine staatliche Planungskommission einen Staat, und auf dem Dach dieses Hauses war die große Abhöranlage für ganz Berlin. Und ab heute vertritt dieses Parlament ganz Berlin.

Auferstanden aus Ruinen eines Landes, einer Stadt, wurde dieses Haus bei der Wiederbelebung nicht zu Tode historisiert, es wurde eine Verbindung zwischen Altem und Neuem gefunden, hinter den modernen Lamellen sehen Sie dort die alten Mauern. Der Redner an diesem Pult schaut in die Röhre – oben, in moderne Technik, in die Konstruktion, Sie, die Abgeordneten, schauen in den Berliner Himmel, in den Olymp, und hoffen, daß es bald ein olympischer Himmel sein wird. Auch sonst hat es viel mit modernen Bühnenbildern zu tun: Die werden auch nie zur Premiere fertig, kosten um ein Vielfaches mehr als geplant, aber im Gegensatz zu anderen öffentlichen Häusern funktioniert hier die Sprechanlage. Hier wird ab heute gemeinsam debattiert, gestritten, abgestimmt, beschlossen, verworfen – regiert, auf daß auch Politik in unserem Land wieder Kultur wird. Ach ja, das ist ja mein Thema: Kultur und Politik.

In diesem Bühnenbild, wo Kunst, Terror, Politik, Lüge und Wahrheit angesiedelt waren, spreche ich in einer Stadt, die Hauptstadt unseres Landes ist und sich bemüht, auch Kulturhauptstadt zu sein. Aber Gott und der Geschichte sei Dank, Deutschland hatte, trotz der herausragenden Stellung Berlins in den 20er Jahren, nie nur eine Kulturmetropole. Berlin war nie Paris. In Deutschland waren Darmstadt, Meiningen, Düsseldorf, München, Dresden Kulturhauptstädte. Berlin hat jetzt wieder seine drei Opern und braucht sie – aber Qualität stellt sich nicht mit der Quantität ein. Man hat nicht Kultur, man habe sie – und immer aufs Neue. Dieser Konjunktivus optativus treibt uns an, fordert uns heraus im Dschungel und im Garten Eden der Kultur.

Kultur ist untrennbar von der Politik. So wie nach Beuys – potentiell – jeder Mensch ein Künstler ist, so ist unser aller Tun politisch. Nicht nur Inhalte machen Kultur aus, sondern auch, wie man miteinander lebt. Kultiviert leben heißt nicht bürgerlich leben. Kultiviert und Kultur sind Unterschiede; der Unterschied von gesittet und Gesinnung. Kultur

21

und Politik sollten verhindern, daß Böse und Blöde sich durchsetzen.

Aber aus noch einem Grund, der viel mit diesem Haus zu tun hat, spreche ich hier. Die Erinnerung an diesen Grund schmerzt einen Opernmann. Am 25. März 1931 wurde hier mit 213 Stimmen der Rechtsparteien und des Zentrums bei Stimmenthaltung der Sozialdemokraten und den Gegenstimmen der KPD die Schließung der Kroll-Oper beschlossen.

Unter dem Vorwand von Sparmaßnahmen wurde ein moralisch-künstlerischer Geist getötet. Die Kroll-Oper wurde der Reichstag der Nazis. Publikum, Politik und Presse haben gegenüber der Idee Kroll-Oper versagt. Es war ein Kampf gegen das Bauhaus, gegen das Kronprinzenpalais, man wollte wieder den Anschluß an die bürgerliche Opernkonvention. Das unkonformistisch moderne Konzept dieser Oper wurde mit dem Linkspolitischen identifiziert. Das anregendste Musiktheater mit eigenem Ensemble und den niedrigsten Kosten wurde geopfert, um, wie der Abgeordnete Koch sagte, »die jüdisch negroide Epoche der preußischen Kunst« zu beenden. Im Sitzungsbericht ist ein Satz des Abgeordneten Köppen zu lesen, der hoffentlich diesem Parlament niemals nachgesagt werden kann. »Das Parlament ist das denkbar ungeeignetste Forum für die Behandlung künstlerischer Fragen.« Nach der Sitzung wurde auf dem Nachhauseweg der Spiritus rector der Kroll-Oper, Otto Klemperer, von einer Gruppe Nationalsozialisten angepöbelt und angegriffen – März 1931.

Von George Steiner stammt das Wort – »wenn ich mich auf Kunst einlasse, begegne ich der Absolutheit der Freiheit«. Ich glaube, Politik, die sich der Kunst verweigert, verfehlt letztlich die Freiheit. Aber uns geht es nicht nur um Nicht-Verweigern, es geht darum, daß Kunst und Politik dialogfähig werden, sich nicht wie Sparringspartner wortlos abschätzend abtasten.

Die absolute Freiheit des Künstlers in seinem Schaffen muß der Politiker schützen, nur da nicht mehr, wo der Künstler zum Terror aufruft. Aber welche Revolution ist in ihrem Beginn jemals ohne Gewalt ausgekommen? Aber Sie sollten nicht nur schützen, auch schätzen, müssen uns akzeptieren, nicht nur dulden, mit uns genießen und uns nicht nur als didaktisches Hilfsmittel hinnehmen. Der Politiker sollte sich den Künsten hingeben können und nicht nur den Sittenverfall anprangern. Er sollte sich mit ihnen beschäftigen, mit den zeitgenössischen genauso wie mit den überlieferten, und nicht nur das unverständliche Experiment in ihr sehen. Aber auch der Künstler sollte in der Politik nicht das notwendige Übel sehen, den Politiker nicht als Geldbesorger mißbrauchen, ihn nicht nur in der Satire, die alles erlaubt, aufspießen und verhöhnen. Der Politiker ist unser Bruder in Thalia und Terpsychore, in Marc Aurel und im Freiherrn von Stein. Der Künstler sollte auch nicht leichtfertig mit seiner Verantwortung und der Freiheit umgehen. Aber besser noch Mißbrauch der Freiheit als Unfreiheit.

Der Künstler ist ein Mitverwalter der Schöpfung, er trägt zur Zerstreuung des Schöpfers bei. Er ist aber auch Aufklärer wie der Politiker, beide sind Träger des Lichts, sind Lucifer. Sieben Jahre vor der Jahrtausendwende denken wir an die chiliastischen Ängste des Jahres 1000 zurück. Silvester II. hatte böse Vorahnungen, er konnte aber nicht ahnen, daß wir Nachfolger in der Wende, der Jahrtausendwende, das Wissen, die Kraft und das Vermögen haben würden, unsere Erde zu vernichten.

Berlin ist der Fokus für die nächsten Jahre, aber nicht im Gedanken des Zentralismus. Wir brauchen keine auf eine Metropole ausgerichtete Kulturpolitik, keine zentralistische Brüsseler Kulturhoheit. Es gilt die Einheit in der Vielfalt zu wahren. Eine homogene nationale Kultur gibt es nicht. Deutschland kann – auch kulturell – nicht leben, wenn in Deutschland keine Ausländer mehr leben können.

Der Kulturpolitiker hat zur politischen Kultur der Demokratie beizutragen.

Politiker und Künstler sollten kraft ihrer Phantasie, die das Unmögliche möglich macht, fähig sein, eine Utopie zu entwerfen und diesen ortlosen Ort zu einem Zentrum zu machen. Utopie ist keine Schimäre, nicht alle Utopien sind uns heute abhanden gekommen, es wurden Utopisten entlarvt. Nur durch Utopie wird Wirklichkeit weitergebracht. Paul Tillich sagt:»Mensch sein heißt, Utopie haben.«

Ich denke an ein Wort von Verdi:»Wenn man die Wirklichkeit nachbildet, kann etwas recht Gutes herauskommen, aber Wirklichkeit erfinden ist besser, weit besser.«

Kultur ist eine Vision – entworfen kraft der Phantasie eines Erfinders, eines Pioniers, eines Phantasten, eines Wirtschaftlers, eines Politikers. Wir alle leben von der Vision einer besseren, einer friedlichen Welt.

Man wagt es heute kaum auszusprechen: Politik und Kultur haben auch etwas mit Freude zu tun. Freude zu bewegen, zu erneuern, Freude an der Freude. Die verbissenen, humorlosen Kandidaten, die Endzeitbeschwörer übertragen ihre Schwierigkeiten auf den Lauf der Welt und vergessen, daß Mitbürger bei uns und miteinander feiern wollen, festlich gekleidet und hochgestimmt. Ich spreche keinem euphemistischen Optimismus das Wort, aber Kultur hat auch manchmal Schutzmantelfunktion, bietet Stille für das Verweilen, für die Muße mit den Musen. Schiller mahnt uns:»Der Mensch darf sich nicht versäumen.« Die Schutzmantelfunktion aber sollte nicht zur Deckmantelfunktion verkommen. Kultur sollte den Politikern nicht als Ausrede, als Dekorum, als Feigenblatt dienen.

In vielen Diskussionen, besonders in den neuen Bundesländern, treffe ich Menschen, die auf der Suche nach ihrer verlorenen Identität sind oder trotzig eine Restidentität verteidigen. Dieser schillernde Begriff, der, bevor er ins Feuilleton kam, in der Völkerkunst und in der Psychologie – besonders in der Kinderpsychologie hier in Berlin – große Bedeutung erlangte, er will besagen: Es gilt, ein klares Bewußtsein seiner selbst zu haben, ein Bewußtsein seiner selbst, auf das ein Selbstwertgefühl des einzelnen wie der Gruppe gründet. Ohne dieses Selbstwertgefühl, das nicht frei von Zweifeln ist, droht der Untergang.

Kultur denkt man, fühlt man nicht nur, Kultur muß man leben, besser, mit Kultur muß man aufwachsen. Auch darum kämpfen wir um den Erhalt der vielen Theater, Museen und Orchester in den kleinen Städten der alten und neuen Länder. Ich bitte zu verstehen, daß ich nicht genug über die nicht subventionierte Kultur spreche. Aber gerade in dieser Stadt erfährt die Zwischen- und Subkultur mehr Förderung als anderswo. Sicherlich gilt es zu sparen, vor allem bei Prestigeobjekten, denn auch hier gilt Bertolt Brechts Frage: »Was ist besser, sich die Fußnägel zu schneiden oder immer größere Stiefel anzuschaffen?«

Leider wird immer zuerst beim schwächsten Glied der Kette gespart – am Kulturetat.

Horaz hat Recht. Der Kultur Aufgabe ist: docere, delectare, movere. Frei übersetzt: belehren, erregen, bewegen. Aber sie vermag auch ihre Partner dialogfähig machen, uns zu erretten vor dem Verstummen, vor unserer Sprachlosigkeit. Ein regierender Politiker nannte das Gespräch das einzige noch verbliebene revolutionäre Politik-Prinzip. Längst erhalten wir nicht mehr Antworten auf unsere Fragen. Viele wollen nicht einmal mehr wählen. Längst kommt kein »Et cum spiritu tuo« auf das »Dominus vobiscum« zurück, unsere Kunst-Fragen sind oft zu schwer, zu unverständlich gestellt, »Friß Vogel oder stirb« ist keine gute Einstellung für die Begegnung mit unserem Publikum.

Aber Kunst kann auch nicht alles bequem, leicht verdaulich, häppchenweise als Fast food anbieten, »Kunst«, so sagt Paul Klee, »gibt nicht das Sichtbare wieder, sie macht sichtbar.«

Und Gegenstand der Kunst ist – nach Heiner Müller – die Unerträglichkeit des Seins. Wie antworten wir auf diese Herausforderung? Manche halten es mit den Beckettschen Helden: »Tun wir lieber nichts, das ist sicherer.« Viele von uns wissen gar nichts, aber alles besser. So entsteht kein Dialog. Kunst ist Kunst, alles andere ist alles andere. Dabei müssen wir Kulturbeflissenen aufpassen, daß sich nicht wieder jene antirationale, politikverachtende geistige Strömung bildet wie Ende der 20er Jahre, die den Nationalsozialisten keinen aktiven Widerstand entgegensetzte. Leider führen viele politische Vorkommnisse in Europa zu Politikverdrossenheit und die »Geistigen« – in Anführungsstrichen – wollen sich wieder auf's Wesentliche zurückziehen, mit Politik macht man sich ja nur dreckig. Ja, mit Politik muß man sich manchmal auch dreckig machen – beim Dreck aufräumen.

Was haben Kultur und Politik miteinander gemeinsam? Das Gemeinwohl. Der Allgemeinheit ist aber weder bei Ihnen noch bei uns mehr wohl. Sie müssen unpopuläre Entscheidungen treffen mit Weitsicht und ohne Rücksicht, und auch wir dürfen nicht Everybody's darling sein. Wem Gott will rechte Gunst erweisen, den schickt er nicht mehr in die weite Welt, sondern macht ihn zum Günstling eines Mächtigen. Möge dieser zynische Satz nicht wahr bleiben.

Daß Kultur bei aller Freiheit und Politik, bei aller Freisinnigkeit auch etwas mit Moral zu tun hat, wollen wir bei dieser festlichen Stunde nicht zu erwähnen vergessen. In einem Hinweis für Reisende nach Miami habe ich als Sicherheitstip gelesen: »Bei Unfällen keine Erste Hilfe leisten.« Kulturpolitik leistet der Politik Erste Hilfe, sie versorgt sie mit Sauerstoff. Kulturpolitik weiß, daß der ökonomische Zugriff ein Zugriff auf die Kunst sein kann. Kulturpolitik rechnet mit dem, »was sich nicht rechnet«. Zeitgenössische Oper rechnet sich meist nicht, man muß aber mit ihr rechnen.

Viele fragen: »Ist das Theater denn sein Geld wert?« Es ist nicht *sein* Geld. Man kann die Frage auch ummünzen. Sind die Kirchen die Kirchensteuer wert? Wenn ich nur zweimal – bei der Taufe und der Beerdigung – hineingetragen werde und sonst nicht hingehe, vielleicht nicht. Und dennoch: Wenn Taufe und kirchliches Begräbnis die Tore zur Ewigkeit sind, ist die läppische Steuer zu wenig Eintrittsgeld. Viele klagen, das ebenfalls mit der Steuer einbehaltene Geld für das Theater sei zu viel, vor allem für die hohen Stargagen und die luxuriöse Ausstattung. Andere betonen, das teure Theater sei nur erträglich, wenn Stars sängen und es auf der Bühne viel zu sehen gebe. Das abzuwägen, das zu entscheiden ist Sache des Intendanten, den die Politiker wählen.

Ich bin gegen eine Basisdemokratie, weil – und da werden Sie nicht meiner Meinung sein – die Meinung der meisten in kulturellen Dingen nicht die Meinung der Besten sein muß. Politik ist kein Geschäft und Kultur kein Markt. Und doch handeln wir mit einer verletzlichen, leicht verderblichen Ware. Nein, nicht Ware. Unser beider Persona dramatis ist der Mensch, der sich unter Ihre Fürsorge begibt, der sich Ihnen anvertraut, der Ihnen traut, der auch an Sie glauben möchte, nicht als Hohepriester, aber als Vermittler zwischen der unpersönlichen Staatsmacht und ihm, der Ihnen seine Stimme gibt, auf daß Sie für ihn sprechen.

Uns gibt der Dichter sein Drama, der Komponist sein Stück, der Maler sein Gemälde, auf daß wir ihnen Stimmen geben, vokal und instrumental, daß wir sie sprechend, singend, ausgestellt zum Leben erwecken, sie in Berührung bringen mit den Mitmenschen, die sich an diesen Figuren reiben und erfreuen sollen, die ihnen Ratschläge geben oder ein falsches Leben vorleben, die sie zum Nachdenken, zum Feiern, zur Freude, zur Lust, zum Ärgernis anstoßen. Sie sind Gewählte, wir sind vom Kunstschöpfer auserwählt worden – das ist fürwahr ein schweres Amt. Sie sind kein Vertreter in Sachen Politik, aber Sie vertreten, sind Taufpate und Trauzeuge, man traut Ihnen als Zeuge; in Ihrem Bauchladen, nicht unter dem Arm, sind das Gesetz und das Wissen, wie es anzuwenden und nicht wie es zu umgehen geht. Wir sind keine Macher.

Wenn unsere Darsteller mit Sprache nicht mehr das auszudrücken vermögen, was der Dichter ihnen einsagte, singen sie. Sie müssen manchmal schreien, um noch gehört zu werden. Wir alle sind Verlautbarer. Mögen diesem Haus und allen Theatern dieser Stadt viele Verlautbarungen gelingen, die es wert sind, gehört und gelebt zu werden. Wir wollen es nicht mit den Franzosen halten, die sich zur Premiere »Merde« wünschen. Wir sagen toi, toi, toi oder passender für Berlin: Hals- und Beinbruch.

Kulturelle Aspekte zu Europa

★

Wir brauchen nicht zu Europa gezwungen zu werden,
Europa ist für die Kultur Urgrund, Odem und Leben.

★

Europa und Kultur sind Synonyme. Leider hat sich Europa auch durch Kriege, durch Verfolgung, durch Hochmut definiert. Aber Kultur ist kein Aspekt *an* Europa, keine Addition, kein Schönheitspflaster, kein äußeres Dekorum, Kultur hat Europa zu Europa gemacht. Jetzt droht Europa nur eine Wirtschaftsgemeinschaft zu werden, ein merkantiler Zusammenschluß aus nützlichen Erwägungen heraus. Kultur ist nie nützlich, die Bilanzen der Kultur sind nie ausgeglichen, Kultur ist wichtiger als das Flüssige, sie ist überflüssig und daher notwendend, notwendig. Unsere *Natur* ist verderbt, durch Erbsünde, durch Evolution, durch Sündenfall, durch Egoismus. Die Natur zu überwinden, aus Naturvölkern Kulturvölker zu machen, das ist der Impetus dieser größten aller Revolutionen. Aus Herdentieren Individuen, aus Bandenmitgliedern Avantgardisten zu machen, die in die Terra incognita vorstoßen und sich erstmalig an Höhlenwänden portraitieren, seiner selbst ansichtig zu werden, das vermag Kultur. Sie legt das atavistische Untier in uns an die Leine. Nur Kultur domestiziert diesen inneren Schweinehund und erzieht uns zu Humanität, zu Nächstenliebe, sie hegt das schönste Kind der Wahrheit, die Phantasie, sie vermag es, daß wir uns selbst übersteigen, sie läßt uns wesentlich werden. Nicht Kultur als *kleiner* Unterschied, als die große *Unterscheidung*. Sehen, hören, denken.

Vortrag, gehalten am 21. November 1992 beim Europäischen Kulturforum in Baden-Baden

Jetzt wollen wir auch die Hürde der Nationalstaatlichkeit überspringen und heißen uns Europäer. Gestatten Sie eine kurze Rückschau, die Sie alle kennen: Europa, was ist das? Die Europäische Gemeinschaft hat das hohe Ziel einer politischen Union der freien Staaten Westeuropas im Auge. Das Zusammenbrechen der Diktaturen im Osten, das Verschwinden der Mauer wirft neue Fragen auf. Geographisch gehört Rußland zu Europa, historisch hat es einen Sonderweg beschritten: Sehen Sie das orthodoxe Christentum, den Cäsaropapismus mit den Zaren, das Fehlen des eigenen gewachsenen Bürgertums. Aber das Schrifttum des 19./20. Jahrhunderts in Rußland hat nachhaltig Philosophie, Theologie und Literatur Europas beeinflußt. Die Expansion nach Westen beruhte auf westeuropäischem Denken: Die Französische Revolution und der deutsche Marxismus waren maßgebend. Die Auseinandersetzung Europas mit dem Kommunismus ist eine Auseinandersetzung Europas mit sich selbst.

Bedenken Sie, welche langen, schmerzhaften Wege wir gehen mußten, bis wir die jetzigen Richtwerte Europas für die freiheitliche und soziale Rechtsordnung erreicht hatten. Die Einigung Europas, so glaube ich, wird auch nur gelingen, wenn sie wirklich gewollt wird, wenn sie im Wissen und Wollen der Europäer verankert ist.

Uns fehlt, so scheint mir, noch das europäische Identitätsbewußtsein, das alle Nationen verbindet. Europa nicht *irgendwie* machen – *wie* machen!

Wir Westeuropäer sind keine rassische Einheit, Invasion und Wanderung haben uns durchwirkt. Bei aller Verschiedenheit: Es gibt keine höheren und niedereren Rassen. Sie alle sind im großen Tiegel geschmolzen und beispielsweise herrliche Rheinländer geworden, wie Zuckmayer es so trefflich in »Des Teufels General« beschreibt.

Die Kelten, die Italiker, die Germanen, sie alle sind Europas Grundfamilien und sie alle gehören zur indoeuropäischen Sprachfamilie.

Zu unserer aktuellen Ausländer- und Asylfrage sei hier noch angemerkt: Europa war im 19. Jahrhundert der Kontinent der Auswanderer. Zwischen 1815 und 1914 wanderten 50 Millionen Menschen aus. 32 Millionen davon in die USA. Von den 50 Millionen waren es 10 Millionen Deutsche, die im Ausland ihre neue Heimat suchten und fanden.

> Deine Zauber binden wieder
> was die Mode streng geteilt.
> Alle Menschen werden Brüder
> wo Dein sanfter Flügel weilt.

Bei Homer kommt sie noch gar nicht vor, die Miß Europa. Bei Hesiod (700 v. Chr.) war diese Halbgöttin entweder eine von den 10 000 Töchtern des Okeanos oder Tochter des Königs von Phönizien. Aber eines ist sicher: Unsere Europa war Asiatin. Unser Götterkönig Zeus entführte sie nach Kreta. Erst bei Hesiod (450 v. Chr.) ist Europa ein geographischer Begriff. Das ist der Norden des griechischen Festlandes. Die Griechen teilten die Erde ein in Europa, Asien und Libyen. Europa selbst kam nie nach Europa, sie blieb in Asien. Etymologisch gibt es keine befriedigende Antwort auf die Frage, was denn Europa heiße: eurus = weit; ops = Auge, Gesicht. Zeus europé heißt: Zeus sieht weit. Mir ist lieber, was die weibliche Form beschreibt: Eine Frau mit schönen Augen und schönem Gesicht. Ist das auch das Abbild unseres Europas heute? Europa ist ein Ergebnis der Geschichte. Es gab zwischen West-, Nord-, Mittel- und Südeuropa immer wieder Zeiten der Gemeinsamkeit: die Grabsteine, die Dolmen, gemeinsame Vorstellung vom Tod, die gemeinsame Technik, beispielsweise die gewaltigen Steinblöcke aufzustellen. Europas Weg zu Europa war lang: über die Kelten, das Weströmische Reich, die Germanen, das Reich Karls des Großen, die westliche Christenheit, zu den gotischen Kathedralen, Wiedergeburt in der Renaissance, die Vorherrschaft in

Handel, Industrie, Wissenschaft und Technik. Aber die große Rolle in der Welt hat Europa durch seine Kriege im 20. Jahrhundert verloren. Aber es hat den Weg zu Solidarität, Gleichheit, Menschlichkeit erkämpft, gegen Unwissen, Aberglauben, Atavismus. Aber kaum haben wir den Meilenstein erreicht und schon zerfällt die Welt in sich bekämpfende Serben und Kroaten, Herzegoviner, Iren, Katholiken, Protestanten, Schwarze und Weiße. Wir haben die Sklaverei, die Leibeigenschaft überwunden – und haben sie schon wieder in anderer Form. Wir haben die Stellung der Frau einigermaßen »hingekriegt«, haben die Grausamkeit des Strafvollzugs gemildert – und auch wieder nicht. Aus Reformation und Aufklärung erwuchs die Gewissensfreiheit, aber auch heute noch werden Schriftsteller mit Drohungen verfolgt und werden Dieben die Hände abgehackt. Europa ritt auf Zeus' Rücken in einen wunderbaren Fortschritt: die Idee der Freiheit und der Demokratie. Aber der Fortschritt war begleitet von furchtbaren Rückschritten: Folter, Inquisition, Hexenverbrennung, Vertreibung, Terror, Ausbeutung, Völkermord, Rassismus.

Europa ist kein erreichter Zustand, es ist ein immer wieder zu erstrebendes Futurum, ein Conjunctivus optativus. Man hat nicht Europa, man habe es. Ja, Europa hat sich über die Zivilisation zur Kultur durchge*kriegt*. Wirklich? Haben wir auf der Leiter der Entwicklung, die nur für die Fortschrittsgläubigen in den Diesseits-Himmel führt, die Würde jedes einzelnen Menschen achten und beachten gelehrt? Ich spreche heute über die kulturellen Aspekte dieses Europas, und in 16 Frauenkonzentrationslagern in Bosnien werden muslimische Frauen Tag für Tag, Stunde für Stunde vergewaltigt. Sie werden in den Lagern gehalten, bis sie hochschwanger sind und dann körperlich und seelisch gebrochen weggeschickt. Man entehrt natürlich nicht nur die Frauen, sondern zugleich die Ehre ihrer Männer. Und die Kroaten tun das gleiche und vergewaltigen serbische Frauen.

Dies alles geschieht in *Europa*, das vornehm wegschaut.

Wie zerbrechlich ist die Schale der Zivilisation, von Kultur will ich gar nicht reden. Das Rote Kreuz und die UNO glänzen durch Nichtstun. Mit Recht verurteilen wir das Hitler-Regime, das Jüdinnen in Bordellen für die SS bereitgestellt hat. Haben wir den Alltag *früherer* brutaler Eroberungskriege überwunden, Landraub, Brandschatzung, Plünderung und Vergewaltigung? Kultur das kommt von *Kult* – und viel *ur* ist darin. Und *ur* ist nicht nur urig, es ist Urgewalt, es ist *Ur*sprung, es ist *Ur*trieb. Kultur sollte dieses – ur – überwinden, sollte das Tier, den Dämon, den Teufel in uns an die Kette legen. Aber auch Ketten sind zerbrechlich. »Freude schöner Götterfunken, Tochter aus Elysium.« Noch können wir es nicht aus vollem Herzen als Europa-Hymne singen, wenn jüdische Friedhöfe geschändet und Asylantenheime angezündet werden. Aber 350000 haben in Berlin *für* die Menschenrechte demonstriert, aber sie haben nicht die 350 vom Platz gefegt, die den Bundespräsidenten mit Eiern bewarfen. Europa ist noch feige im Denken und faul im Handeln.

Europa gab es schon vor den Nationen, es gibt es seit 5000 Jahren, und auch immer wieder nicht. Das Reich Karls des Großen war vereintes Europa vor 1000 Jahren. Die Baumeister unseres Europas: Churchill, De Gasperi, Graf Sforza, Robert Schuman, Adenauer, Jean Monnet mögen andere portraitieren. Ich habe nicht Coudenhouve Calerghi zu würdigen, nicht die Geld- und Wirtschaftsunion.

Sie haben mich nach den kulturellen Aspekten zu Europa gefragt. Ich habe die Befürchtung, daß die Vision von Europa zersplittert, aus dem Garten Eden werden Schrebergärten, der Föderalismus des Europas der Regionen ist gut, hat aber die Gefahr des Provinzialismus in sich, zur Zeit hat Europa kein Brio, kein Movens, keine stringente Beweiskraft. Ich will keinen Glaubenskrieg und keine Verteidigung des Abendlandes, aber wie wichtig ist uns Europa? Wollen wir Europäer sein oder doch lieber Nationalisten oder Weltbürger? Der Gründer der Pan-Europa-Bewegung erklärt immer wieder, daß Europa trotz seiner regionalen Gliederung eine Gemeinschaft ist, mit gemeinsamen Lebensformen, Entwürfen, Gesetz und gemeinsamem Schicksal. Dem Entwurf Europa fehlt das Zwingende, der heilige Geist, der alle, in verschiedenen Sprachen sprechend, sich verstehen läßt. Unser Handeln für die Zukunft ist entscheidend. Natürlich müssen die nationalen Kulturen bewahrt und weiterentwickelt werden. Wir müssen die anderen aber besser kennenlernen und uns dadurch weiterentwickeln. Wir alle stammen von Iberern, Ligurern, Kelten, Italioten, Germanen ab, sind von Griechentum und Christentum geprägt, sind auf römischen Heerstraßen gewandert, haben an den romanischen und gotischen Kathedralen mitgebaut, haben Universitäten begründet und Theater kreiert, sind gemeinsam zur See gefahren und haben die industrielle Revolution ausgerufen, haben die Menschenrechte verkündet, und das alles macht uns zu Europäern.

> Seid umschlungen Millionen
> Diesen Kuß der ganzen Welt!
> Brüder – überm Sternenzelt
> Muß ein lieber Vater wohnen.

Die Zerstückelung Europas in Nationalstaaten ist ein relativ junges Phänomen, Demokratie überwindet hoffentlich den Nationalismus. Europa ist mehr als ein gemeinsamer Markt. Alle Nationen werden umfaßt von unserem kulturellen Erbe, das es weiterzuentwickeln und immer wieder in Frage zu stellen gilt. Gelten für Europa noch die Leitsätze der Französischen Revolution, oder müssen sie übersetzt werden, wie es kürzlich Jaques Lang kritisch tat:

> liberté = Freizeit
> egalité = Reichheit
> fraternité = Weinerlichkeit

Bei der europäischen Einigung kann es nicht darum gehen, die verschiedenen Kulturen zu vermischen, zu vermarkten, zu verallgemeinern. Statt dessen muß und wird das Europa der Länder die Einzel-Kulturen stärker formulieren; denn die europäische Kultur ist kein Mixtum compositum, keine »vereinigte Kunst Europas«.

Der europäische Einigungsprozeß ist bis jetzt primär immer noch ein merkantiler. Wirtschaftliche, finanzielle, ökonomische Fragen sind die beherrschenden Themen. Der Zweckgedanke ist überwiegend. Man führt zwar an, welche historischen und menschlichen Gründe für eine Zusammenführung sprechen, aber Europa als Idee hat noch keine leidenschaftliche, weltanschauliche, idealistische Komponente. Es fehlt uns das geistig einigende Band. Wir wissen, daß es keine mittelalterliche Konstruktion eines alle Grenzen überschreitenden Gottesstaates geben kann; wir wissen, daß der Gedanke vom einigen Abendland überholt ist – wovon eigentlich überholt?

Europa soll und kann keine militärische Streitmacht sein, die missionarisch das modische Wächteramt ausübt. Wir haben kein gemeinsames Ziel mehr, keinen gemeinsamen Glauben, aus dessen Kraft Zeugnisse einer Zeugenschaft entstehen. Wir bauen Banken, Autobahnen, Flugplätze, aber nicht mehr Chartres, Köln und Rom. Das ist kein Kulturpessimismus, das ist eine Bestandsaufnahme.

Natürlich ist Europa auch definiert durch Shakespeare, Goethe, Picasso und Mozart. Wir brauchen aber den Einigungsprozeß nicht, um uns dieser Kulturgüter bewußter zu werden. Vordergründig wird man sagen, man könne dann leichter Ensembles austauschen, man könne mehr internationale Gastspiele durchführen, die Agenten könnten ungestörter die Künstler in ganz Europa vermitteln. Das alles können wir auch jetzt schon. Dazu bedarf es nicht dieses kostspieligen, aufwendigen Prozesses. Es kann ja auch nicht darum gehen, die verschiedenen Kulturen zu vermischen, zu vermarkten, zu verallgemeinern. Nein – das Europa der Länder muß und wird die Einzel-Kulturen stärker zur Geltung bringen. Ich meine nicht die chauvinistische Ausprägung. Eigentlich gibt es keine deutsche, keine französische Kunst. Entweder es ist etwas Kunst oder gar nicht, es gibt nur typische nationale Ausformungen. Ich hoffe, daß es eine verstärkte Kultur der Städte wird, nicht nur der Hauptstädte, daß die Vielfalt der Kulturen der Regionen sichtbarer wird. Der Fleckerlteppich der europäischen Kultur ist kein Mixtum compositum, ist keine vereinigte Kunst Europas. Es sind die Früchte eines Feldes, das von gleichen Quellen gespeist, von der gleichen Sonne beschienen wird, ein Feld, das verschiedene Gärtner und verschiedene »Kulturen« hat.

Das Bewußtsein, in verschiedenen Sprachen die gleiche Wahrheit zu sagen, verschiedene Fragen zu stellen und Zweifel anzumelden, auf verschiedenen Instrumenten unisono zu spielen, auch das ist die Grundlage für Europa.

Europa, das ist nicht Geographie, das ist Kultur. Europa, das ist Weimar, aber auch Buchenwald.

Hoffentlich werden sich am 31. Dezember dieses Jahres die Zollgrenzen öffnen. Aber ohne Einbeziehung der europäischen Kultur in den wirtschaftlichen Einigungsprozeß wird es kein europäisches Bewußtsein geben – und ohne europäisches Bewußtsein keine europäische Einigung.

Deutschland ist ein an Theatern reiches Land. Unsere Struktur ist die Finanzierung durch die öffentliche Hand. Das ist keine zugestandene nette Verpflichtung, das ist ein Muß. Kultur ist keine Zutat, Kultur ist der Sauerstoff einer Nation. Sind in einem vereinten Europa das deutsche Repertoire-Theater und das Subventionsmodell mit den Strukturen anderer Länder wettbewerbsfähig und kompatibel? Wird nicht das preisgünstigere und verwaltungstechnisch simplere Stagione-Prinzip das System der Zukunft werden?

Läßt sich unser deutsches Subventionssystem, das beste und durchdachteste in Europa, auf andere Länder übertragen?

In Frankreich fließen die öffentlichen Gelder fast ausschließlich an die Pariser Theater, während die regionalen Theater darben. Sponsoren lösen die auftretende Finanznot nicht.

Welche Rolle wird das Theater im neuen Europa spielen? Was wird der Standort des Theaters sein? Welches werden seine Bezugspunkte zur Gesellschaft und ihren wirtschaftlichen Voraussetzungen sein? Wird sich das europäische Theater international weiterentwickeln? Bedeutet Europa das Ende der Nationaltheater? Oder ist das Theater der Bewahrer kultureller Vielfalt in einer europäischen Gesellschaft? Wie wird Theater im neuen Europa finanziert? Gibt es neue Formen der Finanzierung, die die Subventionen der öffentlichen Hand ersetzen? Werden Agenturen die Kultur international vermarkten? Gibt es eine effektivere Organisationsstruktur als die jetzt bestehende? Was ist das europäische Theaterrecht? Schnüren uns die jetzigen Tarifverträge nicht so ein, daß wir ersticken könnten? Ist das Sicherheitsnetz zu groß? Bedarf es der Tariföffnungsklausel und machen die Gewerkschaften dabei mit?

Fragen, Fragen, Fragen!

Dabei gibt es keinen Grund für Kulturpessimismus. Noch nie wurden so viele Bücher gedruckt, Museen besucht, Volkshochschulen frequentiert, selbst die Hausmusik macht sich wieder bemerkbar, und das alles trotz des oft schlechten Geschmack ansprechenden Fernsehens. Das schlechte Fernsehen, die vielen Pornos, die entsetzlichen Werbesendungen lassen mich hoffen, daß bald alle die Abschaltknöpfe betätigen und zurückkehren zu den Wurzeln. Vom Haushaltsvolumen der öffentlichen Hand fließt heute in Deutschland etwas mehr als ein Prozent in den gesamten Kulturbereich. Die EG hat für Kultur 0,0001 Prozent übrig. Aber daran sind auch wir nicht schuldlos. Erste Ansätze von Programmen des Europäischen Parlaments und der EG-Kommission – zum Beispiel gemeinsame Medienpolitik – wurden gerade von den deutschen Bundesländern abgelehnt, mit dem Hinweis, »Kultur gehöre nicht in die Kompetenz der EG«.

Sie alle kennen den Ausspruch Jean Monnets: »Sollte ich noch einmal von vorne beginnen, ich würde bei der Kultur anfangen.« Hoffen wir, in Zukunft über nicht mehr vorhandene Grenzen hinweg zu diskutieren. Unsere Tragödien müssen immer wieder die Katastrophen beschwören, unsere Dramen unsere Wirklichkeit erkennen, beschreiben und beurteilen.

Wir wollten in Europa Welttheater, und das heißt Theater im Himmel, auf Erden und in der Hölle. Theater im Himmel, das heißt, unseren Phantasien, unseren Utopien, unserem Glauben einen Ort zu geben, das Theater auf Erden beschreibt unsere Wirklichkeit und erzählt die Geschichte unseres Miteinander. Das Theater aus der Hölle ist kein Theater aus dem Kohlenkeller. Die Hölle, das ist Haß, *Verständnislosigkeit, das ist Unmenschlichkeit, Brutalität.* Auch diesen Themen hat sich das Theater zu stellen. Theater muß immer wieder Sand in das Getriebe werfen, um die Haltbarkeit des Materials zu prüfen. Unsere giftigen Emissionen führen wir nicht genüßlich und um ihrer selbst willen vor: Es gilt, diese Emissionen festzustellen, zu beschreiben und einer Klärung zuzuführen.

In diesen Tagen ist die Theaterdiskussion zu einer materiellen Diskussion verkommen. In den neuen Bundesländern ist die materielle Diskussion aber eine essentielle.

Theater brauchen Geld, allein 85 Prozent unserer Etats sind feste Ausgaben, auch wenn wir gar nicht spielen, und sparen können wir nur an den 15 Prozent, an der Produktion, da fragt sich, ob die 85 Prozent noch einen Sinn haben.

Auch wir müssen mit Bertolt Brecht die Frage stellen: »Ist es besser, uns die Zehennägel zu schneiden, oder immer größere Stiefel anzuschaffen?«

Aber über allen Geldfragen steht die inhaltliche Sinnfrage. Akzeptanz ist wichtig, aber nicht entscheidend. Dennoch gehen ins Theater mehr Menschen, als zu den Spielen der Bundesliga und mehr Menschen, als es FDP-Wähler gibt. Elite ist kein Schimpfwort, und selbst für eine Minderheit zu spielen ist Gebot. Die Demokratie ist eine Ansammlung von vielen Minderheiten, die manchmal Mehrheiten bilden. Demokratie muß Minderheiten aushalten und finanzieren.

Wir aber müssen wissen, was wir wollen und können. Wir sollen nicht agitieren und demonstrieren, wir sollen bildend, belehrend, amüsant, anregend, anstoßend erzählen. Wir sollen zum Beispiel erzählen, daß die Liebe zweier junger Menschen verrottete Systeme der Alten überwindet. Im Theater findet noch Öffentlichkeit statt, Austausch. Aber wir dürfen nicht hochmütig unser eigenes Publikum sein, wir müssen mit unserem Kopf das Herz der Zuschauer erreichen. Das Fernsehen läuft dem schlechten Geschmack der vielen nach, wir müssen versuchen, ihn zu bilden. Die Stimmen der meisten sind nicht die Stimmen der Besten. Ein US-Kulturkritiker hat jüngst gesagt, angesichts der Überflutung durch Fernseh-Bilder: »Mein Land wird immer dümmer.«

Das Fernsehen ist wichtig, es ist Ausdruck unserer Zeit. Aber es macht oft dialogunfähig. Mangelnder Dialog aber läßt Gewalt wachsen. Wir werden mit Bildern überschwemmt. Die Fülle der Bilder läßt keinen Phantasieraum mehr frei. So viele Bilder verbilden uns, daß selbst kein Raum mehr für ein *Vorbild* bleibt. Wir werden mit Spielen so zugedeckt, daß kein Platz mehr ist für ein Bei-spiel.

Unsere Ohren sind von lautem Gedröhn taub geworden, unsere Augen werden stumpf durch zu viele Reize. Die höchste Form der Kommunikation ist der Dialog. Man sollte den Partner als Partner kennen und um seine Schwierigkeiten wissen. Wichtig sind Distanz *und* Weitherzigkeit. Mit Distanz meine ich nicht dieses »Sich-auf-Distanz-Halten« oder »Rücke mir nicht auf den Leib«. Mir geht es um die Distanz, die es möglich macht, ein Gespräch zur Klarheit zu führen. Das schlimmste ist für mich das nur emotionale Gespräch.

Gerade wir Theaterleute wissen, was das heißt, da wir emotional geprägte Menschen sind und auch so arbeiten müssen. Weil unser Beruf zwischen Haß, Liebe, Tod und Mord angesiedelt ist, müssen wir diese Distanzierung herbeiführen, die aber nicht zur Verarmung führen darf. In der Sprache ist eine Armut eingetreten, die bei unseren Kindern ganz eklatant wird. Sie wird durch *die* Literatur, die keine Literatur mehr ist, gefördert, weil nur noch, im wahrsten Sinne des Wortes, Schlagwörter ausgetauscht werden. Es sind Schlagwörter, die Stichwörter geworden sind.

Wir haben das Glück, in einem Land zu leben, wo es Gott sei Dank in vielen Städten Theater gibt. In fast jeder mittleren und großen Stadt gibt es ein Theater, manchmal nur einspartig, manchmal auch dreispartig. Viele Länder beneiden uns darum. Kulturpolitiker wollen das abschaffen, weil sie sagen: »Es muß alles global zusammengefaßt werden, denn je mehr Theater zusammen, desto besser sind sie.« Das ist eine Irrlehre, eine beweisbare Irrlehre, und vor allem ist das auch nicht billiger. Gerade jetzt gilt es, die reiche Kulturlandschaft in den neuen Bundesländern zu erhalten.

Wir werden aber auch geistesfaul durch zu viele ungenutzte Freizeit. Die Gewerkschaften und die Gesetzgeber meinten, der Weg zum Paradies würde durch immer mehr Freizeit eröffnet. Paradies als das Dolce far niente begriffen.

Wir Theaterleute sind dazu da, Ihnen, die immer mehr der Freizeit teilhaftig werden, ein größeres Kulturangebot für diese »Leisure time« anzubieten. Aber da unsere Mitarbeiter auch am sozialen Wohlstandsnetz teilhaben, bieten wir immer weniger an und kosten immer mehr. Das wird ein Circulus vitiosus. Das Publikum wandert ab in Freizeitparks, in Surfclubs und Jogging-Centers, wir spielen nicht mehr wie früher zwei Mal am Samstag und Sonntag, in manchen Theatern ist das geschlossene Theater die häufigste Vorstellung. Kulturpolitik müßte das regeln. Jeder von uns begrüßt die sozialen Errungenschaften im Theaterbetrieb, aber ist damit ein künstlerisches Arbeiten noch möglich? In einem so komplexen Organismus wie beispielsweise dem Opernbetrieb behindern sich die verschiedenen Arbeitszeitordnungen gegenseitig, ein rationelles künstlerisches Zusammenarbeiten ist oft nicht mehr möglich.

Haben Sie vielleicht den Film »Zauber der Venus« gesehen? Eine konzertante Aufführung von »Tannhäuser« vor dem eisernen Vorhang ist die gefeierte Notlösung, weil im Theater nichts mehr geht! – Ein Alptraum für jeden Intendanten. Und der Intendant der Zukunft, welche Qualifikationen muß er haben? Ich habe immer schon bedauert, daß es keine Schule für Intendanten gibt. Das Intendantenkarussell – eine Chance für gescheiterte Theaterleiter oder solche, die das Handtuch geworfen haben – ist keine gute Lösung. Der Intendant der Zukunft muß ein professioneller Kulturmanager sein, der neben künstlerischem Sachverstand betriebswirtschaftliches Know-how mitbringt. Er muß mit Künstlern umgehen können, ihnen ein Übervater und Psychotherapeut sein, er darf ihnen nicht nur per Schwarzem Brett ihre nächste Rolle mitteilen. Er muß den Kulturpolitikern auch in Zeiten wirtschaftlicher Rezession immer wieder erklären, daß jede Mark, jeder Ecu für den Ku1turetat bis zu über 100 Prozent durch den Wirtschaftsfaktor Theater mit dem Einkommen seiner Beschäftigten und den Nebenausgaben der Theaterbesucher, wie etwa im Gaststättengewerbe, wieder an die Kommunen zurückfließt. Das haben Auswertungen an verschiedenen Projekten ergeben. Durch eine interessante Theaterlandschaft wird der Freizeitwert der Stadt, der ganzen Region wesentlich gesteigert, und es lohnt sich sogar.

Und die Kulturpolitiker? Oft sind es zwar kulturell interessierte, doch Parteiideologien verpflichtete Bürger. Was wissen sie, wie ein Theaterbetrieb funktioniert. Wir sollten es ihnen erklären, es ihnen zeigen! Führen wir sie doch einmal hinter die Kulissen, auf eine Probe! Dann werden sie Theater besser verstehen und heute und künftig als einen Seismographen für gesellschaftliche, politische und kulturelle Prozesse sehen!

Vielleicht hätten wir uns auch bei den (Wirtschafts-)Politikern, die an der Europäischen Gemeinschaft arbeiten, früher bemerkbar machen sollen. Zwar ist die EG als Wirtschaftsgemeinschaft und nicht als Kulturgemeinschaft angelegt. Und man hatte zunächst die Kultur, das Theater übergangen. Natürlich kann aber die EG im Kulturbereich nur beratende Funktionen, nur Rahmenkompetenzen haben, die Ausführung muß den Mitgliedstaaten vorbehalten bleiben. Die Kulturszene ist kein Agrar- oder Wirtschaftsmarkt! Aber höchste Zeit war es, endlich einen Artikel »Kultur« in den EG-Vertrag aufzunehmen. So geschehen im Dezember 1991 in Maastricht, anläßlich der Tagung des Europäischen Rates. In diesem Artikel allerdings wird das Wort »Theater« überhaupt nicht erwähnt. Wirtschaftsorientierte Richtlinienentwürfe an die Kommission in Brüssel werden auch auf die Theaterbetriebe Einfluß haben. Geradezu bedrohlich für unsere Theaterbetriebe sind Initiativen im arbeitsrechtlichen, sozialen und steuerrechtlichen Bereich, die noch stärkere Einschränkungen, etwa in der Arbeitszeitverkürzung oder bei der Zulässigkeit der zeitlich befristeten Verträge bringen werden. Ausnahmen für gewisse Berufsbereiche werden zwar zugelassen, die Theaterbetriebe sind bisher jedoch nicht angeführt. Die Anhebung der Mehrwertsteuersätze wird die Theaterbetriebe in vielen Ländern hart treffen, wenn es nicht gelingt, Ausnahmeregelungen zu erreichen.

Das sind Gefahren, die von den Theaterunternehmern in ihrer Intensität vermutlich noch gar nicht erkannt wurden.

Für uns Theaterleute sollte das Ziel sein, daß wir in Brüssel möglichst mit einer Stimme für die europäischen Theater sprechen, um unsere Nöte und Wünsche zu artikulieren. Im Augenblick scheinen zu viele verschiedene Institutionen für die Theater zu sprechen, ohne sich untereinander abzustimmen. Die EG ist (noch) nicht Europa. Kulturell gesehen, gehören auch dazu: die Schweiz und die skandinavischen Länder und, durch Öffnen der Grenzen, endlich auch Osteuropa. Welche Möglichkeiten erschließen sich für uns Theaterleute, hier über die Grenzen zu denken, in einem Europa der Regionen zusammenzuarbeiten und bei einem konstruktiven Austausch aufzubauen! W i r Theaterleute müssen es in die Hand nehmen, nicht die Politiker – der Kulturfluß darf nicht EG-bürokratisiert werden.

Rücken wir wenigstens jetzt Kultur – Theater – an zentrale Stelle für ein gemeinsames Europa, wie es für die Väter der europäischen Einigung, allen voran Coudenhove Calerghi, Basis und Voraussetzung war.

Hoffen wir, daß wir in Zukunft miteinander und über nicht mehr vorhandene Grenzen hinweg diskutieren. Soziale und ökologische Probleme werden – dafür ist die bisherige Nichtbeachtung der Theater in Brüssel ein Indikator – für das Überleben der Menschheit wichtiger sein als Theater. Aber vielleicht kann das Theater dazu – zum Überleben – auch seinen Beitrag leisten. Ohne Kultur ist das Leben vielleicht leichter, gemütlicher, problemloser, aber auch viel, viel ärmer.

Wir beklagen zu Recht den Werteverfall in Europa, aber es gibt dennoch keinen Grund zur Miesmacherei. Das kulturelle Leben ist lebendig, immer in der Krise, wo sollte es auch sonst sein? Aber unsere gemeinsame Sprache, die der Musik, die des Tanzes wird überall verstanden. Wir müssen sie nur mit der Leidenschaft einer Mission, eines Evangeliums, mit großem Humor vortragen, nicht didaktisch verkünden und lehren. Bergpredigt und »The Civil Rights« sind verbindliche Gesetze.

Die Ästhetik ist keine verläßliche Brücke über den Strom der Mode, des Zeitgeistes. Unsere Theaterkunst ist vergänglich, sie ist leicht verderbliche Ware. Ein Buch, ein Bild, eine Skulptur bleibt. Aber eine Inszenierung vergeht, wird alt, *gilt* nicht mehr. Der Theologe hat die Verläßlichkeit des Gebotes, der Jurist die des Verbotes, wir sind dem Geschmack ausgeliefert, und die Geschmackspapillen sind leicht zu täuschen. Es gilt jetzt nicht mehr, dem Marktweib Europa einen kulturellen Mantel überzustülpen. Europa braucht keine kulturellen Aspekte zu finden, um sich zu schmücken. Es muß seine Kleider wiederfinden, sich nicht scheuen, in einem Theater verschiedener Provenienz aufzutreten, das Hemd ist aus Barchant, die Robe aus Samt und Seide, es ist ein vielfarbenes, vielschichtiges Gewand und kein modisch gestylter Zeitgeisttalar. Es braucht sich nicht ob des schillernden Ballkleides zu schämen, Europa darf auf allen Hochzeiten und Kongressen tanzen, aber es muß sich auch zu seinem härenen Bußkleid bekennen, das es wegen seiner Schandtaten tragen muß und nie leichtfertig abtun sollte, weil Geschichte Geschichte vergessen läßt. Es wäre falsch, Europas Baustelle zunächst nur als Konstrukt zu sehen, dem man dann für zwei Prozent Kunst am Bau anhängt. Der Mensch ist von Anbeginn beseelt und wird nicht mit kulturellen Aspekten bestückt. Richtig ist es, daß Europa erst durch seine Aspekte sichtbar wird. Man wird seiner erst ansichtig, wenn es sein Äußeres zeigt, das aber nur die Verkörperung des Inneren ist. Und da ist Europa keine Marketenderin. Europa ist keine sich anbiedernde Hure, kein zahnloses Marktweib, aber auch nicht die sich versagende Nonne. Es ist die Königstochter, die auf dem göttlichen Stier dahinreitet, bürokratische Zäune überspringend, Berge überwindend, deren Ziel nicht der sozialistische Himmel auf Erden und nicht der Orkus ist. Dieses Europa lädt alle ein mitzureiten, die bei Zeus Platz finden. Manche werden den Galopp nicht aushalten, manche müssen sich festkrallen. Manchen geht es zu langsam. Aber das Ziel ist ausgemacht: Neben Sicherheit und Frieden ist Religion die Rückbindung, deren Europa bedarf. Zu oft hat es die Taue zu der Geschichte, zu seinem Glauben gekappt. Wir brauchen mehrere Bypasses zu einem Gesinnungseuropa. An diesem Ziel angelangt, wird Europa von

Pauken und Trompeten empfangen, von Orgeln, Tympanum,
Harfen und Lauten. Und alle Chöre können dann singen:

> »Freude schöner Götterfunken,
> Tochter aus Elysium,
> Wir betreten feuertrunken,
> Himmlische, dein Heiligtum.
> Deine Zauber binden wieder,
> Was die Mode streng geteilt;
> Alle Menschen werden Brüder,
> Wo dein sanfter Flügel weilt.«

Möge es so sein.

Gibt ein vereintes Europa
der Kunst Neues?

★

Das vereinigte Europa zeigt die Verschiedenheit
und Vielfalt der kulturellen Angebote und
die Herausforderung durch das Neue,
noch nicht Gesehene, Erlebte und Gedachte.

★

Als ich mich gerne bereit fand, heute vor Ihnen, verehrte
Damen und Herren, zu sprechen, wußte ich noch nicht,
worauf ich mich einließ. In Deutschland redet man seit Monaten kaum noch von Europa. Die eigene Einigung schlägt
uns in Bann, aber es wäre kurzsichtig und töricht, über den
nationalen Belangen Europa zu vergessen.

Viele Jahre lang haben wir über ein vereintes Europa geredet, von einem vereinten Europa geschwärmt, das in unseren Träumen selbstverständlich ein Europa der Kunst und der
Künstler sein sollte. Gehandelt aber haben die Politiker, und
denen stand – bedrängt von einer jeweils handfesten nationalen Lobby aus Handel, Industrie und Banken – zunächst anderes im Sinn als der schöne Schein der Kultur. Vergessen
wir nicht, die Europäische Gemeinschaft hieß nach dem Zusammenschluß ihrer sechs Gründungsmitglieder zunächst
Europäische Wirtschaftsgemeinschaft und das mit guten (und
schlechten) Gründen.

Und wenn wir heute in den Nachrichten Spitzenmeldungen aus Brüssel hören, haben sie meist wenig mit Kultur, etwa mit Béjarts Ballett des 20. Jahrhunderts, zu tun,
aber viel mit Milchquotenregelungen, der Stahlproduktion,

Rede bei einer Europäischen Kulturkonferenz, 1990

Mehrwertsteuersätzen oder Richtlinien für die Bierbrauerei und Spaghettiherstellung. Essen gehört bekanntlich auch zur Kultur. Hoffen wir, daß in einem geeinten Europa der Gourmet auf seine Kosten kommt und nicht von Sizilien bis zum Nordkap den gleichen, faden europäischen Einheitsbrei oder die Einheitsboulette, den Hamburger, auf seinem Teller findet. Hoffen wir das auch für alle anderen Künste, auch wenn sie nicht so elementar zu den Lebensbedürfnissen zu gehören scheinen wie die von uns allen geliebte Kochkunst.

Die Frage »Gibt ein vereintes Europa der Kunst Neues?« provoziert mich zu einer Gegenfrage: Wird das Neue in jedem Falle auch das Bessere sein – für die, die die Kunst machen und für die, die sie genießen?

Europa ist kein Wertbegriff. Durch das Epitheton »europäisch« wird Kunst noch nicht besser. Europa ist ein Sammelbegriff. Nur wenn jeder einzelne gut ist, wird Europa ein Wertbegriff. Wir sind auch in anderen Gebieten dazu übergegangen, Bestimmungen zur Klassifikation zu machen. So gilt »jung« als förderungswürdige, frohstimmende Eigenschaft, »alt« ist eine abgewrackte, mitleiderregende Uneigenschaft. Dabei ist Kunst doch nicht gut, weil sie jung oder neu ist. Gerade das Alte, das Bewahrte kann das Bewährte sein. Für »neu« bekommen Sie Zuschüsse, für »alt« ein Lächeln. Dabei sitzen in unseren Theatern, Museen, Kirchen viele Alte. Manche Theaterleute sind glücklich, wenn sie die alten Abonnenten vertrieben haben, oft ist aber das junge, neue Publikum noch nicht da.

Noch ist Europa jung – obwohl schon lange nicht mehr neu. Europa hat so gute alte Mitglieder, die den Schaumwein der jungen Europäer abkühlen mussen.

Europäisches Theater ist nur eine Standortbestimmung, noch kein Qualitätsnachweis. Europäisches Theater kann auch eine Idee sein, zur Wahrung der Besonderheiten der einzelnen Länder. Europa wird furchtbar, wenn es Angleichung, Ausgewogenheit und Anpassung bedeutet. Europa wird fruchtbar, wenn diese Familie streitbare Kinder hat, keine dominierenden Eltern, aber Großeltern, die aus dem Abendland stammen, die Aufklärung mitgemacht haben, die Nationalstaaterei überwunden haben und sich in keinem Vereinigungsrausch suhlen.

Es ist ein Leichtes, bei einem flüchtigen Blick auf die Entwicklungen der letzten zwei, drei Jahrzehnte die Gefahren und Fehlentwicklungen zu erkennen, die auf dem Wege zu einem geeinten Europa lauern oder die wir bereits hingenommen haben. In allen Kulturbereichen lassen sich Beispiele anführen: Die Buchhändler warnen vor der Aufhebung der Preisbindung für Bücher, wohl wissend, daß damit nur der weitere Konzentrationsprozeß im Verlagswesen und Buchhandel beschleunigt würde. Leidtragender wäre der Leser, der nicht nur den fachlich vertrauten Rat seines Buchhändlers an der Ecke vermissen würde, sondern bald auch jene Bücher, die sich nicht in Massenauflagen international vermarkten lassen und die es doch geben muß, die in ihrer Vielzahl den Reichtum unserer Lesekultur ausmachen.

Aber ist diese Lesekultur nicht ohnehin längst bedroht, ist derjenige, der heute ein Buch in die Hand nimmt, nicht beinahe schon ein zu belächelnder Sonderling? Experten haben herausgefunden, daß heute eine Generation ohne das Buch heranwächst. Was unsere Kultur, unsere Geschichte, unsere Identität ausmacht – Kinder erfahren es nur noch durch die Medien. »Dallas« prägt das Bild von Amerika, die »Lindenstraße« das von der Bundesrepublik. Das, was in unserem altväterlichen Verständnis Kultur ausmacht, ist in den Medien nur am Rande vertreten, ins Spätprogramm verdrängt, in den Kulturkanal – gottlob gibt es ja den wenigstens noch. Nein, Film- und Medienexperten werden, befragt nach den Perspektiven in einem geeinten Europa, eher mit Horrorvisionen aufwarten, auf die nivellierenden Folgen einer Medienpolitik hinweisen, die die Fernsehprogramme in Europa immer gleicher und schlechter werden läßt und dem Regionalen, dem Aparten, dem Skurrilen und Abseitigen kaum Raum läßt.

Werden wir also flachgewalzt, uniformiert von einer alles gleichmachenden Kulturindustrie? Leisten da die Bürokraten in Brüssel mit ihrem Hang zu einheitlicher, gleichmacherischer Gesetzgebung einer Entwicklung Vorschub, die den Völkern unseres Kontinents ihr Gesicht raubt? Das wäre eine verheerende Entwicklung, die keiner wünschen und wollen kann. Es wäre das Ende der Kultur.

Doch was sind die Alternativen? Die erneute Flucht in eine »Nationalkultur«, die im Nationalismus endet? De Gaulles Vision eines geeinten Europas war bekanntlich die eines Europas der Vaterländer. Jedes dieser Länder sollte sein Eigenes, seine unverwechselbare Identität in ein geeintes Europa einbringen. Eine Wandparole in Straßburg, 1987 von Graffiti-Hand gemalt, verkündete:»L'Europe en demain sera nationaliste!« Das meinte wohl de Gaulle nicht mit dem Europa der Vaterländer, und das dürfte wohl eher der Geisteshaltung eines Le-Pein-Anhängers entsprechen.

Der Publizist Edgar Morin schreibt 1987 in seinem Buch »Penser l'Europe«: »Hier also der paradoxe gordische Knoten europäischer Identität: Die von kulturellen Unterschieden verursachten Trennungen und Konflikte sind Grundlage der europäischen Identität, unsere europäische Identität und Einheit tritt aus den Grenzen und Konflikten hervor. Wir haben einen ursprünglichen Fluch in einen Segen verwandelt, zugleich aber den Fluch erhalten, den Nationalstaat.«

Doch über den Nationalismus will ich heute hier nicht reden. Unsere Freude darüber, daß nun auch die Deutschen jenseits der Elbe ihr stalinistisches Regime abwerfen und zum ersten Mal seit 58 Jahren frei wählen konnten, wurde ja leider auch durch manche nationalistischen Zwischentöne getrübt, die unsere Nachbarn im Osten wie im Westen erschrecken mußten. Reden wir von Europa, von europäischer

Kultur und europäischem Theater. Eine Kultur, die sich heute in unzähligen nationalen und regionalen Facetten präsentiert, so daß manche den Begriff »europäische Kultur« strikt ablehnen. Und es wäre auch zu einfach, europäische Kultur als Summe nationaler oder regionaler Kulturen zu begreifen. Aber gehen wir an die Wurzeln unserer nationalen Kulturen zurück, können wir doch Erstaunliches feststellen: Bei aller nationalen Einfärbung sind gemeinsame Quellen auszumachen, im Theater allemal. Für Racine, Corneille oder Molière war es ebenso selbstverständlich, sich der bekannten antiken Stoffe zu bedienen, wie es Goethe und Schiller taten. Archetypische Stoffe finden sich in allen europäischen Literaturen, selbst oder gerade im doch so an die Region gebundenen Volksmärchen.

Die Commedia dell'arte eroberte – nein, das ist das falsche Wort – befruchtete von Italien aus das europäische Theater, in Frankreich als Comédie Italienne, »Harlekin« und »Hanswurst« sind bei allen Unterschieden im Temperament Blutsverwandte.

Theaterreformer des 20. Jahrhunderts haben im Bemühen um die Retheatralisierung des Theaters wieder aus dieser Quelle italienischen Volkstheaters geschöpft: Copeau in Frankreich, Reinhardt in Deutschland, Wachtangow und Tairow im russischen Theater der 20er Jahre.

Englische Wandertruppen zogen zu Shakespeares Zeiten durch ganz Europa. Gerade erhalten wir Kunde von den Fundamenten des ersten englischen Theaters in Danzig. Das Licht der Aufklärung strahlte von Frankreich aus auf alle europäischen Länder aus.

Die deutschen Theaterreformer im 18. Jahrhundert, die Neuberin, Gottsched und Lessing, griffen die französischen Ideen auf. Lessings Reformideen eines bürgerlichen Nationaltheaters basieren auf Diderot. »Das Theater des Herrn Diderot« ist eine seiner berühmten Streitschriften für ein deutsches Nationaltheater. Das Nationale war hier nicht im Sinne nationalistischer Abgrenzung verstanden, sondern in Korrespondenz zu den großen Ideen anderer Völker und Nationen. Eindrucksvoll lassen sich auch in der europäischen Operngeschichte gemeinsame Traditionen belegen, befruchtende Einflüsse nationaler Kulturen. Denken wir an die italienische Opera seria, die als Operntyp in alle nationalen Musikkulturen hineinwirkte, die in Frankreich, England oder Deutschland durch eigene Elemente und Traditionen variiert wurde. Kulturelle Einflüsse waren gerade in Europa mit seinem regen Austausch, mit vielfältigen Beziehungen in Wirtschaft und Politik seit jeher bestimmend, auch für eigene nationale kulturelle Entwicklungen.

Insofern ist die oft geäußerte Angst, ein vereinigtes Europa könne nationale oder regionale Kulturen verdrängen, aus der Geschichte der europäischen Kultur nicht zu begründen.

Der Einfluß französischer Kultur auf die deutsche ist gerade im fruchtbringenden 18. Jahrhundert nicht zu übersehen, zuweilen nahm er sogar übersteigerte Formen an, wenn etwa an manchen Fürstenhöfen die französische Sprache höher geschätzt wurde als die Landessprache. 1829 notierte Goethe in seinen Studien zur Weltliteratur: »(Die Franzosen) sind von jeher gewohnt, nach außen zu wirken. Bilden sich viel ein auf diesen Einfluß auf die übrige Welt.« Aber Goethe erkennt auch eine gegenläufige Tendenz, und beifällig bemerkt er: »Sie werden nach und nach der Deutschen gewahr und finden für sich manches zu brauchen, benutzen, was die Innenwelt aufschließt, …«

Solches gegenseitiges Zur-Kenntnis-nehmen setzte immer und zu allen Zeiten eines voraus: die Begegnung, persönliche Kontakte, Reisen, Studienaufenthalte.

Welche Spuren haben die drei italienischen Reisen in Goethes Werk hinterlassen? Wie hätte sich Händel als Komponist entwickelt, hätte er nie englischen Boden betreten? Welchen Weg hätte deutsche Kultur genommen ohne den französischen Einfluß, nicht nur in den Rheinprovinzen, sondern auch im von Frankreich fernen Preußen, wo die Spuren der Hugenotten allgegenwärtig sind?

Denken wir auch an die kulturellen Verflechtungen zwischen anderen Ländern; zwischen Polen und Frankreich, an die Musik Chopins, an die polnische Literatur des 19. Jahrhunderts, deren Meisterwerke fast ausnahmslos in der Emigration im Ausland entstanden.

Das bringt mich auf ein anderes, nicht weniger bedeutendes Kapitel europäischer Kulturbeziehungen. Nicht selten haben politisch Verfolgte gerade in Frankreich Schutz gefunden, wie Heinrich Heine, wie hundert Jahre nach ihm Lion Feuchtwanger oder Ernst Toller.

Nach dem Zweiten Weltkrieg war es übrigens für uns in Deutschland das große Glück, daß wir zur geistigen Neubesinnung auf die Kulturen unserer demokratischen Nachbarn zurückgreifen konnten. Die Theaterspielpläne der 50er und 60er Jahre haben uns bekannt gemacht mit Autoren wie Anouilh, wie Giraudoux, Jean-Paul Sartre, die wir vorher kaum kannten, nicht kennen durften. Wohin eine nationalistische, sich von anderen Strömungen abkapselnde Kultur führt, haben wir Deutschen bis 1945 auf grausame Weise erleben müssen.

Deshalb sollten wir beim Aufbau eines geeinten Europas nicht so sehr die Gefahren in den Vordergrund stellen, die zweifellos auch bestehen, sondern wir sollten die Chancen sehen, die ein geeintes Europa gerade für die Kultur bedeutet. Daß wir hierbei ein Europa vor Augen haben müssen, das nicht auf die Grenzen der jetzt in der Europäischen Gemeinschaft zusammengeschlossenen Länder beschränkt ist, sei vorausgesetzt. Die atemberaubenden politischen Entwicklungen heute in den osteuropäischen Ländern, die sich von ideologischen Fesseln lösen, gebieten das. Diese Länder orientieren sich auch in der politischen Kultur an besten europäischen Traditionen, beispielsweise an dem Prinzip der Gewaltenteilung, ein Grundprinzip einer jeden modernen

Demokratie, eine der Errungenschaften der französischen Revolution.

Die bitteren Folgen kultureller Isolation beklagen heute Kollegen in osteuropäischen Ländern heftig. Wladimir Ogenew, Chefredakteur der sowjetischen Literaturzeitschrift »Horizont« meinte:»Wir haben verlernt, das andere, ›nicht eigene‹ zu begreifen. Wir verloren, ich würde sagen, die ›Freude‹ am Erkennen des Neuen und Unbekannten und erzogen zur Mißachtung fremder Erfahrungen, seien sie aus dem Westen oder Osten.«

Und sein Kollege Oleg Popzow ergänzt:»Wir müssen endlich begreifen, daß Kulturaustausch nicht einfach der Austausch von Kunstausstellungen und Literatur ist. Das ist auch die gegenseitige Durchdringung von Ideen, Stil und Form des Schaffens, sowie der künstlerischen Manier« (aus:»Kultur und Leben« 11/1989, Sowjetische Kulturzeitschrift).

Das bringt uns zu aktuellen, zu den eigentlichen Fragen europäischer Kulturbeziehungen heute. Statistisch betrachtet, stehen wir in Westeuropa nicht schlecht da. Internationale Festivals und Festspiele sind »in«, Festivals wie »Theater der Nationen«, oder bei uns in der Bundesrepublik das seit zehn Jahren bestehende Festival »Theater der Welt« sind sicher eine wesentliche Begegnungsstätte für uns Theaterleute geworden. Aber wir müssen aufpassen, daß sich solche Festivals nicht zu Insiderveranstaltungen verkürzen, zu Expertentreffen, die für die Begegnung der Menschen letztlich zu wenig bringen. Auch der Tourismus oder die Tourismuskultur, auf die sich mittlerweile viele große und kleine Sommerfestspiele eingestellt haben, ist nicht frei von den Gefahren kultureller Massenkonfektion, ebensowenig die Aufführungen mancher spezialisierter Tourneetheater, die durch Europa ziehen, jedoch kaum tiefere Spuren hinterlassen.

Die Kultur profitiert vom europäischen Binnenmarkt nicht durch schnelle Billigangebote oder die besseren Möglichkeiten von Jet-Set-Tourismus und Jet-Set-Kultur. »Starlight-Express« und »Cats« sind wichtige attraktive Ergänzungen unseres europäischen Theaters, aber eine Entwicklung, die ausschließlich derartige Formen europäischen Theaters zuließe, müssen wir verhindern.

Wichtiger ist in einem geeinten Europa ein anderer Austausch, der sich heute glücklicherweise auch bereits abzeichnet. Betrachte ich nur die bundesdeutsche Theaterlandschaft, kann ich heute schon eine erfreuliche Vielfalt feststellen. Der Franzose Jean-Claude Riber leitet die Oper in Bonn, der Engländer Bogdanov hat gerade das Hamburger Schauspielhaus übernommen, der Italiener Roberto Ciulli gründete vor Jahren eines der originellsten Theater in der Bundesrepublik, das Mülheimer Theater an der Ruhr, das überhaupt nicht in unsere traditionsbelastete Stadttheaterlandschaft zu passen scheint.

Auch in internationalen Kulturbeziehungen geht Ciulli eigene Wege. Er sucht Kontakte zu Theatern in Polen und Jugoslawien. Im vergangenen Jahr fand die Eröffnungspremiere des Theaters nicht in Mülheim, sondern im jugoslawischen Ljubljana statt. Gespielt wurde Kleists »Käthchen von Heilbronn«.

Die Liste ließe sich leicht erweitern, nicht gerechnet die vielen Regisseure aus west- und osteuropäischen Nachbarländern, die in unserer Theaterlandschaft nachhaltig ihre Spuren hinterlassen, Chundela, Ljubimow, der leider so früh verstorbene Ponnelle, Robert Wilson ... Auch das wäre eine beliebig ergänzbare Liste.

Welche Wirkungen hinterließ Patrice Chéreaus »Ring« in Bayreuth? Viele haben ihn als »Jahrhundertring« gefeiert.

Kein Zweifel, unsere Theaterlandschaft in der Bundesrepublik wäre ohne solche internationalen Gäste – und viele sind schon nicht mehr Gäste, sondern arbeiten seit vielen Jahren hier – ärmer, farbloser, langweiliger. Denn nur durch die kontinuierliche Arbeit solcher Kollegen von »draußen« realisiert sich ja im Alltag die Durchdringung der Kulturen zum gegenseitigen Nutzen.

Wenn Bogdanov nun in Hamburg seinen Shakespeare-Zyklus fortsetzt oder wiederholt, den er bereits mit englischen Schauspielern in England so originell und – für deutsche Verhältnisse erstaunlich unaufwendig – inszeniert hat, wird das ein anderer Shakespeare sein, der die Erfahrungen der Hamburger Schauspieler einbezieht. Wir haben deren Beispiele viele.

Was wäre das Stuttgarter Ballett ohne die jahrelange Arbeit von John Cranko?

Alles, was solcher Art Arbeiten befördert, sollten wir den Kulturbürokraten in Brüssel abverlangen, die Arbeit selbst werden wir schon tun, die Rahmenbedingungen, ohne kleinliche Behinderungen und Beschränkungen, brauchen wir von den Politikern, aber solche Rahmenbedingungen, die den Eigenarten der Kultur gerecht werden.

Welche absurden Vorschriften bis heute innerhalb Europas, und mehr noch im interkontinentalen Rahmen, Kulturbeziehungen erschweren, darüber kann jeder ein Lied singen, der mit einem Theater oder Orchester je eine Zollgrenze passiert hat. Wochenlang vorher sind im Theater vor einer Gastspielreise ganze Stäbe damit beschäftigt, jedes Requisit, jeden Säbel und jeden falschen Bart zu registrieren. Mir fällt das Beispiel eines Sinfonieorchesters ein, das an einen besonders gewissenhaften Zollbeamten geriet. Der wollte jedes Instrument seinem Besitzer zuordnen und wurde ungehalten, als sich der Herr Guarneri nicht meldete. Nur mühsam war ihm beizubringen, daß das der Erbauer der Violine, nicht aber ihr Besitzer sei. Unbeirrt kontrollierte der Zollbeamte weiter das Instrument und stieß auf das Wort »Anno«, also wollte er Herrn Anno sprechen, der zweifellos der Besitzer der Violine sei. Ich weiß nicht, wie die Inspektion endete und ob das Orchester noch rechtzeitig seinen Gastspielort erreichte. Aber wenn hier mit dem Wegfall der Zollgrenzen kleinliche, behindernde Vorschriften fielen, wäre das für uns alle ein großer Gewinn.

Hindernisse dieser Art gibt es noch viele. Zwar wird es innerhalb der EG-Grenzen zukünftig kein unüberwindbares Hindernis sein, einen Sänger oder eine Requisiteuse aus diesen Ländern zu engagieren, aber noch immer gibt es länderspezifische Vorschriften, die einengen, regeln und quotieren, sei es, daß man – wie in England noch üblich – einer ausländischen Gewerkschaft beitreten muß, seien es Behinderungen durch Doppelbesteuerung, oder generell Erschwerungen des Devisentransfers, nicht nur aus den Ostblockländern.

Daß man bei all dem das Kind nicht mit dem Bade ausschütten darf, liegt auf der Hand. Keiner wird wohl auf die Idee kommen, Maßstäbe eines offenen internationalen Kulturarbeitsmarktes bei der Besetzung eines schottischen Dudelsackensembles anzulegen.

Aber andere Probleme werden zu lösen sein. Darf ich etwa einen Gesangswettbewerb zur Förderung des eigenen nationalen Nachwuchses ausschreiben, damit dieser international konkurrenzfähig bleibt? Wie sieht es mit Stipendien für ausländische Kunststudenten hier und deutsche in anderen EG-Ländern aus?

Der Deutsche Kulturrat hat für die europäische, für die EG-Kulturpolitik vier Prinzipien gefordert:

1. Offenheit für Nicht-EG-Mitglieder,
2. Freiwillige Kooperation,
3. Freizügigkeit im Verkehr mit der Kunst und
4. Anerkennung nationaler und regionaler Besonderheiten statt zentralistischer Harmonisierung.

Das Problem ist heute allerdings: Die Kultur hat in Brüssel noch keine Lobby, EG-Kommissionen haben derzeit keine Zuständigkeiten in der Kulturpolitik. Die Gefahr besteht deshalb, daß in Brüssel kulturelle Probleme ausschließlich unter wirtschaftlichen Gesichtspunkten behandelt werden. So werden wir im Theater sicher bald vor der Situation stehen, daß mit dem europäischen Binnenmarkt auch ausländische Agenturen in der Bundesrepublik tätig werden, die das bisher nicht durften oder nur über Partneragenturen. Gerade das Musiktheater wird in seinen langfristigen Dispositionen mehr und mehr durch die Aktivität der Agenturen gesteuert. Das Ensembleprinzip, das eine der Traditionen gerade auch der kleineren Stadttheater in Deutschland ist, ist dadurch gefährdet; die Gefahr, daß junge Sänger vorschnell vermarktet und verschlissen werden, wächst. Dies wäre langfristig ein Schaden zu Lasten des Musiktheaters, nicht nur hier in der Bundesrepublik. Auch solche Dinge müssen beachtet werden, geht man an die kulturelle Gestaltung der europäischen Zukunft heran.

Da es nicht meine Art ist, schwarz zu sehen, will ich aber erfreuliche Entwicklungen nicht unterschlagen, und da gibt es eine ganze Menge.

Im vergangenen Herbst fand in St. Etienne zum ersten Mal ein Festival der Europäischen Theaterkonvention statt. Dies ist ein Zusammenschluß von elf europäischen Theatern, 1985 zunächst von drei Theatern ins Leben gerufen, dem Centre Dramatique Nationale de Saint Etienne, dem Théatre National de la Communauté Française Belgique und dem Schiller-Theater in Westberlin. Das Geld für dieses erste Festival kam vom EG-Kommissar für Kultur, 500 000 Französische Francs immerhin. Der Direktor des Theaters in St. Etienne, Daniel Benoin, hat diese Theaterkonvention betrieben, und ohne seine Rastlosigkeit wäre das Unternehmen sicher nicht so gediehen.

Es geht also auch hier wieder der entscheidende Impuls von einzelnen aus, die sich für eine Sache einsetzen, sie zu ihrer Sache machen. Benoin steuerte zu diesem Festival seine Vision eines europäischen Theaters bei: Büchners »Woyzeck« in einer zweisprachigen Version, französisch und niederlän-

57

disch, als Coproduktion zwischen dem Theater von St. Etienne und der Königlich-Niederländischen Schauburg im belgischen Antwerpen. Im zweisprachigen Belgien macht so etwas Sinn, aber auch anderswo in Europa gibt es solche kulturellen Nahtstellen, die eine eigene, regional und doch international gefärbte Kultur hervorgebracht haben.

So etwas weiter zu befördern, ist ebenso eine Aufgabe europäischer Kulturpolitik, wie die vielfältige Aktivität derjenigen zu ermöglichen, die schon längst grenzübergreifend europäisch wirken, im Bereich des Theaters etwa Jérome Savary, Peter Stein, Klaus Michael Grüber, Peter Brook oder Giorgio Strehler, der gerade eine Union der Europa-Theater initiierte.

Namhafte Theater gehören ihr bereits an, neben dem Mailänder Piccolo Teatro, dem Théatre Odeon Paris, dem Centro Dramatico Nacional in Barcelona sowie dem Düsseldorfer Schauspielhaus mit dem Königlichen Theater Stockholm, dem Budapester Katona-Joszef-Theater und dem Deutschen Theater in Berlin auch drei Theater aus Nicht-EG-Ländern.

Benoin wirkt mit seiner Theaterkonvention und seinem Theaterfestival auch der Gefahr entgegen, daß vom europäischen Einigungsprozeß nur die Großen in Wirtschaft und Kultur profitieren. Sein Festival rückt gerade die kleineren Länder in den Mittelpunkt; für ein Gastspiel aus Portugal hat er mehr Geld zur Verfügung gestellt als für den deutschen Beitrag. Seine Begründung ist stichhaltig: »Man kennt in Frankreich das deutsche Theater, es ist das mächtigste in Europa. Aber wer kennt das portugiesische? Das ist unsere Politik.«

Auch in der Bundesrepublik gibt es nicht wenige rührige Kulturschaffende, die außerhalb der großen Festivals internationale Begegnungen fördern. Seit 13 Jahren veranstaltet Saarbrücken sein »Perspectives − Festival du Théatre Français«, in den letzten Jahren geprägt durch den französischen Festival-Chef Marc Adam.

Die Kampnagel-Fabrik in Hamburg wurde zu einem Treff internationaler freier Gruppen. Die »Duisburger Akzente«, Nordrhein-Westfalens bedeutende Kulturschau, standen im vergangenen Jahr ganz im Zeichen des Bicentenaire der Französischen Revolution. In diesem Jahr stehen sie unter dem Motto »Unser Haus Europa«.

Man stellt sich also ein auf eine neue Qualität kultureller Begegnungen und grenzüberschreitender Zusammenarbeit. Bei all der Aktivität ist es folgerichtig, daß auch Theaterorganisationen zusammenarbeiten, um ihre Interessen, Interessen ihrer Theater in Brüssel und Straßburg, wirkungsvoll zu vertreten. Die großen europäischen Opernhäuser haben dies getan. Schließlich sind sie mehr als andere auf internationale Zusammenarbeit angewiesen.

Der Deutsche Bühnenverein und der Französische Verband der Theaterdirektoren, SYNDEAC, tun dies inzwischen auch. Es liegt uns aber fern, von Brüssel oder Straßburg neue Institutionen, eine neue Kulturbürokratie zu verlangen. Die Erfahrungen zeigen, daß die Kultur nicht der großen Apparate bedarf. Künstler aus den verschiedenen Ländern finden sich in der gemeinsamen Arbeit, wenn man sie nur läßt. In der Bundesrepublik leben wir ja auch sehr gut ohne ein zentrales Kultusministerium.

Weder der EWG-Vertrag von Rom noch die Einheitliche Europäische Akte begründen EG-Zuständigkeit im Kulturbereich, so daß wir uns vor einem europäischen Superministerium nicht fürchten müssen. Aber eine Europäische Gemeinschaft muß trotzdem eine Kulturgemeinschaft sein, in dem Sinne, daß alle Menschen, gleich wo sie in ihr leben, ihre nationale und regionale Kultur einbringen und an der Kultur der Nachbarn teilhaben können.

Das heißt, wir alle sind aufgefordert, an der Schaffung eines europäischen Kulturraumes mitzuwirken, der ungehinderten Zugang zu den kulturellen Ressourcen ermöglicht und Minderheitenkulturen schützt.

Vieles, was die EG-Kommission für die Kultur anstrebt, funktioniert bereits ohne große bürokratische Hilfestellung. Ich denke an das Projekt eines Theaterwanderfestivals. 1989 zog bereits eine bunt gemischte »Theaterkarawane« über 7000 Kilometer von Moskau bis nach Lausanne quer durch Europa. 200 Schauspieler mit Gruppen aus neun verschiedenen Ländern beteiligten sich an diesem drei Monate währenden Spektakel, Gruppen aus Frankreich, England, der Sowjetunion, der Tschechoslowakei, Polen, Italien, Spanien, Holland und der Bundesrepublik. In Berlin machte man auf der Straße des 17. Juni Station. Damals konnten Besucher aus dem Ostteil der Stadt noch nicht teilhaben; heute wäre auch das schon wieder fast eine Selbstverständlichkeit. Die Karawane hat auf ihrem Weg von Ost nach West ein halbes Dutzend Sprach- und Staatsgrenzen passiert. Vieles ist also bereits möglich im Europa von heute, was uns vor wenigen Jahren noch phantastisch erschienen wäre. Die Kultur hat ihren Anteil an politischen Veränderungen.

Lassen Sie mich zum Schluß an Worte unseres Bundespräsidenten Richard von Weizsäcker erinnern, der 1987, anläßlich der Verleihung von Goethe-Medaillen, sagte: »Nichts trennt die Völker mehr als kulturelle Arroganz, kultureller Hochmut, nichts verbindet sie mehr als Kenntnis und Respekt für die anderen.«

In diesem Sinne sind wir aufgefordert, kulturelle Arroganz und kulturellen Hochmut bei uns abzubauen und andere regionale Kulturen, die Kulturen unserer Nachbarn, verstehen zu lernen.

Kunst des Führens – Führung der Kunst
Dürfen Chirurgen lachen?

★

Was hat denn das mit Kulturpolitik zu tun?
Das Führen viel, die Kunst auch, und das Leben
sollte eine große Rolle spielen – nicht nur bei Chirurgen.

★

Sie haben mich sicherlich nicht gebeten, über Kunst des Führens und Führung in der Kunst zu sprechen, um das Führen eines Skalpells mit dem Führen eines Taktstocks verglichen zu wissen. Zwar schneiden beide, der eine ins Gewebe, der andere in die Luft, beide lösen Blutungen aus, äußerlich Sie, innere Wallungen wir; man benotet Sie – »Focus« listet dann die besten Chirurgen etwa Düsseldorfs auf – und man entlohnt sie mit Noten. Wir taktieren nach Noten, werden nicht nach Noten bezahlt. Beide versuchen wir, Wucherndes auszuräumen und Harmonie herzustellen.

Ihre oft bekundete Liebe zu den Musen und unsere numinose Angst vor Medizinmännern läßt sie vielleicht hoffen, etwas Gemeinsames zu erfahren über uns, die wir beide angetreten sind zu heilen. Aber Sie nicht mit »Heile, heile, Segen«, wir nicht mit »Happy end«. Sie stellen Übel fest, um sie zu beseitigen. Auch wir sehen das Skandalon und müssen anstößig sein, um anzustoßen, aufzuregen, um anzuregen und nachdenklich zu machen. Sie dürfen nicht den Modetrends einer Illustrierten-Medizin nachlaufen, wir nicht dem Geschmack des Publikums. Wer diesem nachläuft, sieht nur dessen Hinterteil. Wer den Zeitgeist heiratet, wird bald Witwer

---

Vortrag auf der Schlußveranstaltung des 111. Chirurgen-Kongresses in München, 1994

sein. Das Theater ist Welttheater, und seine Schauplätze sind Himmel, Erde und Hölle, und die Hölle ist kein Kohlenkeller. Auch Sie sezieren auf einer Bühne, ohne zahlendes Publikum, aber Ihre Kollegen sind noch kritischer als unsere Kritiker und verstehen etwas vom Fach. Für uns ist die ganze Welt Bühne, und wir bringen die ganze Welt auf diese Bühne, obwohl wir genau wissen, daß bald der letzte Vorhang fallen kann und es heißt Comedia finita est – oder Exitus in tabula. Viele Ihrer Kollegen haben oberflächliche Antworten gegeben auf die, ich gebe zu, vielleicht simple Frage: Haben Sie je beim Öffnen, Schneiden, Ausräumen die Seele entdeckt – und wenn, wo? Für Sie muß das Herz eine Pumpe, ein Muskel, für mich darf es eine Quelle sein. Sie führen Kliniken, ich Theater, und beides können Rehabilitationszentren sein. Mein Lehrer, Hans Schweikart, befragt, was ein Intendant sei, antwortete: »Der ideale Intendant ist zugleich ein Intellectueller, ein Manager und ein Enthusiast, Don Quichotte und Geschäftsmann, ein Zentaur mit einer Dichterstirn und vier derben Pferdefüßen.«

Das könnte uns verbinden.

Mit den Wörtern Kunst und Können wird viel herumgespielt. Ich entschuldige mich, wenn ich wieder einmal Ludwig Thoma zitiere: »Kunst kommt von Können, käme es von Wollen, hieße es Wulst.« Richtig daran ist, daß so viel Wulst bei den Gutmeinenden entsteht, bei denen, die so genau wissen, wie sich das Klavierkonzert anhören müßte, aber keine Läufe spielen können, die Operationsvisionen haben, ohne die Operationswege zu kennen und beschreiben zu können. Wenn die Kunst der Führung von Können kommt, kann man sie erlernen. Vieles am Regieführen und Operieren ist lehr- und erlernbar. Jede Regie bedeutet neben dem Ingenium auch die Fähigkeit, ein Regieteam führen und motivieren zu können. Jede Operation ist die Inszenierung mit einem Team, das die Taktzeichen des dirigierenden Operateurs versteht und ausführt. Wenn ich derjenige bin, der die Kunst der

Führung anderer *können* muß, dann muß ich zuerst fragen: Wer bin ich? Wo habe ich mich nicht in der Hand? Wo führe ich nicht gut? Mit Selbsterkenntnis muß man beginnen, bevor man andere führt. Wo ist meine Selbstbeherrschung? Wo verliere ich mich? Wo ist mein Zorn? Wo verliere ich ihn oder setze ihn kalt ein, um mit ihm zu führen? Ich muß mit mir selbst im Reinen sein und nicht nur steril.

Wenn ich nicht weiß, wie weit mein Maß geht oder wo meine Maßlosigkeit beginnt, kann ich nicht anfangen, anderen Maßstäbe zu setzen. Ich muß Autorität haben. Ich darf nichts vorgaukeln, was ich nicht bin. Man muß sich auch bei einem Team entschuldigen können.

Ich versage mir, unsere Art der Führung jeweils mit der Ihren zu vergleichen, unsere Künste sind ohnehin nicht vergleichbar. Viele Parallelen böten sich an, aber ich mache ungern Kunstfehler. Wenn ich jetzt von unserem Partner spreche, dann ist das beim Regisseur das Regie- und Schauspielerteam, bei Ihnen das Operationsteam. Aber auch unsere Zuschauer sind Partner, Ihre Patienten, wobei sich auch bei uns viele Zuschauer als Patienten fühlen, da sie unserer Behandlung ausgesetzt sind und an uns leiden.

Was man lernen kann, was man *können* muß, ist das *Gespräch mit den anderen.* Oft weiß man sehr wohl, was man dem anderen sagen will, aber man *kann* es ihm nicht sagen. »Das machen wir ganz anders und zwar irgendwie ganz neu.« Das zum Hauptwort gewordene »irgendwie« hilft keinem. Wir müssen fähig sein zu sagen, was er anders machen soll und wie und nicht irgendwie. Die höchste Form der Kommunikation ist der Dialog. Man sollte bei der Kunst der Führung wissen, wer der Partner ist, also: nicht nur seine biographischen Skizzen, sondern den Partner als Partner kennen und um seine Schwierigkeiten wissen. Wichtig sind Distanz und Weitherzigkeit. Mit Distanz meine ich nicht dieses »Sich-auf-Distanz-Halten« oder »Rücke mir nicht auf den Leib«. Mir geht es um die Distanz, die es möglich macht, ein Gespräch zur Nähe zu führen. Bedenklich ist das nur emotionelle Gespräch. Gerade wir Theaterleute wissen um die Gefahr, da wir emotional geprägte Menschen sind und auch so arbeiten müssen. Unser Beruf ist zwischen Haß, Liebe, Tod und Mord angesiedelt, umso mehr müssen wir diese konkrete Distanzierung herbeiführen, die aber nicht zur Verarmung führen darf. In der Sprache ist eine Armut eingetreten, die bei unseren Kindern ganz eklatant wird.

Sprechblasen und Stichwörter ersetzen Sätze. Sprache als bloßes Transportmittel büßt ihre schöpferische Qualität ein. Das Spezialistentum hat Fachsprachen geschaffen. Sie würden meine Sprache in einem Filmstudio belächeln, ich bestaune Ihre reiche Fachsprache. Die Patienten verstehen Sie nicht – sollen es wohl auch gar nicht. Ich unterstreiche die Bitte von Fiordiligi und Dorabella in »Così«, die Despina anflehen: »Herr Doktor, reden Sie, daß wir's verstehen«.

Aber auch allzu Verständliches dient nicht dem Verständnis. Die einseitig verkürzte Sprache der Halbgebildeten rührt von der Überflutung durch Bilder. Bilder stören die Imagination. Wie oft und bitter haben wir das deutsche Bildungsbürgertum verspottet, und mit Recht haben wir gegen Philister und Spießer angesungen. Wenn man sich jetzt in öffentlichen Gremien umschaut, ist der Kampf gegen das Bildungsbürgertum gewonnen: Keine Bildung und keine Bürger mehr – das tum ist geblieben, meistens tümelnd. Kunst muß gleich begreiflich sein; die Häppchenkultur feiert fröhliche Urständ, Fast-food-Kultur, verzehrgerecht angerichtet, wird pflegeleicht serviert und schnell verdaut. Aber diese kulturpessimistische Aussage bedarf einer Ergänzung: Selten wurden Bibliotheken und Museen so frequentiert, es wird zu Hause mehr musiziert und Volkshochschulen sind überlaufen. Und dennoch: Sprache ist mehr als Information. Auch durch Sprache kann man führen. Natürlich ist die Frage notwendig: »Wohin denn führen?« Oder: »Von wo wegführen?«. Die Ziele sind auszumachen: Wohin, wozu, wofür? Natürlich liegt in »Führung« auch das Wort »Verführung«.

Ich muß Künstler so führen, nachsichtig und streng, daß sie sich in ihren Rollen einmalig vollkommen zeigen können, aber nicht nur als Solist, als Single, sondern als Partner von anderen, ebenso sensiblen; ich muß eine Symphonia herbeiführen und dabei geschickt die notwendigen Dissonanzen einplanen, dann führe ich Kunst mit der Kunst der Führung. Ja, Oliver Sachs und Peter Brook haben in »L'homme qui« diese geglückte Partnerschaft gezeigt.

Zu gern würde ich einer Ihrer Vorstellungen beiwohnen: Wer spielt nach welcher Dramaturgie und Hierarchie welche Rolle? Kann jemand aus der Rolle fallen? Gibt es Improvisation? Was geschieht, wenn der Operateur einen Hänger, einen Blackout hat – wer souffliert?

Der Theologe hat die Sicherheit des Gebots, der Moraltheologe die Sicherheit des Verbots, der Jurist die Sicherheit des geltenden Rechts – bei allen leider auch nicht mehr. Aber in all diesen Bereichen gilt etwas, es ist gültig. Nicht so in der Ästhetik. Es gibt nicht das allgemein Schöne. Im Augenblick des Erschaffens ist es wahr, richtig und schön. Aber eine Inszenierung bleibt *nie* gültig, sie ist nur für ihre Zeit richtig. Wir haben keine Wahrheit, nur Richtigkeit. Wie ist das bei der Chirurgie?

Bei der Kunst des Führens sollte die Ehrlichkeit eine große Rolle spielen, bei der Führung der Kunst auch, obwohl das oft sehr schwierig ist. Hilft dem Künstler die »Wahrheit«, daß er nicht mehr singen kann, dem Patienten, daß der Tumor inoperabel ist?

Auch die soziale Frage wirft Fragen auf, denn bei mir gilt: Wenn ich einen guten Sänger engagiert habe und einen besseren finde, trenne ich mich von dem guten. Zur Zeit ist das Theater wieder im Gerede, in der Krise.

Es wird keine Krise des Theaters mehr geben – wenn folgendes wahr wird, und das gilt auch für Kliniken: »Das Theater muß die beste Leitung an der Spitze haben, die Schauspieler müssen durchweg zu den besten gehören, und man muß fortwährend so gute Stücke geben, daß nie die Anziehungskraft ausgeht, welche dazugehört, um jeden Abend ein volles Haus zu haben.« Diesen modernen Satz sagte Ende März 1825 der Geheime Rat Goethe zu seinem Mäzen, dem Großherzog, als es um den Wiederaufbau des Theaters in Weimar ging.

Er fügte, laut Eckermann, hinzu: »Das ist aber mit wenigen Worten sehr viel gesagt und fast das Unmögliche.«

Erfreulich wäre es, wenn der Umgang der Theaterleiter mit dem Mäzen Staat und der Umgang der Medizin mit den Medien geprägt wäre von der Maxime: Offen für alles Neue, aber ohne modische Sucht, immer bereit für neuen Wein in alten Schläuchen und für alten Wein in neuen Schläuchen.

Sie haben sich bei der feierlichen Eröffnung des Kongresses mit D, G, F, C, H eine musikalische Hommage komponieren lassen, die das B–A–C–H noch nicht in den Schatten stellte.

Was ist das Geheimnis des Glaubens: Im Tod ist das Leben. Ein wahrhaft tröstlicher Satz, vor allem für Chirurgen. Vor einer Operation untersuchen Sie den Patienten genau, erfragen die Anamnese, machen sich über seine Umwelt und sein soziales Umfeld kundig, studieren die Röntgenaufnahmen, machen sich − so nehme ich an − ein Bild und dann, nach der Vorbereitung, beginnt die »Vorstellung«. Bei der Vorbereitung einer Regie verfahren wir ähnlich. Nach dem genauen Studium der Partitur, versuche ich alles über die handelnden Personen in Erfahrung zu bringen, wie sie leben, wie sie sich kleiden, wie das politische und soziale Umfeld ist. Ich überlege, wo ich Schnitte, sprich Striche, anbringen kann, mache technische Vorproben, mache einen Beleuchtungsplan. Dann beginnen die Proben, die zur Vorstellung führen sollen, um dann von der Kritik zu erfahren, daß ich leider das Stück nicht gelesen habe. Ihr Gefäßchirurg laboriert fünf Stunden an einer Bypass-Operation; Fritz Kortner probierte einen Auftritt eines Schauspielers fünf Stunden. Im Mittelalter waren die Gemeinsamkeiten zwischen Chirurgen und Theaterleuten noch sehr sichtbar. Umherziehende Chirurgen trafen sich mit den Spielleuten, Joculatoren, Vaganten auf den Jahrmärkten, allesamt noch Spieler.

Die Kunst des Führens gilt es halt zu können – bei der Führung der medizinischen oder theatralischen Kunst. Aber das Thoma-Zitat vom Können darf so nicht stehenbleiben. Arnold Schönberg hat es verbessert: »Kunst kommt nicht nur von Können, sondern von Müssen«. Auf *der* Brücke treffen wir uns.

Nicht der mit des Schnellschreibers Griffel, nicht der Skalpellkünstler, nicht der Macher verwandelt unsere Welt. Nach bloßer Natur, Agrikultur, Zivilisation hat der Mensch seine Würde in der Kultur gefunden. In dem Wort stecken das Wort Kult – das ist zweckloses sinnvolles Tun ad maiorem gloriam non sui – und das Wort ur. Aber nicht das »ur« in urig, sondern das urbar machen. *Kultur*, das heißt aber nicht nur heilen, das heißt auch Wunden schwären lassen, das heißt nicht nur verbinden, auf daß das Unheil unsichtbar sei. Kultur ist das, notiert Anthony Quayle, was der Metzger hätte, wenn er Chirurg geworden wäre.

Jean Paul sagt: »Es gibt Momente, wo Wunden zu Ohren werden, denn für manche Wunden ist es am besten, wenn sie offengehalten werden.« Ubi pus ibi evacua.

Aber auch Narben haben ihre Würde.

Kultur, das ist kein Ergebnis, sie stellt sich immer wieder in Frage. Kultur ist der Weg, nicht das erreichte Ziel. Kultur hat ein unruhiges Herz und ist kein Ruhekissen. Nietzsche forderte den Conjunctivus optativus »Man habe Kultur«. Zu viele glauben, sie hätten Kultur und ächzen wohlig mit Fafner: »Ich lieg und besitz', laßt mich schlafen«. Die Beschäftigung mit dem Tod ist, laut Dürrenmatt, die Wurzel aller Kultur.

Nur wo Kultur ist, läßt sich Schwachsinn aushalten. Dabei ist das klassische Ziel der Kultur die Leib-Seele-Einheit. Als die zu klassisch-langweilig wurde, trat die Dissonanztheorie auf den Plan. Dann hat diese jedoch das Spannungsfeld überreizt und als Folge zu falscher Harmonisierung verleitet. Früher war das Gesetz: Spannung – Entspannung, bis Wagner die ewige Melodie und den Tristan-Akkord erfand. Jetzt wurde die Spannung nicht zur Tonika, zur Entspannung geführt, sondern immer mehr gesteigert. Dies führte zum totalen Tonalitätsverlust und zu einer Spannung, die sich nicht auflöst. »Elektra« endet so, und bei Schönberg verschwindet die Tonika völlig. Schönberg war von den zwölf Tönen getrieben, nicht von der Sucht nach Neuem. Können ist nicht allabendfüllend. Künstler und Chirurgen folgen einem unausweichlichen Diktat, einem Muß, das Mühsal und Erfüllung sein kann.

Wieviele Kunstwerke wären nicht entstanden, wenn nicht die Not des Künstlers, sich zu äußern, ihn dazu getrieben hätte und nicht zur Gefälligkeits-, Schönheits- und Unterhaltungskunst, nicht zu den Fischer-Chören, sondern zum »Wach-auf-Chor«.

In diesen Tagen erschallt wieder der große »Spar-Chor«, das Theater ist wieder in der Krise, in der es erst wirklich ist, wenn es einmal nicht in der Krise ist.

Bertolt Brecht hat festgestellt, Kunst ist ein Luxus, aber ein Luxus, für den es sich zu leben lohnt.

Gestatten sie einen kleinen Ausflug zu Schwierigkeiten, die wir gemeinsam haben:

Sie haben viel Ärger mit den postoperativen Infektionen. Auch bei uns schleicht sich nach der Premiere oft Wundfieber ein, man stellt Schlamperei fest, Ungenauigkeiten. Die Assistenten versuchen den Originalzustand wiederherzustellen und zu bewahren, notfalls holen sie den Regisseur, sprich Oberarzt, zu Hilfe. Vorhandene Infektionen müssen wir gezielt, präzise, wirkungsvoll und kostengünstig bekämpfen. Die Immunabwehr der Sänger und Schauspieler ist nach einer schweren Premiere geschwächt. Wir versuchen dem mit einem Breitbandantibiotikum guter Kritiken zu begegnen oder verabreichen sie einmal täglich parenteral.

Bei Ihnen sind die Medikamente-Kosten nur ein Teil der Kosten einer Therapie. Die weiteren Kosten für Material, Behandlung, Labor, Lagerung, Transport und Abfallbeseitigung sind erheblich. Die Fixkosten eines Opernhauses liegen bei 85 Prozent. Wenn wir sparen müssen, so kann das nur bei den 15 Prozent geschehen, die wir für unsere Operationen haben, von denen wir nie wissen, wie sie ausgehen. Die Besitzstandswahrung aber ist eine heilige Kuh.

Wie Sie, stelle ich eine Sepsis an denselben Anzeichen fest: eingefallenes Gesicht, Lethargie, Verwirrung und eine überschnelle Atmung. Diese Anzeichen sind besonders nach schweren Proben mit bestimmten Regisseuren und Dirigenten festzustellen.

Als Intendant fürchte ich Eingriffe am zentralen Nervensystem eines Stückes, besonders bei experimentierfreudigen jungen Regisseuren. Die Abstoßungsgefahr ist besonders bei Transplantaten, sprich unpassenden Texthinzufügungen zu beobachten. Mit allen Mitteln versuchen wir die Ostitis zu verhüten. Wir bemühen uns auch, allzu lange Probezeiten einzuschränken. Wir verhindern damit eine Morbidität und Letalität der Stücke und vor allem den Hospitalismus der Betroffenen. Unsere beiderseitigen Bemühungen um Nachwuchs spiegeln sich in dem Motto: »Surgery for Beginners« als »Surgery for Winners«. Damit, meine Damen und Herren, habe ich meine *Pflicht* zunächst erfüllt, aber Sie haben nicht erlebt, wie Ihr verehrter Präsident mich zu einer Kür verführte und bat, doch einen Untertitel in mein Referat aufzunehmen: »Dürfen Chirurgen lachen?« Ich habe lange nachgedacht, was das mit Führung der Kunst zu tun hat? Doch es ist einfach: Humorlosigkeit ist die Unfähigkeit, eine andere Wirklichkeit wahrzunehmen als die eigene, und da Chirurgen nicht humorlos sind, ist der Untertitel zu akzeptieren, zumal Bergson uns in seinem Essay beweist, daß Lachen ein

»Essential« ist. Sicher, Sauerbruch und Gottfried Benn haben bestimmt nicht gelacht, und wenn man das Mitteilungsblatt Deutscher Chirurgen liest oder das Programm dieses Kongresses, gibt es nichts zu lachen. Für mich ist das gar keine Frage, Chirurgen dürfen nicht nur lachen, sie müssen. Das ist ihre Katharsis, das ist die erlösende Tonika, die Entspannung nach so viel Anspannung und Überspanntheit. Ich verstehe sogar die oft befreiende Vulgarität der Chirurgenwitze. Das hohe Piedestal, das Sich-selbst-zu-wichtig-Nehmen verlangt ein Korrelat. Der hehre Ort braucht den Ab-ort. Auch über die Patienten darf man lächeln − post festum, wie der Beichtvater auch erst nach der Exkulpation dem Menschlichen, allzu Menschlichen sein gnadenvolles Lächeln schenken darf. Es geht aber nicht nur um Ihr eigenes Lachen. Bei den sieben Grundtugenden für einen Chirurgen heißt Tugend Nr. 7: Sense of humour. Und *der* soll nicht *Sie* lachen machen, sondern den Patienten. Und das ist eine Rolle, die man lernen kann bei der Kunst der Führung. Voraussetzung ist keine Vis comica rheinländischer Provenienz, sondern die Begabung eines Stimmführers. Der kann ein Orchester einstimmen. Sie kennen diese unglaublich fröhliche Musik des sich einstimmenden Orchesters, bevor der Maestro ans Pult tritt und sich schon vor der Operation verbeugt. Mit Sense of humour meine ich nicht die Schnurrensammlungen mit dem Titel »Das lachende Stethoskop« oder »Das geschliffene Messer«. Das stumpft schnell ab. Natürlich ist es nicht empfehlenswert, einem Bruchpatienten zwerchfellerschütternde Witze zu erzählen. In der New Yorker Columbia Presbyterian Clinic gehen mit den Ärzten Clowns auf Visite. So eine Doktor-Nudel bekommt für vier Stunden 130 Dollar. Minister Seehofer hätte bei der Kostensenkung große Erfolge, wenn er sich des alten Eulenspiegels erinnerte, der jedem Patienten ins Ohr flüsterte, daß mit dem Letzten, den man im Spital antreffe, etwas ganz Schauriges passieren werde. Selten sollen so die Lahmen gesprungen und die Bresthaften aus den Betten geflitzt sein. Vielleicht bedeutet Ihre Frage nach den lachenden Chirurgen auch, daß Sie beides, Arzt und Clown, sein möchten, vielleicht aus der Einsicht, daß beide möglicherweise identisch sind. Um das zu erleichtern, haben Sie sich heute als Redner auch einen August eingeladen.

Der Präsident ist aber vor allem von dem Thema gepackt, daß Mediziner nicht nur lachen, sondern malen sollen; der ganze Kongreß wurde ja von malenden Chirurgen eröffnet. Dort konnten Sie einmal ohne Risiko Ihre Kunstfehler zeigen.

Herr Präsident, die Ikonotherapie hat es ja in Deutschland schon zu einer Ikonotherapeutin gebracht. Sie haben Kliniken gefordert, wo Chirurgen malen *müssen*. Es ist so begrüßenswert, daß in Kliniken so viele Bilder hängen, obwohl es für die modernen Maler erschütternd sein muß, daß die von *Ihnen* in den Krankenzimmern aufgehängten modernen Bilder die Liegezeiten enorm verkürzt haben. Ich fordere vorweg Kliniken, wo Sie *spielen* müssen, nicht Klavier, sondern Komödie, weil Sie bei so vielen Tragödien engagiert sind, Komödien, bei denen Sie lachen lernen können über uns, unsere Dummheit und über sich.

»Wenn wir geboren werden, weinen wir,
wenn wir sterben, weinen die anderen.
In der Zwischenzeit sollten wir gemeinsam lachen können.«
So ein Kongreß ist eine gute Zwischenzeit.

In »Im Namen der Rose« verkündet der blinde Jorge: »Christus hat nie gelacht«. Wenn dieser Heiler und Wundertäter nie gelacht hat, was haben Chirurgen dann zu lachen? Der heilige Laurentius hat auch auf dem Rost noch gelacht, was nur beweist, wie nah das Lachen dem Tod ist. Danach haben die Chirurgen wieder viel zum Lachen. Der Bruder William hält das Lachen für ein gutes Heilmittel, danach müssen die Ärzte ihre Patienten oft zum Lachen bringen. Die heilende Beziehung zwischen Musik und Medizin wird seit der Antike beobachtet. 1671 schrieb Werner Rolfink:

71

»Wohlproportionierte musikalische Klänge sind im Stande, die Atome des spiritus und des innersten Gehirnteils, sowie die von Bier und Wein zerstörten Fäserchen der Hirnhäute wieder in normale Verfassung zu bringen.«

Quintilian lehrt uns, daß im Panegyrikus – sprich Operationssaal – das Lachen zwar unterdrückt werden soll, um der Würde willen, aber in vielen anderen Fällen solle man dazu ermuntern.

Ja, die Chirurgie ist ein ernstes Fach, aber tierischer Ernst tötet Kreativität und Optimismus, dessen Übertragung auf Patienten notwendig ist. Sie müssen oft konstatieren: »Der Tod ist eingetreten.« Sie wissen, das ist eine theatralische Regieanweisung. In der Musik fordern die Puristen immer öfter das Spielen auf Originalinstrumenten. Ich hoffe, bei meiner nächsten Operation nicht auf ein Ärzteteam zu stoßen, das mir freudig ein Originalbesteck aus dem Jahr 1850 entgegenhält.

Wie schreibt Umberto Eco: »Vielleicht gibt es am Ende nur eins zu tun, wenn man die Menschen liebt: sie über die Wahrheit zum Lachen bringen«. Sie müssen oft Horaz beherzigen: »Ridens dicere verum«.

Eigentlich sitzen wir im gleichen Boot, manchmal auf verschiedenen Flüssen, aber Charons Boot fährt nur in eine Richtung.

Bei der Kunst der Führung bedarf es neben dem Können und Müssen der Kraft zur Vision. Nicht zur Illusion, sondern zum Wagnis der Utopie. Der Führung der Kunst obliegt es, die Realisation der Ideen herbeizuführen. Mediziner und Künstler verbindet eine Gabe, die des Menschen größte Begabung ist und ihn an die Krone der Schöpfung heranreichen läßt, wenn er diese Gabe nicht mißbraucht: die Phantasie, die legitime Tochter der Freiheit. Sie ist schrankenlos und muß unbeschränkt bleiben. Die Phantasie hat kein Verbot, keine Grenzen. Sie ist laut Einstein wichtiger, als Wissen. Sie ist das Pneuma, der Hauch, die Seele, die uns über das Existieren zur Existenz führt. Sicherlich muß sich auch dieser Geist, der weht, wo und wohin er will, manchmal an Realitäten als Wegmarken orientieren, aber er macht aus Beamtenseelen Revolutionäre, aus Gehemmten Liederjane, aus Handwerkern Künstler. Der Phantasie sind die Schwingen des Heiligen Geistes und der Flügelschlag des Untergangs eigen. Sie findet und erfindet Wege zur Erlösung und zum Untergang. Sie gibt uns die Begnadung zum Seher, zum Propheten, zum Dichter, zum großen Medizinmann.

Phantasie ist nicht zu zensieren, aber auch ihre Dynamik kann erlahmen, wenn sie nicht angereichert wird durch ständige Beobachtung. Sie muß geschärft werden, wie man das Gewissen prüfen, schärfen muß. Sie ist eine Qualität, die zu ihrem Erhalt der Übung bedarf. Paul Tillich sagt: »Menschsein heißt Utopien haben. Menschen ohne Utopien, wenn es die überhaupt gibt, bleiben der Gegenwart verfallen und projizieren keine Zukunft.«

Und Verdi: »Wirklichkeit finden ist gut, aber eine neue erfinden, ist besser, weit besser.« Die schrankenlose Phantasie kann aber auch ins Verderben führen. Und da setzt die wahre Aufgabe der Kultur ein, nicht jene langweilige, ausgleichende Kultur, sondern die aus These und Antithese, die Synthese leistet. Sie beläßt dem Meer seine stürmische Unruhe, die Gezeiten sorgen für den Einklang. Sie gibt der Tonika die erlösende Kraft zurück. In der Grenzüberschreitung stoßen Sie und wir in die Terra incognita vor. Nur Avantgarde wagt diesen Vorstoß, dem dann später der gemütliche Troß und die Marketenderinnen folgen. Aber Avantgardisten werden öfter von hinten beschossen als von vorne.

Wo wäre die Medizin heute, ohne ihre Pioniere, wo die Kunst ohne Mozart, Michelangelo, Goethe und Picasso? Sie alle haben Hör-, Seh- und Handlungsgewohnheiten überschritten, haben die Boulevards verlassen und haben sich auf

Pfaden, auf der Via dolorosa, auf Holzwegen durchgeschlagen zur Via triumphalis, die kein Broadway ist.

Ja, Chirurgen und Künstler dürfen lachen, wenn sie mit Kunst, Können und Müssen aufdecken und heilen.

Früher intonierte der Priester am Ende der Passionszeit von der Kanzel das Osterlachen. Ein Lachen aus Erleichterung, weil jemand den Part aus Angst, Schweiß und Tränen für die Menschen erledigt hatte.

Wie heißt es im Buch Koholet:

»Für alles unter dem Himmel gibt es eine bestimmte Zeit. Eine Zeit zum Gebären und eine Zeit zum Sterben, eine Zeit zum Weinen und eine Zeit zum Lachen, eine Zeit zum Schweigen und eine Zeit zum Reden.«

Lust am Wissen durch Hören

★

Für so äußerliche, oft oberflächliche Menschen wie uns, ist es gut,
gezwungen zu werden, neu nachzudenken und ein Studium
generale wieder aufzunehmen, neu zu hören und Brücken
zu schlagen zwischen Kunst, Wissenschaft und Technik.

★

Diese Reihe »Über das Hören« in Ihrem Studium generale hat Ihnen so viel über Zuhören, Verstehen und Mißverstehen, über die Erkenntnis, die sich durchs Hören einstellt, über die messianische Kraft des rechten Hörens, über ihre Technik und Mechanik vorgestellt, daß es mir vergönnt ist, als Theatermann etwas Sinnliches über diesen Sinn zu sagen.

Lust am Wissen durch Hören will nahebringen, daß Wissen kein abstrakter, sondern ein höchst vergnüglicher Vorgang ist. Dem liegt das Credo zugrunde: »Mehr Lust durch Wissen.« Unser frustriertes Denken meint oft, das Wissen mindere die Lust. Nein, das Hinter-die-Kulissen-schauen läßt das Spiel in den Kulissen besser empfinden und verstehen. Wenn die hingebende Frau sagt: »Ich habe ihn erhört«, bezeugt das ja nicht nur ein Nachgeben, sondern daß sie ihn durchs Hören erkannt hat. Seine Worte sind hörbar und erhört worden. Theologisch steht das Wort am Anfang und ist Fleisch geworden; das Mittelalter zeigte den Lichtstrahl, der Maria empfangen ließ.

Unsere Aufgabe im Theater ist, geschriebene Literatur, Noten sichtbar und hörbar zu machen. Wir erweitern das Geschriebene um seinen Klang, um seine Farben. Wir bereichern es mit Tempo, mit Pausen, mit Rubati und Accele-

---

Vortrag an der Universität Tübingen, 5. Dezember 1995

randi. Es gibt keine Werktreue für Wort und Ton. Der Komponist und Autor gibt dem Regisseur und Dirigenten ein reichhaltiges Stenogramm an die Hand und die Sinne, auf daß dieser es so umsetze, so verwirkliche, daß Ihnen Hören und Sehen vergeht, damit Sie dann klarer hören und sehen können.

Ich erinnere Sie an Bombennächte im Luftschutzkeller, wo nach gespenstischer Stille das leise Weinen eines Kindes oder das gemurmelte Gebet seiner Großmutter plötzlich akustische Großaufnahme wurde. Danach weiß ich mehr durch Hören, weiß mehr um Angst, um Erleichterung, um Schmerzen und Erlösung. Mein Wissen wird erlebter, gefühlter, weil gehörter. Wie erschreckt sind Menschen, wenn sie sich selbst zum ersten Mal vom Tonband hören. »Wer ist das?« »Das bin ich nicht.« Man identifiziert sich nicht mit seiner Stimme und muß dann lernen, daß dieses Nicht-Ich ich bin, daß dieser Klang mein Klang ist, daß Menschen mich so hören und auch so wenig mögen. Wie beurteilen wir Menschen nach ihrer penetranten, schrillen Stimme – wie mögen wir sie nicht mehr hören. Aber uns allen sitzt noch in den Knochen das Erziehungswort: »Hör auf mich«, »Hörst Du mich nicht«, »Hör' mir doch zu« – gehör mir doch. Gehorche mir, also folge mir.

Wenn wir nicht in einem so wissenschaftlichen Raum wären, würde ich Sie bitten, sich die Ohren für zwei Minuten zu verstopfen und mir dennoch sehend zuzuhören: Was würden Sie von mir, eingebildet, hören, obwohl Sie nichts hören? Übermittelt durch meine Körpersprache, durch Mimik.

Bei einer Laudatio für Peter Ustinov schwieg ich, zur Verwirrung aller, minutenlang, um dann fortzufahren: »Stille ist einer der allerhöchsten Maßstäbe, an denen man alles andere messen kann.«

Professor Berendt hat Sie gelehrt: »Ich höre, also bin ich.« Ich würde es ergänzen: »Respondeo – ergo sum«, denn, was von Sinn erfüllt ist, läßt sich mit Sinnen erleben und wiedergeben.

Natürlich brauchen wir unsere drei Kommunikationskanäle, den visuellen, auditiven und kinästhetischen, um zum Wissen zu gelangen. Doch das Hören ist der archaischste Sinn. Das ungeborene Kind hört, bevor es sieht.

Aber gerade heute erleben wir, daß das Ohr oft durch das Auge taub geworden ist. Das Auge erlebt so viele Anreize, eine solche Bilderfülle, so viele Spiele, daß bald kein Bei-spiel mehr erkannt wird. Das Ohr kann zu der Fülle der Bilder bald nicht mehr die Begleitmusik hören, weil Bilder keine Musik mehr haben, sondern nur Rhythmik.

Durchs Hören erfahre ich eine Welt, die mir sonst unzugänglich wäre, durchs Hören tauche ich in die Tiefen der Weltmeere und ersteige die Höhen der Riesenberge. Ich höre Tratsch und Quatsch, ich höre Lügen und Wahrheit, ich höre das Geschrei der Unterwelt und jauchzende Engelchöre; ich höre das Universum. In »Schlafes Bruder« höre ich den Herzschlag der ungeborenen Geliebten. Die Kodoo-Trommler aus Japan trommeln den Urrhythmus des mütterlichen Herzschlags, das erste, was ein Menschenkind hört.

Ich höre die schreckliche Welt, wie es sie gibt, und die schöne Welt, die es auch gibt. Die Theologen lassen uns auf die Visio Dei hoffen, wo wir alle Schönheit sehen, wo alle Widersprüche zusammenfallen, wo es nicht mehr U- und E-Musik gibt, wo alle Museen vereinigt und alle Filme zusammengeschnitten sind, wo alle Summen des Wissens zusammengetragen sind, und ich die Geschichte des Universums und unsere Welt sehen kann. Neben dieser Visio wird es auch eine Anhörung geben: Wo alle Harmonien und Dissonanzen zusammenklingen, wo Geräusche sich stilisieren, wo alle Fragen beantwortet werden, wo man in den Himmel hineinhört, der nicht voller Geigen hängt, aus der Anhörung wird die Erhörung. Hier und heute sehen wir nicht nur zuviel, wir hören auch zuviel, so daß uns das Hören vergeht. Dabei wünsche ich mir noch eine Dimension des Hörens mehr: Das Gesetz von der Erhaltung der Kraft lehrt uns, daß nichts verlorengeht. Ich wünsche mir einen Empfänger, der mich die Bergpredigt, die ja noch im Weltraum umherschwirrt, empfangen läßt, einen Apparat, der mich Napoleons Kommandos und Marc Aurels Ermahnungen, Jeanne d'Arcs Antworten vor ihrem Tribunal hören läßt, der mir Guardinis Predigten und Freislers Verurteilungen nochmal nahebringt.

Bewußtes Hören bringt mehr Wissen, und mehr Lust am Wissen gewinne ich durch Hören.

Oft ist aber das Hören den Menschen eine beunruhigende Plage geworden. Früher hatte der Klang der Kirchenglocken Majestät und Gewalt. Er gliederte den Tag, mahnte vor Sturmgefahr, meldete Feuer, rief zum Kirchgang. Die Glocken waren für den Bürger ein fühlendes, handelndes Wesen, dem Glockengießer gab man das Silberzeug, um den Klang kristallklarer werden zu lassen.

Heute fordern Bürgerinitiativen das Abstellen der Glocken, damit man länger schlafen kann, Glockenklang fällt unter die Immissionsschutzverordnung. Hören kann auch zur Folter werden. Wir wissen von den akustischen Halluzinationen, die Menschen unentwegt behelligen, die als schizophren eingestuft werden, Halluzinationen, die weder von Psychiatern noch von Medikamenten abgestellt werden können. Dieses Phänomen der Stimmenhörer tritt oft auf nach traumatischen Erlebnissen, wie Unfällen, sexueller Gewalt, plötzlichem Tod Nahestehender. Oft ist es ein reicher innerer Dialog, der vieles verhindert und auch ein hilfreicher Begleiter sein kann. Er reduziert Einsamkeit und schafft gleichzeitig Isolierung. Aber bedenken wir: Jesus hörte Stimmen, Moses, Giordano Bruno, Hildegard von Bingen und − wie man sagt − auch Churchill. Denken wir auch an das Pfingstwunder: Plötzlich hörten die Apostel ein großes Brausen, und sie verstanden alle, die da redeten, auch wenn sie fremdsprachlich waren.

Das Reden beim Psychiater ist wichtig, aber es muß gehört werden. Das Aussprechen in der Beichte ist wichtig, aber das Bekennen muß vom Priester gehört werden.

Die Gehirnforscher sagen: Erkennen und Verstehen setzen die Fähigkeit des Hörens voraus. Ein-sicht durch Hören. »Sprich, damit ich dich seh.« »Ich bitte um Gehör.« »Niemand hört auf mich.« »Das Kind hört nicht auf mich«, also gehorcht es nicht, »es gehorcht *mir* nicht.« »Wie verschaffe ich mir Gehör.« »Hört denn keiner auf mich?«

In den Hochschulen haben wir die Gehörbildung. Musikstudenten, die keine Intervalle hören können, lernen sie zu hören. Was hört der Gehörlose? Was hörte Beethoven, als er nichts mehr hörte und seine 9. Symphonie dirigierte? Sicherlich hörte er sie schöner, als sie in Wirklichkeit klang. Ist das imaginative Hören vollkommener als das wirklich zu Hörende? Wie sind wir verdorben durch Hörgewohnheiten. Weil wir eine Symphonie erstmals so gehört haben, wollen wir sie immer wieder so hören, weil sie uns Maßstab wurde.

Menschen, die ihren ersten »Don Carlos« *so* gehört und gesehen haben, wollen davon nicht abweichen. Sie erklären jede neue Deutung als Experiment, als Werkuntreue.

Man muß auch Hören lernen. Nachdem ich die Strukturen der Musik erlernt hatte, hörte ich die Inhalte besser. Ich hörte keinen Klangbrei mehr, ich hörte Differenziertes. Ich hatte die verfluchte Begabung des absoluten Gehörs. Gestatten Sie eine biographische Anekdote: Bei meinem ersten Flug träumte ich, wir wären abgestürzt, keiner hätte überlebt – natürlich außer mir. Im Krankenhaus aufwachend, wurde ich befragt, ob ich vor dem Absturz etwas Besonderes bemerkt habe. Ich sagte: »Ja, der eine Motor lief auf Kammerton a.« Ich bemerkte, daß man doch leichte Schäden bei mir annahm, aber man bat mich, den Klang vieler Motoren auf dem Prüfstand in einer Halle anzuhören. Bei einem bestimmten Klang stoppte ich und sagte: »Das war der Klang vor dem Absturz.«

Man prüfte und fand den entscheidenden Fehler im Motor. Mehr Wissen durch Hören? Auch mehr Lust am Fabulieren durch Hören. Das absolute Gehör macht es einem auch schwer, einen Chor zu dirigieren, dessen Tonart man einen halben Ton heruntersetzen muß. Man hört den »richtigen« Ton in sich und muß im Kopf die ganze Melodie umtransponieren. Hören als Qual. Aus einem Gedicht von Arnim Juhne über eine »Unbekannte alte Frau«:

> »Zeitlebens haben sie zu lang' dazugehört
> zum Lärm der Welt
> jetzt sei sie taub.
> Von Kopf bis Fuß bin ich ganz Ohr,
> denn mit der Zeit – sagt sie –
> gleicht sich das aus.«

Mozart hörte als Knabe eine achtstimmige Messe, ging nach Hause und schrieb sie Ton für Ton auf, weil er sie er-hört hatte.

Herbert von Karajan sah eine Partitur und hörte die Musik, wußte sie auswendig und konnte sie dirigieren. Das Hören, so lehrt uns die Bibel, ist nötig für unseren Aufbruch für das letzte Gericht. Wenn wir die Trompeten hören, gilt es, alles fallen zu lassen und sich auf den Weg zu machen. In der »Zauberflöte« lehrt der Priester den Tamino und Papageno: »Wenn Ihr die Posaunen hört, geht dorthin.«

Hören ist Wegweiser, ist Signal. Wer kennt nicht die apodiktische Forderung des Partners: »Ich höre – also nun sag was.« Wer kennt nicht das Verlernen von Hören, wenn er täglich berieselt wird von Musik, wie Kühe, die fröhlich bessere Milch geben sollen. Vor allem lernt er nie das Hören experimenteller, störrischer, ungewohnter Musik. Wenn seine Ohren verkleistert, zugepappt sind von Vivaldi und Händel, hat das Ohr es schwer, aufnahmebereit zu sein für ungewohnte Klänge.

Auch in unserem sittlichen Verhalten ist das Hören eine

August Everding, Generalintendant der Bayerischen Staatstheater von September 1982 bis September 1993

August Everding mit Fritz Kortner an den Münchner Kammerspielen

*August Everding mit
seinem Lehrer und
Vorgänger Hans Schweikart
an den
Münchner Kammerspielen*

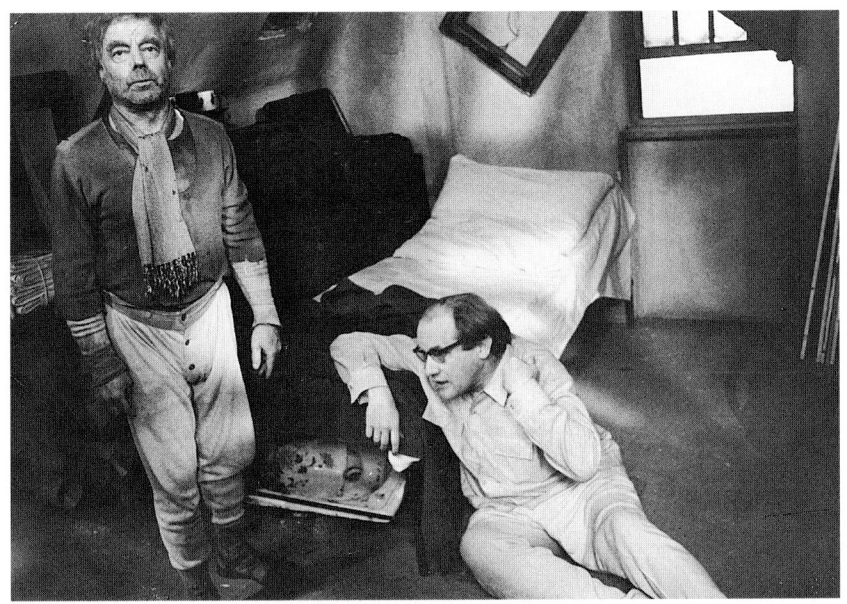

Mit Heinz Rühmann bei Proben zu »Der Hausmeister« von Harold Pinter an den Münchner Kammerspielen

Mit Sir Georg Solti in London

Mit Zubin Mehta bei Proben zum »Ring des Nibelungen« in Chicago im Frühjahr 1996

Sir Colin Davis mit August Everding bei Schallplattenaufnahmen

Leonard Bernstein mit August Everding und Joachim Kaiser bei der Siemens-Musikpreis-Verleihung in München

Im Büro im Prinzregententheater: Carl Friedrich von Weizsäcker, August Everding, Richard von Weizsäcker, Mastro Lorin Maazel mit seiner Frau Dietlinde Turban

Mit Martha Mödl bei Proben zur Uraufführung »Gervaise Macquart«
in Düsseldorf 1995

Komponente: »Das gehört sich nicht.« Hören wir noch auf die Stimme des Gewissens? Führt uns das Hören noch zur Wahr-nehmung?

»Adam, wo bist Du«, rief der Herr, als das plötzlich scham-erfüllte Paar sich zurückzog. Odysseus ließ sich anbinden, hörte aber die Sirenen. Seine Mannschaft bekam »Oropax« verpaßt, um nicht von den Sirenen verführt zu werden. Tele-fonsex ist heute beliebter Ersatz geworden für sinnlichen Austausch.

Aber Hören und Gehörtwerden ist auch ein wichtiger Faktor bei der pränatalen Existenz des Kindes. Man hat be-wiesen, daß es dem Ungeborenen wohl bekommt, wenn die Mutter Musik macht oder hört – »und das Kind hüpfte im Leib der Elisabeth, als Maria sie begrüßte.« Wenn man Früh-geborenen in der Klinik die Stimme der Mutter vorspielt, wird die Beziehung leichter geschaffen oder erhalten.

Heute hat die Musik sehr oft ihre Selbständigkeit verloren. Sie ist ein Pleonasmus zum Bild. Das Bild ist dramatisch, und die Musik klappert hochdramatisch vorweg oder hinterher. Wir hören, was geschieht oder geschehen wird. Musik als Begleitmusik oder als Vorankündigung.

Strauss aber läßt singen:

»Musik ist eine heilige Kunst.«

Was hört man von dieser heiligen Kunst in der Oper, wenn man nicht weiß, was gesungen wird? Hört man mehr, wenn man die Surtitles liest, hört man musikalisch mehr, wenn man sich literarisch vorbildet? Höre ich nicht auch mehr, wenn ich weiß, welche Instrumente spielen, wenn ich sie und ihren Klang erkenne und differenzieren kann.

Mein Vater war Organist, und seine Orgel war durch Bombendruck stark beschädigt worden. Er lehrte mich, die Pfeifen wieder einzustimmen, die Pfeifen der verschiedenen Register. Ich höre seitdem mehr, reicher.

Kann ich durch Hören auch reale Inhalte hören? Kann Musik mir über die emotionale Erregung Wesentliches mitteilen? Wohl nicht, daß die französische Revolution 1789 begonnen hat, aber die Gewalt der Revolution, ihre Auswirkung ist sehr wohl zu vernehmen. Aber das Hören reizt mich, das Gehörte zu bebildern, zu aktualisieren, zu vertiefen. Das Überangebot der Fernsehsender wird den Rundfunk bald wieder sehr viel wichtiger machen. Man will hören, um sich ein Bild zu machen. Man will dem Wohlklang einer Stimme lauschen und sich die Person des Sängers oder Sprechers dazuphantasieren. Man wird durchs Hören animiert, selbst zu singen und zu spielen. Der Homo ludens ist durch den Homo faber noch nicht erstickt. Luigi Nono sagt:»Das Ohr aufwecken, das menschliche Denken, die Intelligenz, das Maximum an nach außen gerichteter Verinnerlichung, das ist heute das Entscheidende.«

Auch der Intellekt nimmt Musik eher ästhetisch wahr als historisch. Musik ist der Gegenwart verpflichtet, existiert gleich dem Theater nur im Moment der Aufführung, der Wahrnehmung. Das Vorher und Nachher ist sekundär. Wir sind zwar konditioniert durch Hörgewohnheiten, Mode und Zeitgeschmack – was auch immer –, hören differenzierter durch unsere erworbene Kultur – aber ihre Wirkung entfaltet Musik direkt und unmittelbar. Sie kann besänftigen und aufrütteln, melancholisch und zuversichtlich stimmen, sie kann heile Welten vorgaukeln oder tatsächlich entstehen lassen. Sie bietet, wie vielleicht nur noch das Theater, die Möglichkeit zur Weltflucht, zum Vergessen des Hier und Heute. Diese Fähigkeit der Musik lädt ein zum Mißbrauch als Tranquilizer oder Aufputschmittel – je nach Bedarf. Durch den technischen Fortschritt, durch die Möglichkeit einer technisch perfekten Archivierung und Wiedergabe, ist Musik-Kunst in unserem Jahrhundert mit dem Segen/Fluch der Reproduzierbarkeit versehen. Wiedergabe ist wichtiger geworden als Gabe, Reproduktion wichtiger als Produktion. Aber wo bleibt die Kunst, wo die Auseinandersetzung?

Die Naturvölker maßen der Musik magische Kräfte zu.

Durch Gesang, Spiel oder Ton wollte man die überall waltenden magischen Kräfte beherrschen und sich dienstbar machen. Im alten China war Musik konstitutiver Teil der kosmologischen Ordnung und als solche staatserhaltend und hatte eine ethische Kraft. Der Sturz der Dynastie bedeutete eine Neufestlegung des Grundtones. In der griechischen Antike ist Musik ein Geschenk der Götter. Sie ist unlösbar mit Wort und Ton verbunden. Hier galt es nicht, wie in »Capriccio« zu fragen: »Prima la musica dopo le parole?«

Musik ist auch Grundsäule der sittlichen Bildung.

In unserem Jahrhundert hat sich leider eine weite Kluft aufgetan zwischen aufgeführter Musik und zeitgenössischer Produktion. Das hängt mit unserer Vorliebe für Altbekanntes zusammen. Statt in eine Erste Symphonie, gehen wir lieber zweimal in eine Neunte.

Dabei sei erwähnt, daß wir uns beim Hören unserer geliebten Klassiker meist selbst betrügen. Was wir als originär empfinden, war in Wirklichkeit einem tiefgreifenden Veränderungsprozeß unterzogen. Ohne daß darüber viel diskutiert wurde, hat man in der konzertanten absoluten Musik die Wandlungen von Tempi, Instrumentation und Klangfarbe viel selbstverständlicher mitvollzogen, als etwa die Wandlungen in der bildenden Kunst. Daß sich sogar der berühmte Bayreuther Orchesterklang seit 1876 wesentlich verändert hat und daß eine Beethovensymphonie nach den Klangmaßstäben eines Klassik-Puristen heute nachgerade schauerlich anzuhören wäre, ist leicht vorstellbar. Verglichen mit den Retuschen, wie sie Dirigenten bei der Interpretation von Beethovens oder Schumanns Symphonien seit langem praktizieren, scheinen Varianten von Szenen oder Kostümen in einer Mozart-Oper eher nachzuhinken.

Zudem wandelt die Zeit unsere Hörgewohnheiten. Wie lange wurde etwa nur die Terz als befriedigende, geschlossene

Harmonie, die Quint als offen empfunden. Im Mittelalter noch war die Quint das Erlösende, die Terz dagegen nichts.

Paul Valéry schrieb einmal: »Das Beste im Neuen entspricht einem alten Bedürfnis.« Gemeint ist wohl das Bedürfnis, Bekanntes in der Sprache der Zeit auszudrücken. Es ist aber ein Irrtum zu glauben, ein Streichquartett von Beethoven sei reicher als eines von Kagel. Das Kagelsche muß nur gespielt werden wie ein Klassiker – mit Poesie und Ernst. Das Beethovensche muß gespielt werden als das allerneueste Werk unserer Zeit. Dadurch erst haben wir diesen wunderbaren Spannungsbogen, der uns Bekanntes im Neuen und Neues im Bekannten entdecken läßt.

Im großen und ganzen hören wir aber immer noch die gleiche Musik wie unsere Großeltern – obwohl unsere zeitgenössischen Musiker und Komponisten über ein nie zuvor erreichtes stilistisches Spektrum verfügen. Unsere Konzertsäle sind immer noch voll Mozart, Brahms und Beethoven. Wann aber hören wir Ligeti, Nono oder Henze, Stockhausen, Cage, Wolff, Penderecki oder Reimann, Rihm und Schnittke, Steve Reich oder Philip Glass, Boulez, Lutoslawsky und Kagel, Zimmermann und wie sie alle heißen, oder all die Jungen, Begabten, die sich mühen, wahrgenommen zu werden? Wie können wir unsere Mozarts erkennen, wenn wir uns gar nicht erst interessieren, gar nicht mehr neugierig sind? Freilich, nicht alles ist von höchster Qualität, nicht jedes neue Werk ist revolutionär und potentiell stilbildend, zugegeben. Aber warum ist die Musik dieses Jahrhunderts so weitgehend unpopulär? Ich meine, weil man sie zu wenig kennt. Wissen durch Hören! Immer noch trauen sich viel zu wenige Produzenten und Veranstalter, solche Musik aufzuführen – mit der freilich zur Zeit höchstens Meriten, aber kaum eine Mark zu verdienen ist. Theater und Oper müßten durch ihre Subventionen zu Mut, Neugier, Lust am Wagnis verurteilt sein. Ein mißglückter Versuch ist schließlich immer noch mehr als geglückte Routine. Einige wenige Opernhäuser geben immerhin bereits regelmäßig Kompositionsaufträge an zeitgenössische Komponisten. Ob das genug sein kann? Ein von mir bewunderter Musikkritiker der »Süddeutschen Zeitung« sagte vor kurzem in einer Live-Diskussion: »In mir ist ein Widerspruch. Ich weiß schon, daß sich die modernen Komponisten große Mühe geben, daß die schrecklich arbeiten müssen, daß die in Schwierigkeiten sind, daß die Tonsprache ausgelaugt ist, daß die dies, und der Penderecki mal das probieren. Ich habe hohen Respekt davor, aber ich frage mich, ob ich sehr viel Zeit meines Lebens dem zuwenden soll oder will, weil mir die Vergangenheit in der Musik so unendlich größer, reicher, stärker vorkommt.«

Seien wir ehrlich. Viele von uns denken wahrscheinlich so. Warum? Weil es leichter, bequemer ist, anerkannte Kulturwerte zu übernehmen, als sich neue zu erarbeiten. Jeder sollte Mozarts »Zauberflöte« kennenlernen. Aber muß ich deswegen immer wieder *nur* die »Zauberflöte« hören?

Einige aufschlußreiche Zahlen zum Status quo im heutigen Musiktheater: Unter den 25 meistaufgeführten Opern rangiert aus diesem Jahrhundert ein Werk Richard Strauss' höchstens im hinteren Bereich. Unter den 60 meistaufgeführten und -besuchten Opern findet sich vielleicht noch ein Janáček, Strawinsky, Hindemith oder Britten. Über Jahrzehnte hinweg einsame Spitze: »Die Zauberflöte«. Übertroffen wird sie an Zuschauern lediglich von den Kulturtourismusgrößen »Phantom der Oper«, »Cats« und »Starlight Express«.

Immerhin, jeder zehnte Titel auf unseren Opernspielplänen ist eine Ur- oder Erstaufführung. Bei der Anzahl der Aufführungen bringen es Neulinge gar nur auf 2,8 Prozent – also nur jede 36. Oper ist zeitgenössisch.

Lust am Wissen durch Hören.

Erstickt nicht oft das gesättigte, sättigende Hören die Lust und auch das Wissen? Viel, sehr viel liegt an Erziehung, am Elternhaus, an der Schule, an Freunden. Carl Orff hat mit seinem Schulwerk versucht, Kinder durch Musik leichter lernen zu lassen. Man würde mich falsch verstehen, wenn man meinte, man solle nur deshalb hören, um dadurch zu mehr Wissen zu kommen. Aber Sie werden bemerken, daß ich die Einschachtelung unserer Sinneswahrnehmungen nicht so sehr mag. Wissen ist Lust und macht Lust auf Sehen, Hören, Schmecken, Fühlen, Riechen. Und umgekehrt machen alle diese herrlichen Vorgänge Lust auf Wissen. Natürlich weiß ich, daß der rationale Erkenntnisdrang, das Urfragen damit nicht ausgeschlossen ist. Aber auch diese Erfragung und Befragung ist ein Trieb. Die Nornen fragen: »Weißt Du, wie das wird?« Und das führt mich zu einem musikalischen Vorgang, der für mich unerhört ist.

Im Fieberwahn glaubt Tristan, gepeinigt vom furchtbaren Trank und geblendet von gleißender Sonne, immer wieder, das Schiff zu sehen, auf dem er Isolde wähnt, aber er sieht es nicht. In letzter irrer Verzweiflung' will er mit blutender Wunde Isolden erjagen – da, im letzten Moment, erklingt von weit draußen Isoldens Ruf: »Tristan, Geliebter«.

Und Tristan antwortet: »Ha, hör ich das Licht«. Er sieht nichts mehr, er hört das Licht ihrer Stimme, das Licht ihres Kommens.

Es ist auch das Licht der Fackel aus dem II. Akt, auf das er gestarrt hat und dessen Verlöschen ihm Seligkeit versprach – wie auch jetzt. Aber das Licht hören, das ist nicht nur eine exaltierte Übersteigerung, es ist ein Zusammenfallen von Empfindungen. Er hört das Unhörbare, aber für ihn Sichtbare, er sieht das Unsichtbare durch Hören, und plötzlich weiß er: Sie – die Geliebte, der Mensch, Isolde – sie ist da, bei ihm, und seine letzte große Lust steigert sich zu Wissen, zu Welthellsichtigkeit, zu Er-hörung, und er stirbt.

Die goldene Brücke zwischen Kunst und Technik

★

Wir alle sind aufgerufen, pontifices zu sein — Brückenbauer.
Viele Flüsse haben schon ihre Übergänge.
An vielen stehen wir an verschiedenen Ufern und
suchen nach Pontons, nach Stegen, nach Kommunikation.
Kunst und Technik trennt kein Meer, oft nur Sprachlosigkeit.

★

Wie singt Octavian im »Rosenkavalier«: »Mir ist die Ehre widerfahren«.

Auch mir widerfährt heute die Ehre, vor der 125-jährigen, größten akademischen Gesellschaft der Schweiz zu reden.

Herr von Weizsäcker konnte dramaturgisch gerade zur richtigen Zeit über den Zerfall der Werte sprechen. Ich soll nicht über »einstürzende Neubauten« reden, sondern über die Verbindung zwischen hoffentlich verbleibenden Werten. Wäre ich abergläubisch, so müßte ich jetzt erst mal auf Holz klopfen und mit Toi, toi, toi mein Glück beschwören. Wer hält schon gerne die 13. Vorlesung im Laufe dieser Vorträge, aber in der christlichen Welt feiert man heute, am 2. Februar, Lichtmeß und den Geburtstag von Herrn Tiemann. Auf dieses Licht — Geisteslicht — vertraue ich vor diesem Auditorium aller Fakultäten, mich nicht anheischig machend, einen Fachvortrag halten zu wollen, sondern Fragen zu stellen: Was ist eine Brücke, zumal eine goldene, und noch schwerer: Was ist Kunst, was ist Technik — und wie kann man diese widerstre-

---

Vortrag anläßlich des 125. Bestehens der Eidgenössischen Technischen Hochschule Zürich, 1995 bcnden Elemente verbinden? Aber sind sie überhaupt widerstrebend oder erklären wir Disziplinen zu Kontrahenten, die zusammengehören?

Brücken bauen heißt: Ein Ziel am anderen Ufer ausgemacht zu haben. Wozu und zu wessen Endzweck gibt es Kunst, wozu und zu wessen Endsinn gibt es die Technik? Sind wir noch motiviert, haben wir eine Zielansprache gemacht, erfragen wir noch Antworten? Eine taoistische Weisheit sagt: »Wer kein Ziel erkennen kann, ernennt den Weg zum Ziel.«

Ursprung der Kunst ist die Kreativität und die hervorragendste Eigenschaft des Menschen ist die Phantasie. Und die Technik – braucht die etwas anderes? Auch sie bedarf der Inspiration zur Kreativität. Und: Gibt es bei der Kunst die Fähigkeit, die Inspiration technisch umzusetzen?

Wollen wir alle nicht zu schnell etwas erreichen, geben wir nicht Berufe auf, weil der Job die schnelle Mark eher ermöglicht? Wie nehmen wir dem Begriff »Technik« den pejorativen Beigeschmack – »Er hatte viel Technik, aber richtig gut war er nicht«. Wie machen wir der feinen Gesellschaft klar, daß Kunst keine brotlose Kunst ist, und daß der Bürger nicht mehr die Wäsche weghängen muß, wenn wir Zigeuner kommen. Die Schweiz, das freiheitlichste Land der Welt, hat diese Probleme vielleicht gar nicht. Aber wie überwinden wir kleinkariertes Sicherheitsdenken, wo lassen wir Ideen wirklich wachsen und gedeihen, wie verbinden wir Konzeption mit Pragmatismus? Wie finden wir eine gemeinsame Sprache, auf daß ich nicht Wörterbücher brauche, um den Techniker zu verstehen, und umgekehrt?

Sie alle kennen das Ludwig-Thoma-Wort: Kunst kommt von Können, käme es von Wollen, hieße es Wulst. Mit wieviel Wulst sind wir konfrontiert; mit »gut gemeint« kommt man vielleicht durch die Welt, aber nicht in die Welt. Diesem Können hat Arnold Schönberg entgegnet: Ja, es kommt von Können, aber noch viel mehr von Müssen. Und vielleicht ist das die erste Sprosse auf der Brücke, die uns zusammenführt.

Uns treibt, verfolgt, zwingt das »Müssen«. Dieses bedingungslose Aufgefordertsein, das Bild zu malen, ob es einer kauft oder nicht, das Experiment, die Erfindung zu formulieren, ob es ein Patent bekommt oder nicht. Technik und Kunst hängen an demselben Kreuz, an das uns die Phantasie nagelt. Uns gemeinsam ist die Verzweiflung – »mein Gott, warum hast du mich verlassen« – und gemeinsam das Hallelujah von Ostern. Karl Popper hat sein letztes Buch überschrieben: »Alles Leben ist Problemlösen«. Das könnte eine weitere Sprosse auf der Brückenleiter sein. Aber Kunst löst nicht die Probleme, sie gibt Probleme auf, sie verbindet nicht Wunden, sie schafft Wunden. »Zeige Deine Wunde«, sagt Beuys. Aber Popper spricht an gegen das Gejammer als herrschende Religion unserer Zeit. Dieser Optimist meinte, unsere Welt sei die beste, die es je gegeben habe – wirtschaftlich und moralisch. Aber er vergaß nicht hinzuzufügen, sie sei auch dümmer als je zuvor und unkritisch gegenüber dem, was zu glauben gerade modern ist.

Und sehen Sie, eine Kunst, die den Moden nachläuft, verliert ihre Würde; eine Technik, die nur das Tagesgeschäft im Auge hat, verliert ihren Rang. Wer den Zeitgeist heiratet, wird bald Witwer sein. Eine Todsünde ist das Quotendenken, die Ratings verdrängen die Ratio. Jeder Fernsehdirektor glaubt, wenn er 50 Prozent Zuschauer habe, sei das ein Qualitätsbeweis. Genau das Gegenteil ist oft der Fall. Der allgemeine Geschmack ist so schlecht, daß ihm nachzulaufen immer nur bedeutet, das Hinterteil zu sehen. Quoten durch Zoten. Für viele Privatsender bei uns gilt: quotensicher und kunstfrei. Wieviel wurde verkauft, was kommt an, das ist die Frage – und nicht: Worauf kommt es an? Oscar Wilde: »Heute kennt man von allem den Preis, von nichts den Wert.« Und wir lernen noch nicht aus unseren Fehlern, wir sprechen sie heilig. Aber gerade die Fehlerkorrektur ist Teil aller Wissenschaft, der Technologie und Technik. Die Methode des Versuchs und Irrtums im kritisch auswählenden

Experiment ist wesentlicher Bestandteil. »Gegnerschaft gegen die Technik«, so sagt Karl Popper, »ist Gegnerschaft gegen das Leben.« Aber Kritik der Technik ist notwendig, wobei die Probleme öfter von Außenseitern gesehen werden. Manche schlimmen Folgen der Technik sind vorhersehbar, andere nicht. Die so oft geschmähte Technik ist ein Kulturfaktor. Die *eine* Erfindung dient dem Wachstum, der Industrie. Die andere bringt Sprache, Schrift, Buchdruck, Photographie und den Computer hervor. Eisenbahn und Autos haben eine Verkehrsrevolution gebracht. Technik hat die Frau von vielen Fronarbeiten befreit, das Kunstlicht hat unsere Welt heller, aber noch nicht besser gemacht. Vermag das die Kunst? Was vermag sie?

Das Thema gestattet mir einen kleinen Gedankenausflug in den Wertebereich. Die große erbetene Brücke zwischen Kunst und Technik setzt den Willen und die Kraft für den bescheidenen Pontonbau über die kleinen Spalten der Mißverständnisse, der Vorurteile, der Mißgunst, des Neides voraus. Animositäten zwischen Preußen und Bayern, West- und Ostschweizern, zwischen irischen Katholiken und evangelischen Engländern, zwischen Hutsi und Tutsi müssen überwunden werden. In die Technik spielt die Wirtschaft bestimmend hinein. Es ist vielleicht ein blauäugiges Verlangen, aber, wenn die Ich-Sucht den Partner über den Konkurrenten zum Feind werden läßt, den es zu bekämpfen und zu besiegen gilt, muß der große Brückenschlag noch lange auf sich warten lassen. Der Egoismus ist das Gespräch des einzelnen im Monolog mit sich, Verbindung schaffen zum Nächsten, ist der Aufbruch zum Dialog. Der ständig geführte, erweiterte, revidierte Dialog zwischen Kunst und Technik ist die einzig haltbare Brücke.

Vielleicht haben Sie darum einen Theatermann für dieses heutige Gespräch eingeladen, weil der etwas von Dialogen versteht, weil der von Dialogen und für Dialoge lebt. Sicherlich haben wir unsere Arien, unsere einsamen Monologe, aber die dienen zur Besinnung, zum Sammeln für die große Aussprache.

Auch wir Theaterleute haben in letzter Zeit den Kontakt vernachlässigt, haben über Ihre Köpfe und Herzen hinweg geschrieben, komponiert, dirigiert und inszeniert. Nicht immer können Ihre Wünsche und Ihr Geschmack unser Maßstab sein, weil wir oft glauben müssen, etwas früher zu sehen, zu erahnen, als die breite Zustimmung es uns erlauben würde. Ungut war unser Hochmut, Sie nicht mehr als Partner zu sehen, zu glauben, auf Ihren Respons verzichten zu können. Die Privatvorstellung einer Wagner-Oper für Ludwig II. allein ist kein theatralisches Ereignis. Die Privatmesse des Geistlichen in einer Nebenkapelle ist private Erbauung, aber nicht Gemeindegottesdienst, der eine Brücke schlägt zwischen dem Volk Gottes und seinem Vorsteher. Wenn Herr von Weizsäcker hier vom Verfall der Werte sprach, meinte er sicherlich auch, daß die klassischen Werte der Aufklärung auf dem Rückzug sind. Man fragt heute nicht mehr so sehr nach den Werten der Demokratie, man ist nicht mehr auf der Suche nach Wahrheit, man fragt, ob etwas funktioniert und wenn ja, dann ist es gut.

Kultur funktioniert nicht und entsteht nicht mit Funktionären, sondern durch Außenseiter.

Hans Sedlmayr formulierte: »Das Wesen eines Kunstwerkes besteht darin, daß ein Geistig-Seelisches sich in geformtem Stoff sichtbar und hörbar darstellt.« Die einen fordern von der Kunst: »Es darf nicht ein vollkommen Unbekannt(es) sein, anderen ist gerade die Terra incognita – das Unbekannte – das Feld der Kunst, wohin die Avantgarde vorrücken kann, bevor der Troß und die Marketenderinnen das unwirtliche Land wohlig und wohnlich machen. Die »Wilden« werfen uns in das Chaos. Gerhard Marcks sagte: »Nicht aufs Geworfensein kommt es an, sondern aufs Stehen.«

Die einen beklagen unseren Miserabilismus, die anderen plädieren mit Adorno, daß alle Kunstwerke Rätsel sind, und

Chaos in die Ordnung bringen sollen. Aber, wenn man nicht modisch sein will, ist man noch nicht altmodisch, und Anachronismus bedeutet noch nichts Minderwertiges.

Aber Kunst stellt nicht fest, sie ahnt das, was sein wird. Wie sagt Wotan in der »Walküre« zu Fricka: »Stets Gewohntes nur magst du verstehen, doch was noch nie sich traf, danach trachtet mein Sinn.« Ein Satz, all denen ins Stammbuch geschrieben, die dem Neuen, dem Ungewohnten, dem Ärgerlichen in der Kunst keine Chance geben und sich durch Buhen oder Gleichgültigkeit abwenden. Rafik Schami sagt: »Wir, die Minderheit, müssen das Angebot machen. Eine Mehrheit macht, mit Ausnahme einer Revolution, kein Angebot, sie ist bequem.«

Es gibt keine Weltkunst, keine Weltsprache. Zum Wesen der Kultur gehört das Recht auf Unterschied, das Recht auf die Verschiedenheit.

Wir alle aber, Techniker, Geisteswissenschaftler und Künstler, müssen uns heute fragen, welche Rolle die Kunst in unserem Leben spielt. Ist sie ein Muß oder ein Dekorum, ist sie Lebensmittel, notwendig oder ist sie Zerstreuung? Ist Kunst in uns lebendig, leben wir mit ihr, mit ihrer Qual und ihrer Glückseligkeit? Unsere Vorfahren haben Romanisches gotisiert, Gotisches zu Barock verwandelt, alte Fresken übermalt. Man war nicht auf Antiquitäten aus, sondern auf lebendige Kunst.

Heute konserviert der Denkmalschutz aus falschem Historismus jede Fassade und läßt das Hinterteil entkernen.

In einer philologisch unkorrekten Deutung nehme ich oft das Wort ›Kultur‹ auseinander. Das ist Kult — also zweckfreie, sinnvolle Liturgie ad maiorem gloriam Dei et non sui —, und ur — nicht von urig, sondern von urbar machen. Die Zivilisation geht der Kultur voraus, sie gibt die technisch-materielle Ausrüstung, sie bändigt und verfeinert. Der objektive Geist steigert sich zum objektivierten Geist. Wer zählt die Namen und Begriffe, die sich mit dem Wort Kultur verbinden: Kulturphilosophie und Kulturanthropologie. Kultursoziologie und Kulturpsychologie. Da unterscheidet man Hoch- und Subkultur, Kulturpubertät und Kulturtechnik. Kunst kultiviert den Menschen, sie kann den inneren Schweinehund, den wir alle in uns haben, domestizieren, an die Leine nehmen. Im Sinnlichen werden aber auch Brücken geschlagen zwischen Natur und Kultur: Von animal zu anima, Dualität und Polarität gehen in eine Unität über. Die Triebbeherrschung schafft Kultur. Zu dieser Unität gehört aber auch, daß wir den Tod nicht aus unserem Leben verdrängen. Glück ist nicht nur leben können, sondern auch sterben dürfen. Der Tod ist schon bei der Geburt in uns angelegt und reift in uns wie ein Organ.

George Bernanos meinte: »Es scheint doch so, als ob die Vorahnung des Todes unsere Lebenskräfte bestimmt.« Hilft uns Goethe bei unserer Pontifex-Frage weiter: »Wer Wissenschaft und Kunst besitzt, hat auch Religion; wer jene beide nicht besitzt, der habe Religion.« Ist dieser Conjunctivus optativus eine Annäherung an unser Thema?

»Die goldene Brücke zwischen Kunst und Technik«. Eine goldene Brücke baut man einem Hilflosen, dem souffliert man Stichworte, auf daß er seinen Text finde; dem ruft man beim Kinderspiel »heiß, heiß« zu, wenn er täppisch am Ziel vorbeirudert. Eine Brücke ist ein Traum, auch eine Überführung über ein Hindernis, ein Ingenieurbauwerk mit einem Unter- und Überbau, räumlich Getrenntes wird verbunden. Hätte Richard Wagner für Mime eine Szene als Brückenbauer schreiben wollen, er hätte genüßlich in einem Wortschwall von Straßenbrücken, Holz-, Stein- und Stahlbrücken geschrieben, er hätte Zugbrücken, Drehbrücken, Klappbrücken, Hubbrücken und Pontonbrücken verkomponiert. Er hätte beim Bauopfer dem Genius loci ein versöhnendes Opfer gebracht. Im antiken Rom tat das der Pontifex. Der Pontifex war der Priester als Mittler zwischen Diesseits und Jenseits. Seine Brücken führen in eine andere Welt, breit für die fromme Seele, schmal wie ein Haar oder eine Rasierklinge für die verdammte, so daß sie abstürzen kann. In der germanischen Mythologie war es der Zitterweg, eine als Regenbogen oder Milchstraße gedachte Brücke zwischen Himmel und Erde. Am Ende von »Rheingold« spannt sich ein Regenbogen, eine goldene Brücke von der Erde zum Himmel. Donner ruft Froh zu Hilfe, der Brücke den Weg zu weisen, und Froh singt:

»Zur Burg führt die Brücke,
leicht, doch fest eurem Fuß:
beschreitet kühn ihren schrecklosen Pfad.«

Aber wir wissen, diese Burg ist nicht sicher »vor Bang und Graun«. Wir wissen, diese Brücke war keine goldene und Loge weiß, wohin sie führt:

»Ihrem Ende eilen sie zu, die so stark
im Bestehen sich wähnen.«

Auch wir, Kunst und Technik, wähnen uns stark im Bestehen, werden aber auch dem Ende zueilen, wenn wir nicht die richtige Brücke finden.

Die Suche nach einer Brücke ist die Suche nach einer Einheit, nach Ganzheit und Sinn. Auch die zweifelhaften Heilsbringer spüren dieses Verlangen und die Not und nützen sie sektiererisch aus.

Romantik wird heute kritisch betrachtet. Cornelia Klinger, Dozentin dieser Hochschule, hat sich jüngst damit auseinandergesetzt: Romantik als widersprüchliche und keineswegs nur deutsche Bewegung. Auch als eine Gegenbewegung, die den Prozeß der Technisierung, Industrialisierung und Rationalisierung kritisch begleitete. Die Romantik weist auf Defizite unseres modernen Lebens hin, sie will Zusammenhänge schaffen, die verlorengegangen sind. Man darf, ohne gleich verlacht zu werden, das Wort »Liebe« wieder sagen. Auch die Kunst traut sich wieder Emotionen und Sentiments zu, um der totalen Entzauberung zu entgehen. Ein Regenbogen, pragmatisch erklärt, entsteht durch die Brechung des Sonnenlichts in den Regentropfen. Aber das erfaßt den Regenbogen nur technisch. Den Regenbogen nur als poetische Jakobsleiter zu sehen, als Himmelssteig für die 14 Englein, erfaßt den Regenbogen nur poetisch. Wir haben den Mond erobert und wissen jetzt um das Gestein, um die Atmosphäre und deren Konsistenz. Kennen wir damit den Mond? Noch immer macht er süchtig, trotz aller technischen Eroberung ist er noch immer Sehnsuchtsziel für Gedichte und Liebende, noch immer geht er so stille und beheimatet den Mann im Mond, den Armstrong doch gar nicht getroffen hat.

Die Brücke muß etwas sein, das Herz, Verstand und Sinne unauslöschlich miteinander verbindet, wo man nicht mehr nur Technik herausfiltern und nur Kunst destillieren kann. Das allein kann die schöpferische Phantasie des Menschen, der Schöpfung schönstes Geschenk an den freien Menschen. Der Abglanz des Schöpfers in der aus Phantasie geborenen und mit Technik verwirklichten Tat des kreativen Menschen. Was würde aus unseren Gedanken, wenn die Technik es nicht ermöglichte, sie zu drucken, was würde aus einer improvisierten Komposition, wenn die Noten nicht gestochen, geschrieben und kopiert werden könnten; die schönsten Melodien blieben unerhört und ungehört, bescherte uns die Technik nicht immer verfeinertere Instrumente.

Die Technik läßt den vergänglichen Augenblick verweilen, nur durch Technik können wir nachprüfen und überliefern.

Jede Theaterinszenierung braucht Bühnenbilder und Kostüme, braucht Beleuchtung und Verwandlungen, braucht Maschinen, das große und das kleine Himmelslicht, braucht Podien, Versenkungen, Aufzüge, sie braucht techné – die Fertigkeit, sie braucht Techniker, die planen, vorbereiten, beaufsichtigen, prüfen und begutachten. Ihnen voran gehen die Erfinder und Finder, die Dichter, die Philosophen, die Komponisten, deren Werke stumm blieben oder in den eigenen Köpfen, machte Technik sie nicht reproduzierbar. Die Brücke zwischen Kunst und Technik schließt sich beim originären

Kunstwerk dieses Jahrhundert – beim Film. Schade, wenn er nur kommerziell verbraucht wird. Der Film ist in seiner Grundsubstanz nur durch und mit Technik möglich. Er hat eine eigene Bildsprache, die so viele anspricht und noch von wenigen verstanden wird. Aber auch die Hilfe fürs Verstehen, die Synchronisation ist eine Frucht der Technik. Und dennoch ist der Film immer nur Abbild. Er fängt Bilder ein und konkretisiert Vorstellungen. Aber das Konkrete ist nicht das einzig Wirkliche. Der Film kann freilich die durch Bilder verkleinerten Träume des Menschen nahebringen. Die nicht konkretisierbare Kunst, der Urgrund der Phantasie, ist der Visio Dei vorbehalten. Die Tragödie, auch schon in der Antike, hatte immer staatliche Unterstützung, weil sie sich nicht selbst trug. Die Komödie, von comos, von dem Wirtshaus abstammend, trug sich leichter. Auch der künstlerische Film braucht Subvention, wie die Theater in den deutschsprachigen Ländern sie Gott sei Dank genießen. Ich wünsche dem Schauspiel von heute die Direktheit des Films, wünsche, daß es auch nebenan spielt und nicht nur in poetischer Ferne, die Gosse von nebenan und nicht nur die klassische Kloake. Wenn man im Kunstwerk, also auch im Film, nicht mehr merkt: Hier ist Material und dort die Kreativität, wenn einem nicht mehr Blut, Schweiß, Tränen und Können überfallen, wenn Kunst und Technik ineinander übergehen in Kultik, wenn wir alle ohne Motoren mit Motoren fliegen, dann könnte so etwas wie eine goldene Brücke auftauchen. Dazu sind wir alle als Pontifices aufgerufen: Die technische Hochschule läßt nicht nur Technik lernen – hier in Zürich schon gar nicht –, und die Universität lehrt nicht nur Hehres, Wahres, Schönes. Ziel ist der Homo sapiens, bestehend aus dem Homo faber und dem Homo ludens.

Technik sollte nicht nur Erfüllungsgehilfe sein, Kunst keine Bedürfnisanstalt. Technik sollte das Machbare machen, aber nicht alles ist machbar. Viel Phantasie ist anschaulich zu machen, aber nicht nur das Anschauliche ist wirklich.

Auch Technik sollte eine Vision haben, vielleicht die von der besseren Welt oder wenigstens Umwelt. Kunst bedarf der Technik, unser Leben bedarf ihrer, aber wir sollten nicht total abhängig von ihr sein. Unsere Technik-Gläubigkeit hat uns weitergebracht, aber Technik darf nicht einen Entwicklungsglauben fördern, der das Fließband in das Paradies antreibt. Die Technik hat einen Teil der Natur in den Griff bekommen. Aber glauben wir doch nicht, wir hätten sie uns untertan gemacht. Kein Dach hält die Meteore und Meteoriten auf, kein Eisbrecher durchdringt das ewige Eis, keine Brandmauer hemmt das Feuer. Kein Damm hält die Fluten auf. Sie hilft unserem kleinen Leben, läßt uns durch Brillen Sekunden in die Sonne schauen, mit unseren »Flügeln« erheben wir uns etwas über die Erdoberfläche, von Raketen aus kann man Planeten photographieren – aber das Universum? Unsere Bohrlöcher pieksen ins Erdinnere, aber wer stößt ins Zentrum vor, und in welches Zentrum welchen Zentrums? Die Technik ist Schlepptau und hat uns im Schlepptau, sie ist aber auch Nabelschnur. Technik glaubt, einmal abschließen zu können, Kunst schließt immer auf und kommt zu keinem Ende.

Bei aller Gemeinsamkeit: Kunst sieht früher als die Wissenschaft, wohin wir uns bewegen. Das ist der Spalt in der goldenen Brücke. Der Homo ludens in der Kunst hat es verstanden, die starre Technik der Form zu überspringen. ›Wider den tierischen Ernst‹ der strengen Formalisten haben schon Kandinsky und Chagall die Formen aufgelöst, hat Picasso das Menschengesicht in seinen verschiedenen Perspektiven gesehen, hat Miró mit den Kunstbällen gespielt, haben Cornell und Schwitters in Collagen neue Einheiten aus Vielheiten zusammengefügt, hat Arnulf Rainer die hehre Mona Lisa übermalt, hat die Pop-art die Comics hoffähig gemacht, die Graffiti, diese Protestsprüher, hielten Einzug in die Museen.

Der Avantgarde-Trend der neunziger Jahre heißt Kontext Kunst. Die Bedingungen, unter denen Kunst produziert wird, werden reflektiert; in Schau-Arrangements wird die Ästhetik von S-Bahn-Graffiti oder Polizeifotos zitiert. Man versucht, Kunst mit Witz zu vermeiden. Und mit Witz und Augenzwinkern hat hier Friedrich Dürrenmatt die Geschichte durcheinandergewirbelt, hat dieser Theologe, Physiker, Astronom und Dramaturg Stoffe auf den Kopf gestellt – und siehe da, plötzlich standen sie richtig.

Kunst ist ein ernstes, menschliches Unterfangen, aber ohne das Salz der Ironie, ohne den befreienden Humor, ist es ein unmenschliches Elaborat.

Die griechische Mythologie schenkt uns ein plastisches Bild über die Vermählung von Technik und Kultur. Der Gott der Technik, der fußlahme Schmied Hephaistos, nähert sich, von Liebe und Verlangen entbrannt, der jungfräulich unnahbaren Göttin des Geistes, der Kunst und Kultur – Athene – und versucht, sie zu vergewaltigen. Dieses mißlingt ihm, und Athene wischt sich mit einem Stück weißer Wolle den Samen vom Schenkel und wirft den Lappen zu Boden. Dort befruchtet dieser die Erde, die den sagenhaften Urkönig Athens Erichthónios hervorbringt, den Stammvater der europäischen Kultur und Zivilisation. Athene nimmt sich des Knaben Erichthónios an und sorgt für seine Erziehung.

Pardon, verehrte Techniker, daß eine mißlungene Vergewaltigung Ihr erster Kulturanstoß ist, aber es war ihr Samen, dem die europäische Zivilisation und Kultur entstammt. Athene, unsere hohe Kunstgöttin, tat recht daran, sich nicht einfach vergewaltigen zu lassen, aber sie verachtete ihren technischen Liebhaber nicht, sie nahm sich des Überfluß-Kindes an, erzog es zu Zivilisation und Kultur. Sie hatte erkannt, daß der Gott der Technik aus Liebe und Verlangen zu ihr kam, und daß es falsch gewesen wäre, ihn hochmütig abzuweisen. Der Samen war nicht umsonst gespendet. Er zeugte den Wunsch, daß Kunst und Technik nicht Singles sind, die einander widerstehen, sondern zusammengehören.

Er entzündete den Gedanken, daß auch die Eidgenössische Technische Hochschule Zürich über die goldene Brücke zwischen Kunst und Technik nachdenken wollte.

Ich danke, daß Sie mich dazu geladen haben.

»Learning by doing«

★

Theater lernt man nicht durch verkopftes Wissen.
Theater ist auch »learning by doing«
Die neuen Studenten haben heute Premiere,
und dies auch im Verbund mit der Bayerischen Theaterakademie.

★

Fünfundzwanzig Musikhochschulen in Deutschland nehmen 3051 Studenten auf, die Komponisten, Sänger, Organisten, Dirigenten, Schulmusiker, Instrumentalisten vieler Art werden wollen. Wieviele werden bestehen, wieviele kommen in die angestrebten Berufe? Wieviele Hochschulen, Akademien gibt es in der Welt?

Heute findet die Immatrikulationsfeier der Hochschule für Musik in München in einem politisch vorbelasteten Gebäude statt, das aber längst nicht mehr Führerbau ist, sondern führend ist, durch Leistung, durch Gesinnung und Gesittung. Immatrikulation, das heißt, in den Schoß der Matrix, der Musica aufgenommen werden, unter dem Flügelaltar der Cäcilia, unter dem Patronat von Bach, Mozart, Wagner, Berg, Schönberg und Reimann. Dies ist Ihr Introitus und nicht nur eine billige Einsegnung. Sie haben sich für diese Hochschule entschlossen, sind von dieser hohen Schule aufgenommen worden, weil man an Ihr Talent glaubt, und nun müssen Sie beweisen, daß dieses Talent kein Glitter, Flitter oder gekonnter Schein ist.

Sie wollen etwas werden, nicht, weil Sie noch nichts sind, Sie wollen durch Ihre Berufung *Sie* werden, wollen nicht auf

---

Immatrikulationsfeier an der Hochschule für Musik, München, 16. Oktober 1995

100

dem Talentchen ausruhen, sondern es mehren. Und nicht nur, weil Sie etwas werden wollen, sondern weil Sie etwas werden *müssen*. Das ist nicht ein Beruf neben vielen anderen. Ich hoffe, daß Sie gar nicht anders können, daß Sie spielen, singen, komponieren, inszenieren, tanzen müssen. Ja, ja, wir wissen, Kunst kommt von Können, aber Schönberg sagt: »Es kommt von Können, aber noch viel mehr von Müssen.« Sie können gar nicht mehr anders, Sie wollen keinen Job ergattern, Sie wollen einem Ruf folgen, der eine Berufung sein könnte, wenn Sie die Gelegenheiten nützen und benützen, die Ihnen diese hohe Schule anbietet, kostenlos anbietet. Der Staat, der von uns so oft kritisierte, der Staat zahlt das, das heißt, wir alle, damit Sie singen, inszenieren, schauspielern und tanzen lernen können. In anderen Ländern müßten Ihre Eltern hohe Summen zahlen oder Sie müßten nebenbei schwer arbeiten oder Kredite aufnehmen. Mir sagte ein Pädagoge, der sowohl in den USA als auch in Deutschland unterrichtet, er täte das lieber in den USA, nicht, weil die Studenten dort begabter seien, nein, sie wären fleißiger, disziplinierter, *weil* es so viel Geld kostet. In Deutschland nähme man es mit diesen Sekundärtugenden nicht so genau.

Sie wissen, daß Sie hier nicht Neigungen und Vorlieben ausleben sollten, Sie wissen, daß dieses Studium zur Professionalität führen soll, und daß es das kann, wird uns heute morgen auf eindrucksvolle Weise vorgeführt. Das hat nichts mit Strebertum zu tun, das heißt, daß hier das Handwerk vor der Kunst steht. Dies ist keine Kaderschmiede für Genies, die brauchen keine Hochschule – aber üben müssen die auch, auf daß ihr Genie sichtbar werde. Dies ist auch keine Kadetten-Drill-Paukschule. Hier wird gelehrt, geübt, untersucht, vor allem aber werden die Voraussetzungen vermittelt, die vonnöten sind, die Werke der Meister adäquat und darüber hinaus persönlich zu interpretieren. Nachschaffende Künstler kommen nicht nach dem Schaffen der Komponisten, sie schaffen dem Komponisten nach und sie schaffen ihn neu.

Sie lernen die Autoren so zu interpretieren, daß diese selbst erstaunt sind, was in ihren Werken verborgen ist. Dazu gehört aber Quellenstudium, Analyse und das Allerwichtigste, was dem Menschen verliehen wurde: Phantasie. Phantasie darf grenzenlos schweifen, wildern, wuchern – wird dann aber an die bändigende Leine der Ausübung genommen.

Ich habe als Präsident des Deutschen Bühnenvereins die Obsorge für 226 Theater und weiß, was heute verlangt wird, von Konstanz bis Kiel. Und verlangt werden Sie zuerst von kleinen und mittleren Theatern und Orchestern. Wir bilden nicht nur für die großen Opernhäuser aus, wir bilden den Humus aus, der Sie befähigt, den langen Weg durch die Institutionen der Theater zu gehen, um vielleicht einmal in Berlin, Hamburg, München zu landen oder an der Met oder der Scala. Spitzenkraft muß man auch in Memmingen sein, d. h. dort in der Praxis das hier Gelernte zeigen, verbessern, an kleinen Schulen und großen Gymnasien.

Sie wissen, nicht alle von Ihnen werden ihre hochgesetzten Ziele erreichen. Bei meinem ersten Besuch einer japanischen Musikhochschule traf ich auf eine Unzahl junger Mädchen, für die die musikalische Ausbildung ein Faustpfand ist, standesgemäß zu heiraten. Sie verloben sich heute mit unserer Hochschule. Sie geloben und wir geloben.

Daß wir diese vielen Ausbildungsstätten haben, ist auch Teil unserer Kulturpolitik. In der bayerischen Verfassung ist die Kultur groß geschrieben, und auch im sächsichen Kulturrahmengesetz ist die Kultur keine Soll-, sondern eine Mußleistung. Nach der Wiedervereinigung hat Bonn etwas sehr zu Lobendes getan, es hat viele Milliarden verteilt, damit die Kulturstätten in den neuen Bundesländern erhalten bleiben konnten. In unserem föderalen System ist das gar nicht Aufgabe des Staates, sondern der Länder. Aber ohne diese Hilfen hätte das große Theatersterben eingesetzt.

Bei aller anerkannter Bedeutung von Kultur ist sie immer noch das schwächste Glied in der Finanzkette. Wenn gespart werden muß, soll zunächst immer erst bei den Kulturausgaben gekürzt werden. Das ist kurzsichtig. Vielen ist das Flüssige wichtiger als das Überflüssige, aber gerade das ist das Notwendige. Ein Kommunalpolitiker hat gewarnt: »Wenn man die Kultur abzieht, entsteht ein luftleerer Raum, der wie ein Luftkanal wirkt, der Feinde anzieht, der Gewalt anlockt. Wo Gewalt Kulturersatz wird, wo erst mit der Gewalt gespielt wird, zerstört die Gewalt das Spiel. Ein Mensch, der nicht mehr spielen kann, versteinert, der schlägt nicht mehr den Ball, der schlägt zu.«

Schiller sagt: »Nur der, der spielen kann, ist wahrlich ein Mensch.«

Sie haben nicht nur die Lust zum Spielen, Sie lernen auch das Spielen. Aber der Homo ludens braucht auch den Homo faber.

Um eines darf ich Sie bitten: Laufen Sie nicht den Moden nach. Wir Theaterleiter dürfen auch nicht dem Geschmack der Leute nachlaufen, dabei sehen wir nur ihr Hinterteil; wir müssen versuchen, ihn zu bilden. Wer den Zeitgeist heiratet, wird bald Witwer sein. Aber bleiben Sie neugierig, und werden Sie nicht zu schnell altgierig.

Wir Theaterleute wünschen uns sehr salopp und kurz toi, toi, toi für eine Premiere, für eine Spielzeit, für ein neues Engagement, ich wünsche es uns allen. Aber besonders Ihnen, Herr Präsident Helmschrott, ein toi, toi, toi für Ihre Präsidentschaft – es soll eine aufregende Aufgabe für Sie werden, eine aufstrebende, aufblühende, aufbauende Zeit für die Hochschule für Musik und alle ihre Mitglieder. Danke Ihnen, Herr Präsident Eberhardt, für Ihre großen Verdienste an der Hochschule für Musik. Danke für die Jahre der guten Zusammenarbeit, die ja nicht abrupt beendet sind, Sie bleiben ja erfreulicherweise weiter musikalischer Leiter der Opernschule.

Sie alle fürchten natürlich jetzt von mir eine Rede über mein Lieblingsthema »Prinzregententheater« oder vielleicht über den »Deutschen Bühnenverein« oder daß ich mich für Kruzifixe in den bayerischen Hochschulen einsetze.

Nein, ich möchte etwas über mein Lieblingskind sprechen, das »Theaterakademie« heißt und uns alle verbindet. Es ist ein gemeinsames Kind, seit über 20 Jahren mein Wunschkind: in München eine eigenständige Theaterakademie mit praxisnaher Ausbildung zu schaffen. Vor 10 Jahren konnte ich zusammen mit Präsident Diethard Hellmann durch Angliederung an die Hochschule die »Regieklasse« gründen. In Hamburg hatte ich eine solche mit Götz Friedrich an der Universität installiert. Die künstlerischen Erfolge dieser Regieklasse waren gute Argumente für die Gründung der »Bayerischen Theaterakademie«, der ersten deutschen Theaterakademie.

Seit zwei Jahren, seit dem 18. Oktober 1993, gibt es diese Einrichtung des Freistaates Bayern. Kein Alter im Vergleich zur Tradition Ihrer Musikhochschule, die vor 165 Jahren als Singschule gegründet und 35 Jahre später auf Betreiben Richard Wagners von König Ludwig II. privat finanziert wurde als »Königlich Bayerische Musikschule«, geführt von Hans von Bülow. Und welche Namen weiter in der Leitung: Josef Rheinberger, Felix Mottl, Joseph Haas, Robert Heger.

Es ist nicht so, als hätte eine deutsche Theaterakademie keine Tradition. Es fehlt allerdings die Kontinuität. Bereits 1753 gründete Konrad Ekhof, der »Vater der deutschen Schauspielkunst«, in Schwerin die erste Schauspielerakademie auf deutschem Boden für im Beruf stehende Schauspieler. Theaterspielen war zu dieser Zeit weitgehend Zufall, einen Regisseur gab es noch nicht, bei Opernaufführungen aber schon den Dirigenten. Obwohl die Akademie nur ein Jahr bestand, beeinflußte ihr Versuch, eine realistische Methode der Schauspielkunst zu betreiben, maßgeblich die weitere Entwicklung.

Fast 40 Jahre später, 1791 schrieb dann der Schauspieler und Dichter Heinrich Zschokke: »Fast jede Kunst, die von edlerem Range ist, Dichtkunst, Malerei, Bildhauerkunst, Musik, hat ihre Akademie – ausgeschlossen nur ist die Schauspielkunst. Diese irrt verlassen umher. (...). Mein Rat zur letzten Vervollkommung dieser Kunst ist: die Einrichtung einer Akademie des Schauspiels.«

Wir machen einen Zeitsprung von über 100 Jahren: Nach seiner Emigrantenzeit in Amerika schrieb Erwin Piscator 1955 in seiner Schrift »Vorschlag zu einer Theaterakademie«: »Ein mit so großen öffentlichen Mitteln unterstütztes Unternehmen wie das deutsche Theater müßte einen Unterbau haben, der in kontrollierten Nachwuchsstätten den vollwertigen Theaterkünstler heranbildet. (...) Das Zusammenwirken aller Gebiete macht eine solche Akademie zu einem lebendigen Nachwuchszentrum für junge Menschen und junge Kunst.«

Nun haben wir diese Akademie, die sich als Kooperationsverband von Hochschule für Musik, Ludwig-Maximilians-Universität, Akademie der Bildenden Künste, Hochschule für Fernsehen und Film und den Bayerischen Staatstheatern zusammensetzt. Wie richtig dieses »Kooperationsmodell Theaterakademie« ist, für das sich Herr Staatsminister für Unterricht, Kultus, Wissenschaft und Kunst, Hans Zehetmair, eingesetzt hat, sieht man am »Stuttgarter Modell« einer völlig eigenständigen Theaterakademie, die wegen fehlender Finanzierung gescheitert ist.

Einige im Lehrkörper der Institute sind immer noch skeptisch (die Studenten nicht!). Will man uns einverleiben, auffressen? Nein, zusammenführen.

Denn anders als in Amerika oder einigen europäischen Ländern, ist auch heute noch in Deutschland die Ausbildung für den Bühnennachwuchs oft ungenügend, da sie für die einzelnen Bühnenberufe isoliert an unterschiedlichen Ausbildungsstätten erfolgt, ohne Verbindung zum Theater und ohne die Möglichkeit eines »learning by doing«. Die Erkenntnis, daß Theater sich aus vielen funktionierenden Rädchen zusammensetzt, wird dann oft erst beim ersten Engagement schmerzlich erlebt.

Es wäre dem Theater und dem Kulturstandort Bayern dienlich, wenn wir bis zur Jahrtausendwende alle am Theater tätigen Berufe ausbilden könnten.

Heute bereits sind es Regisseur, Schauspieler, Dramaturg, Lichtgestalter, der erste Kontakt zu den Bühnen- und Kostümbildnern für Projekte im nächsten Jahr wird geknüpft, Opernschule und Dirigierklasse zähle ich auch dazu, und im kommenden Herbst startet die Musicalklasse. Nebenbei bieten wir bereits im Beruf stehenden Theatermachern Seminare in Tarifrecht, Haushalt und Personalführung an, auf daß kundigere Intendanten den Häusern vorstehen.

Im Gegensatz zu den Universitäten gibt es bei den künstlerischen Fachakademien die Aufnahmeprüfungen. Und das ist gut so. Sie alle haben dieses Vorspiel ihrer künstlerischen Laufbahn bestanden. Eines muß uns klar sein: Wir dürfen nur wahre Persönlichkeiten fördern, nicht solche, die blendend gleich gefallen, die Prüfungsgenies, sondern die Begabtesten.

Wir dürfen nicht auf Halde ausbilden, sondern die Begabtesten gezielt und praxisbezogen auf den künftigen Beruf vorbereiten. »Denn wir behalten von unsern Studien am Ende doch nur das, was wir praktisch anwenden«, schrieb Goethe am 24. Februar 1824 an Eckermann. Deshalb ist es unser Ausbildungsziel, daß alle Studenten der Theaterakademie praxisnah ihre ersten Erfahrungen am Theater bereits während des Studiums erleben. So sind unsere Schauspielstudenten bereits in mehreren Inszenierungen des Staatsschauspiels – dank Herrn Eberhard Witt, Leiter dieser Klasse und Staatsintendant – in gar nicht so kleinen Rollen des Staatsschauspiels zu sehen. Die Regie- und Dramaturgiestudenten wirbeln als Assistenten in allen drei Staatstheatern herum. Die Teilnehmer des vor vierzehn Tagen begonnenen Aufbaulehrgangs Lichtgestaltung sitzen zur Stunde schon bei Beleuchtungsproben im Staatstheater am Gärtnerplatz.

Unser Theaterkontakt ist in dieser Intensität bisher einmalig in Deutschland, ebenso die Zusammenführung der einzelnen Klassen für Workshops mit internationalen Persönlichkeiten des Theaters. Marcel Marceau, Bob Wilson, Harry Kupfer, Peter Stein, Peter Zadek, Hans Magnus Enzensberger, Will Quadflieg, Jürgen Flimm konnten bisher gewonnen werden. Auch das spartenübergreifende Zusammenführen der Studiengänge bei Projekten und ihren öffentlichen Aufführungen ist etwas Neues, Aufregendes – ebenso die Möglichkeiten durch Kooperation mit der Hochschule für Fernsehen und Film: Die Schauspielschüler stehen vor Filmkameras und lernen so sehr früh dieses andere Medium kennen, letztes Jahr als Pilotprojekt begonnen, heute bereits eine feste Einrichtung.

In diesen zwei Jahren Theaterakademie klagten manchmal die Lehrer, daß durch diese Extras für den grundlegenden Unterricht nicht genügend Zeit bliebe. Und dabei haben wir in der Schauspielklasse eine 40 Stundenwoche – die Gewerkschaft hat es nur noch nicht bemerkt. Doch die Studenten wollen oft noch mehr. Nach dem Gleichgewicht suchen wir gerade.

»Lernen ist wie Rudern gegen den Strom«, stellte Benjamin Britten fest. »Sobald man aufhört, treibt man zurück.«

Die Studentenherrlichkeit des 19. Jahrhunderts ist für alle Zeit vorbei: »'s gibt kein schöner' Leben als Studentenleben«? Ich weiß, wie schwer es für angehende Künstler ist, in München ein Zimmer zu finden, das man bezahlen und wo man vielleicht auch noch üben kann. Wie leicht ist die Versuchung gerade bei den Instrumentalisten, in späteren Semestern jede sich bietende Möglichkeit zum Tingeln zu nutzen auf Kosten der Ausbildung? Vielleicht sollten mehr Aktivitäten innerhalb der Hochschule entfaltet werden. Eine gute Gelegenheit dafür bietet sich im November 1996.

Dann wird das Prinzregententheater als Haus für die Theaterakademie mit einer Haupt- und Studiobühne und zusätzlichen Unterrichtsräumen wiedereröffnet.

Max Reinhardt: »So wie man zum Klavierüben ein Klavier braucht, braucht man zum Theaterüben ein Theater. Eigentlich müßte man zwei Bühnen nebeneinander haben, eine große – und eine kleinere für die Kammerkunst.« Das Prinzregententheater wird der Theaterakademie beides bieten – und bei der Eröffnung im November 1996 werden Opern- und Schauspielklassen dort ihre Produktionen zeigen. Das sind die Perspektiven. Also: Fanget an – der Sänger sitzt. Sie sind gespannt, wir sind bereit, und wie sagt Richard Wagner zu denen, die noch skeptisch sind:

»Ach, ohne Hoffnung, wie ich bin,
geb' ich mich der Hoffnung hin.«

Warum ich Christ bin

*

Ist dies ein Beitrag für einen Theatermann?
»Zur Sache, wenn's beliebt« heißt der Titel dieses Buches. Zur
Sache gehört auch das Bekenntnis — auch für einen Theatermann.
Aber nicht die beliebige Sache, und auch nicht das, was beliebt
oder nur gefällt. Christ zu sein ist ein Skandalon und eine Gnade.

*

Ich verdanke und danke die Tatsache, Christ, katholischer Christ zu sein, meinen Eltern. Das ist dramaturgisch kein guter Beginn für einen Vortrag. Die Wörter »verdanken« und »danken« sind schon so positiv, daß dem Ganzen das Brio fehlen könnte. Ich verachte also meine Eltern nicht, daß sie bekennende Christen waren, ich verdamme sie nicht, weil sie mich haben taufen lassen — ohne mich zu fragen. Ich bin ihnen nicht gram, daß sie mich christlich erzogen haben. Nahm ich doch auch die anderen Annehmlichkeiten (ist Christ-sein eine Annehmlichkeit?) ohne zu fragen in Kauf: Ihr Haus, ihre Kultur, ihr Geld, ihre Geschichte, ihre Gene. Ich habe mich nicht entschließen müssen, Christ zu werden — die Gnade einer »richtigen« Geburt machte mich zum Christen, ohne Verdienst. Ich konnte mich ja auch nicht entschließen, meines Vaters Sohn zu werden. Ich wurde es, ohne Zutun und Verdienst. Würde ich die Sohn-schaft verlieren, wenn ich meinen Vater erschlüge, um nicht mehr sein Sohn zu sein? Ich bliebe der Sohn vom toten Vater. Und ich bin getauft! Da hilft keine Sünde, kein Kirchenaustritt. Da kann ich Kreuze zerbrechen, Hostien schänden, Christus umbringen — ich bleibe getauft. Aber ich habe mich doch nicht

---

Vortrag im Kloster Andechs, 29. Mai 1988

selbst getauft. Habe ich mich selbst gezeugt? Habe ich meine Erbmasse bestimmt? Bei so vielen wichtigen Dingen meines Lebens habe ich kein Wörtchen mitgeredet. Nur bei der Religion – auch nicht gerade unwichtig für das Leben – meinen viele, müsse man erst später selbst entscheiden. Geld erben darf ich, aber keine Überzeugung. Die soll ich erst selbst erzeugen. Meine Erzeuger kann ich mir nicht selbst wählen, aber meine Über-zeugung soll ich erkämpfen. Ich bekenne: Ich bin im Christentum zu Hause; vielleicht weil die Wohnung so kulturell vorgeheizt ist, weil auch meine Eltern dort gewohnt haben, vielleicht auch, weil ich die Kälte anderer Behausungen schwer ertrage. Meine Schwester meinte immer, sie sei ein Findel- oder Adoptivkind. Ich war immer Everdings Sohn und Christ. Ich stellte letzteres zu wenig unter Beweis, aber an der Tatsache zweifelte ich nie. Ich zweifelte darum auch nicht an Gott, wenn er Ungerechtigkeiten zuließ. Ich wußte immer, daß er den Menschen in die Freiheit und damit auch in die Sünde entlassen hat. Viele der gängigen Vorwürfe gegen die Kirche quälen mich nicht. Mich regt nicht auf, ob ein Barockpapst Kinder hatte, ob jemand Ablässe verkaufte. Viele Leute halten es mit der Kirche wie mit dem Staat. Sie schieben alles Versagen auf ihn und haben vergessen, daß sie der Staat sind. Wegen der Transsubstantiationslehre würde ich an keinem Kreuzzug teilnehmen.

Aufregend – weil so fern aller sozialen Betriebsamkeit – ist die Forderung, daß Liturgie »zum Lob und Ruhme seines Namens« geschehe. Und innerhalb der Liturgie finden nicht nur Feiern statt, sondern wirksame Veränderungen; Worte bewirken Veränderungen. »Ich spreche Dich los von Deiner Sünde« ist kein Trost, keine Beruhigung, sondern Erlösung. Die Wandlungsworte sind essentiell und nicht symbolisch, und die Taufe verändert Natur oder besser – gibt der Natur die Möglichkeit, sich zu verändern. Die Taufe brennt uns ein Siegel ein, das wir nicht mehr verlieren, auch wenn wir uns dagegen wehren, daran herumbürsten, oder uns die Tätowierung wegzuätzen versuchen. Worte wirken nicht nur, sie bewirken. Wir Schauspieler spielen und wirken mit unseren Wörtern und Worten. Wir ecken an, sind anstößig, machen nachdenklich oder fröhlich. Liturgisches Wort ändert. Lachen Sie bitte nicht. Meine Frau würde ihr Enkelkind, wenn die Eltern es nicht taufen lassen würden, heimlich selbst taufen, dabei wissend, daß die Taufe vielleicht nicht gültig ist, weil der erklärte Wille der Paten oder Eltern fehlt; sie würde es dennoch tun, weil sie überzeugt ist, daß dem Kind etwas fehlte, was ihm immer fehlen würde. Dahinter steht die tiefe Überzeugung, daß das nur natürlich geborene Kind den Odem der Übernatur braucht. Taufe gibt die Chance, aus dem natürlichen Jammertal wieder ein Paradies zu machen. Wenn jeder Nebenmann zum Nachbarn würde, wenn jeder Christus wäre, der uns begegnet, und wir ihm so begegneten, würden wir alle arm und unbeschreiblich reich werden.

Das war jetzt ein bekenntnishaft vorgetragenes Credo, ein bißchen pathetisch, vielleicht ein bißchen Poesie über den Abgründen. Die Themenstellung erscheint mir aber so indiskret, daß man sie ignorieren oder möglichst ehrlich beantworten muß. Gefragt wird nach einem Bekenntnis, und ein Bekenntnis ist nicht diskret.

Die Botschaft Christi ist verbindlich, sie ist human und verpflichtet den einzelnen für sein ganzes Leben. Dieser Anspruch ist so total, daß die Antwort kein Jein sein kann. Man ist zu einem Ja oder Nein gefordert. Walter Jens hat die Frage »Warum ich Christ bin« vor allem damit begründet, daß das Gebot der Feindesliebe »jede andere religiöse oder philosophische Lebensanweisung überschreite«. Richtig, aber für mich ist die Feindesliebe zunächst eine unnatürliche Zumutung. Natürlicherweise verachte ich meine Feinde. Der christliche Aufruf zur Un-natur läßt mich aufhorchen.

»Die Ersten werden die Letzten sein« – das geht ganz gegen meinen persönlichen Strich, und daß die Letzten hier die

Ersten im Himmel sein sollen, empört mein Gerechtigkeits- und Qualitätsempfinden. Aber gerade dieser Aufruhr läßt mich aufmerken. Das Christentum sieht alles aus der Perspektive der Opfer, ich sehe meistens alles aus der Perspektive der Sieger. Ich weiß aber gleichzeitig, daß diese, meine »natürliche« Einstellung, zu wenig abdeckt – ja, vieles zudeckt. Mein Gottesbild war geprägt vom Deus triumphans, der seine Feinde in die Ablagen schickt. Christus aber ist ein Besiegter, Gescheiterter. Wie gern wendet man sich an ihn, wenn man selbst besiegt und gescheitert ist. In den Zeiten der »Siege« – welch unchristliche Formulierung – aber denkt man an den Allmächtigen, Allherrschenden. Das Christentum aber verkündet uns auch die Lehre des trauernden und bekümmerten Gottes.

Führte ich mein natürliches Leben, wäre es nicht vom Geist der Bergpredigt bestimmt. Aber gerade weil ich weiß, wie kaputt meine Natur ist, kann die Bergpredigt mich aus meiner Natur herausführen. Das nicht domestizierte Scheusal in mir will Krieg und Sieg. Als Christ darf ich keinen Krieg zulassen. Ich bin Christ, weil es mir hilft, meine Natur zu überwinden, zu kultivieren.

Dieses Christsein war zunächst ein Geschenk, das ich gar nicht ausschlagen konnte, dann habe ich es bewußt angenommen und seitdem schlage ich mich damit herum – in Gedanken, Worten und Werken. Das Gefühl des unverdient reich Beschenkten muß sich läutern zum bewußt Annehmenden.

Lassen Sie mich bekennen: Ich kann den hustenden, keuchenden, schnaufenden, stinkenden Nachbarn nicht ertragen. Ich hasse Massen und die Menge, ich ertrage kaum einen vollen Aufzug – aber jeder in dieser Menge soll mein Nächster, könnte Christus sein. Diese Forderung übersteigt so sehr meinen Geschmack, mein Empfinden, mein Denken, daß sie mich festnagelt – meinen Egoismus offenbart, meinen Rückzug auf mich selbst entlarvt. Meine Natur widerspricht allen christlichen Forderungen. Ich möchte auf der Straße an den elendigen Blutenden vorbeihasten, ich möchte den grindigen Zigeunerkindern nichts geben, auf daß ihre Mütter mich nicht noch mehr belästigen, ich möchte herrschen und nicht dienen, ich möchte siegen und nicht verlieren, ich möchte glänzen und nicht grau werden. Und dennoch sehe ich ein, daß diese verfluchte Forderung mich weiterführt als meine kommode Selbstbefriedigung. Die christliche Lehre widerspricht der jetzigen Natur der Menschen. Wie war die ursprüngliche Natur?

Ich bin ohne meinen Willen Christ geworden, andere haben für mich gesprochen, wie auch andere mich am Leben erhalten haben. Wie war ich dann mit meinem Willen Christ? War ich überhaupt willentlich Christ, oder bin ich Parteimitglied geblieben, weil der Austritt zu spektakulär gewesen wäre?

Das Gelöbnis »Fest soll mein Taufbund immer stehn« hält mich nicht in der Kirche. Ob Gnade mich festhält, kann ich nicht sagen, weil das Wesen der Gnade bedingt, daß wir wenig über sie sagen können. Ich kann nicht heraus, weil Kirche mir der Verbund zu sein scheint, in dem alle staatenlos am menschlichsten sinnvoll leben könnten, wo mir das Dreieck von Gebot, Verbot und Freiheit durchführbar scheint, wo im grenzenlosen Thema durch die Lehrautorität Grenzen abgesteckt werden, wo man einmal einsehen und revidieren wird, daß der Weg des Engagements mit den Mächtigen und Reichen ein achristlicher Irrweg war. Ich gehe nicht heraus, weil ich diesem Verband so vielfältig verbunden bin, daß die Lösung, die Ablösung keine Erlösung wäre.

Aber darf ich mich noch Christ nennen, habe ich die Nachfolge Christi angetreten?

Sie erlauben, daß ich mir und Ihnen öffentlich diese Fragen stelle. Die Antworten müssen wir uns selbst geben. Habe ich die Menschenfurcht verloren, weil mich die Gottesliebe ergriffen hat? Kennt mein Herz noch jene augustinische Unruhe; habe ich noch, wie Guardini es nennt, das Gewissen für Werte?

Oder ruht mein Herz schon in dir – sprich, der Ruhe der gesicherten Existenz. Bin ich noch getrieben, Unrecht und Unheil aufzuspüren und es zu bekämpfen, es zu beenden? Oder habe ich mich mit den Mächtigen arrangiert? Habe ich mich schon auf die Seite der Selbstgerechten geschlagen: »Einmal muß man ja doch vergessen.«? Wir denken heute viel zu wenig an die Verstrickungen durch die Erbsünde. Ich weiß, wie altmodisch, selbst in der Theologie, dieser Begriff geworden ist. Aber es muß etwas geschehen sein, das unsere ursprünglich natürliche Natur zur Unnatur verwandelt hat, so daß die ursprünglich natürliche Natur des Menschen zur Raubtiernatur wurde. Die Kultur versucht die Natur in den Griff zu bekommen, auf daß über die Kultur Natur wieder Natur werde. Ich bin immer mehr überzeugt, daß die aus dem Schöpfungsrahmen gefallene Natur sich eigengesetzlich entwickelt hat – ohne Ethik. Dann kam der Mensch und versuchte, sich die Welt untertan zu machen und ihr neue Gesetze zu geben. Aber der Mensch schaffte die Natur nicht, weil er in seinem Innern auch nur gefallen, gefallene Natur war. Wenn er ganz in sich hinunterstieg, entdeckte er nicht nur das innere Flämmlein, das Lichtlein, er sah das Auge des Bösen, den Glanz der Brutalität. Er entdeckte in sich das gefallene Tier, die Bestie, den Pessimismus, sein Ego, das kein Du zuläßt. Aber Christus lehrt uns, wie Bruder und Schwester miteinander zu leben. Ich sehe das als Forderung, auf dieser Welt zusammen zu leben, ein; aber ich will von so vielen kein Bruder sein. Christus fordert diese Bruderschaft, auf daß ich meinen Egoismus überwinde.

Es bedürfte nicht Christi, nur um die Menschen zu lehren, gut zu sein. Diese Welt muß verwandelt werden, Menschen in neuen Gewändern, in der neuen Stadt, im neuen Jerusalem sind aufgerufen. Christus war der Mensch, wie der Mensch eigentlich gedacht und geplant war. Er fiel aber unter die Menschen, wie sie nicht gedacht waren, und so scheiterte, menschlich gesehen, auch Christus, der Gottessohn.

Sein Reich ist nicht von dieser Welt.

Wo ist der Gottesstaat, den wir ersehnen?

Jede Weltreligion, ja, jede Ideologie ist überzeugt, daß nur über eine, über ihre Weltregierung die großen Schäden repariert werden könnten. Aber die Errichtung dieser Weltregierung bedeutet wiederum Terror, Unterdrückung und falsche Missionierung. War die europäische mittelalterliche Gesamtregierung gerecht und christlich?

Trotz Hexenverfolgung, trotz Judenverfolgung bin ich überzeugt, daß das Christentum die menschlichste Form des Umgangs mit Menschen ermöglicht. Es kann Gnade und Sünde einordnen. Christentum ist eine existentielle Bindung. Ich erschrecke beim unerwarteten Anklopfen: Wer sucht mich auf, sucht mich heim? Steht Christus vor der Tür? Und vielleicht in einer nicht mitleiderregenden, sondern abstoßenden Gestalt?

Wen habe ich schon alles abgewiesen, weil er nicht die Aura des Hilfsbedürftigen, sondern die Lästigkeit des Querulanten hatte, der aber um so mehr meiner Hilfe bedurfte.

Paul Celan hat gesagt: Wer auf dem Kopf geht, für den ist der Himmel ein Abgrund. Was ist der Himmel? Die Utopie der Seelen an einem Ort? Mich verlangt und treibt es nach einer Lösung, wo die Gegensätze zusammenfallen, wo die Anschauung die Wahrheit verkündet, wo in Visio Dei Unbegreifliches begreiflich, griffig, anschaubar, erlebbar, liebbar wird.

Christ zu bleiben, heißt manchmal auch, in der Entschlußlosigkeit, Feigheit bleiben. Wer kann schon seine Vergangenheit abschütteln, wer wagt schon eine ungewisse Zukunft? Denn Christentum in unserer Gesellschaft heute heißt auch Unterstützung von den staatlichen Stellen und Wohlwollen durch die öffentliche Meinung. Wir haben wenig Kulturkampf. Das Glaubensbekenntnis ist kein Bekenntnis mehr. Aber Christi Forderungen waren nicht gesellschaftskonform. Wie leicht ist es vielen Kindern geworden, Vater und Mutter zu verlassen – aber nicht um »Seinetwillen«. Vater und Mutter um Seinetwillen verlassen! Wie verzweifelt sind wir, wenn uns eines der Kinder verläßt, um in ein Kibbuz, in ein Spiritual-Zentrum zu gehen.

In einem Interview wurde ich vor kurzem als prominenter Katholik dargestellt. Der Interviewer begriff nicht die Contradictio in adjecto. Wir Christen sind gesellschaftsfähig geworden und wir tun der Gesellschaft nicht mehr weh. Auch die Gesellschaft tut uns meistens nicht mehr weh. Uns ist die Spiritualität des Christentums abhanden gekommen. Wir wissen nicht mehr viel von der Seele. Wir beweisen erfahrungsfroh, daß sich jeder Fingerabdruck von anderen wesentlich unterscheidet, daß kein Haar dem anderen gleicht, daß die Genforschung die Unterschiedlichkeit aller Menschen belegt. Aber von der Unverwechselbarkeit eines jeden Individuums, von seiner einmaligen Seele spricht man wenig. Gerade heute, wo so viel Soziologie und Psychologie betrieben wird, übersieht man den großen Trost, den die »Vergebung« einer Schuld beinhaltet. Wir alle kennen den vorschnellen Vorwurf: »Ihr Katholiken sündigt drauflos in der Gewißheit, daß Gottes Gnade euch reinwäscht.« Wer die Kapitel des Bußsakraments liest, weiß, daß dem nicht so ist. Ich darf nicht lügen und übervorteilen, aber wenn ich es getan habe – und wir alle tun es mit unserer verkorksten Natur –, weiß ich, daß da noch eine Chance ist. Beichte entschuldigt nicht, sie entschuldet, mir kann vergeben werden. Erinnern wir uns an unsere Kindheit und die bittenden Sprüche an die Mutter, mit denen wir hofften, alles wieder gut zu machen: »Ich will es nicht wiedertun.« Wir tun es immer wieder, weil das Untier in uns, die ungezähmte Natur, immer wieder aufbricht und nur Kultur dieses Vieh in uns domesti-

116

zieren kann. Beichte gibt die Chance des Neuanfangs, auch den zur Sünde.

Ich bin auch darum Christ, weil ich an die Liebe Gottes glaube und nicht nur an seine Gerechtigkeit. Natürlich ist das theologisch nicht haltbar. Natürlich kann ich Gerechtigkeit nicht in die Strafecke stellen und die Liebe als verklärenden, verklärten Goldhimmel darüberstülpen. Aber Leben und Tod Christi beweisen mir eine solche maßlose Liebe Gottes – darf man maßlos als Adjektiv für Gott gebrauchen? – zu den Menschen, daß ich den gerechten Gott lieber anderen Religionen zuschreibe. Unser Gott ist der der Liebe, die er allen entgegenbringt, auch den Nicht-Getauften, und diese Liebe ist eine Utopie, ist ortlos, aber vehement existent, übergreifend, aber zart, ergreifend, aber mildtätig, die Sinne verwirrend und die Phantasie ordnend. Liebe ist das Meer, in das uns die Gnade stürzt. Ein Meer, in dem viele ertrinken, andere mit Tauchermasken überleben, viele schwimmen lernen und hoffentlich in diesem Fruchtwasser zu den Ufern gelangen, wo uns die Visio Dei erwartet, wo die sieben Frauen sich nicht mehr zanken um denselben Mann, sondern freudig einsehen, warum sie denselben Mann geliebt haben, nein lieben.

»Liebe verzeiht alles«. Das ist oft ein schneller, flacher Satz. Er ist ein großes Mysterium. Ich wurde in das Meer der Existenz geworfen. Der Glaube hat mich auf ein unsicheres Floß gesetzt, inmitten eines brüllenden, chaotischen, manchmal gefährlich ruhigen Weltmeeres. Kein sicherer Ozeandampfer ist in Sicht, aber es gibt ein neues Ufer, das zu erreichen möglich ist. Ich bin auch Christ, weil ich an Ostern glaube, an die Auferstehung und an das Weiterleben. Seele ist unzerstörbar, Ostern heißt Überwindung der Natur und ihrer natürlichen Kräfte. An Ostern übersteigt Christus als das Idealbild des Menschen seine Grenzen, er geht durch Mauern, die Spiritualität überwindet Hunger, Durst, Schwerkraft. Ostern ist die Zukunft des Menschen. Hier wird er wieder der Mensch, wie er geplant war.

Vor einigen Wochen hörte ich in New York eine Predigt des Kardinals O'Connor, der klar sagte: Rassismus ist eine Sünde. Wir sondern uns dabei ab. Und wie tief der Rassismus in uns steckt, beschreibt Arthur Miller in seinem aufschlußreichen Buch *Zeitenwende*. Er, der jüdische Student, arbeitete friedlich zwei Jahre in einer Ersatzteillagerwerkstatt mit einem friedfertigen netten Christen zusammen. Einmal fällt Arthur Miller ein Werkzeugkasten herunter und dem Kollegen auf den Fuß, und der schreit unkontrolliert, aber erhellend: »Du Scheißjude, paß doch auf!« Da brach dieses Untier unserer Urnatur wieder auf.

Ich hatte wenig Schwierigkeiten mit der Forderung der Kirche – jetzt auch schon milder vorgetragen –, die alleinige Wahrheit zu verkünden. Ich war überzeugt, es könne nur eine Wahrheit geben und die anderen hätten nur die Richtigkeiten. Wenn Christus Gottes Sohn ist, ist er die Wahrheit und keine andere Wahrheit hat Platz neben ihm, weil sie schon erfüllt ist.

Liberale Theologie räumt hier Freiplätze ein, die ich menschenfreundlich akzeptiere, aber gedanklich nicht nachvollziehen kann. Die Kirche gibt, einem Zeitgeist folgend, die Missionierung auf; ist sie selbst nicht mehr von ihrer einzigartigen Wahrheit überzeugt? Gibt es nur einen Weg zum Heil oder mehrere? Die Kirche scheint ihre Unabdingbarkeit aufzugeben, um offener zu werden, sie gerät dabei in die Gefahr, eine Armenküche zu werden, die sozial speist. Das ist gut und notwendig, das können aber auch andere besorgen. Fouriere gibt es genug und zu wenig.

Warum bin ich Christ? Mein Beruf zwingt mich darüber nachzudenken, was Christentum mit Ästhetik zu tun hat. Der gängigen Schönheitslehre der offiziellen Kirchen kann ich nicht folgen, vor allem, wenn sie sich modern gebärden. Die Akzidentia des Seins: das verum, bonum und pulchrum stellen mich vor große Fragen. Es sei denn, das verum ist viel wahrer als unsere konventionelle Wahrheitsliebe ahnt, das bonum ist viel durchgreifender und absoluter als unsere Miserior-Haltung zuläßt und das pulchrum zeigt uns das ganze Spektrum: die Blume des Bösen, das zerrissene Gesicht des nach Schönheit Dürstenden und die harmonische Vollkommenheit der Einheit von Vorstellung und Darstellung.

Ich frage mich oft angesichts der Verfolgung der Juden durch die Jahrhunderte: Ist Christ sein weniger provokant als Jude sein? Zeigt »schwarz sein« mehr Rasse als christliche Gotteskindschaft? Was ist unsere Aura, unser Schweiß, unser Signum, unser Stigma?

Warum halten Christen so viel weniger zusammen als Homosexuelle, Freimaurer oder Bibelforscher?

Christen sind keine Fanatiker, sie sind fähig zur Freude, weil es Ostern gab und geben wird. Aber wenn ich in der Bronx oder in Hongkong oder vor einem Hochhaus stehe und mir die Vielzahl der Schicksale vorstelle, die hinter den vielen Fenstern stattfinden: diese Unglücke, manchmal Tragödien, diese Lieblosigkeit, diese Verbrechen, diese Zufriedenheit, dieses Glück, diese Harmonie, diese Schändung, diese Zerstörung, diese Gebete, diese Flüche. Was unterscheidet in diesem Hochhaus den Christen vom Mohammedaner, vom Buddhisten, vom Agnostiker?

Wenn man in die Slums und in die Konzentrationslager schaut, muß man meinen, Gott habe die Welt verlassen. Wir sind auf uns gestellt. Eigentlich fing das ja schon in der Urmenschheitsgeschichte an. Der erste Bruder erschlug seinen ersten Bruder. So früh fing das mit dem aus dem Paradies entlassenen Menschen an. Heute geht es nicht viel grausamer zu. Wahrscheinlich ist das Töten sogar zivilisierter geworden; welch ein Fortschritt!

Ich darf aber auch den aus Ostern resultierenden Gedanken nicht unterschlagen, daß ich auch gerne katholischer

Christ bin, weil die alle Sinne ansprechende Freude hier ihren Platz hat. Essen und Trinken und das Fasten haben ihren Stellenwert. Das Fest, die Prozession, das Alleluja brauchen keine Entschuldigung.

Die Kirche ist kein Ort der Zwangsverpflichtung, Weihrauch, Kerzen und Fahnen, Paramente und Choral sind kein äußerliches Brimborium, sondern geschichtliches und geheimnisvolles Ritual, sind die Form unseres Inhaltes. Sie ist inspiriert und inspirierend und vermittelt dem Menschen Wohlgefallen. Man traut sich ja kaum noch solch ein altmodisches Wort zu gebrauchen, aber Liturgie sollte sich nicht den Moden unterwerfen.

Christ sein heißt auch unter dem Aspekt des Todes leben. Das ist unser bestimmtes Ende und hoffentlich bestimmt ein Anfang. Diese Bürde des Todes, die letzte Hürde zur Ewigkeit, relativiert alle Erfolge und Mißerfolge. Sicherlich muß man im Alltagsgeschäft vieles wichtig nehmen, aber sub specie aeternitatis kriegen die Dinge ihren richtigen Stellenwert; man kann plötzlich lachen. Diese Fröhlichkeit verbittert alle kritisierenden Gegner, deren Leben sich hic et nunc erfüllt. Natürlich ist mein fröhlicher Glaube eine Krücke, aber Hierseinsgeschädigte brauchen Hör-, Seh- und Gehhilfen – über den Fluß geht keiner gerne alleine.

Ich habe im Brockhaus nachgeschaut, was dort über das Stichwort Christ vermerkt ist:»Christ, der Anhänger des von Jesus Christus verkündigten Glaubens in einer seiner kirchlichen oder freien Formen.«

Meine Mutter, eine Christin ohne Frage, hätte die meisten meiner Überlegungen nicht verstanden oder nicht gebilligt. Sie hätte auf die Frage, die Sie mir gestellt haben, geantwortet:»Christ sein ist helfen, wo immer helfen notwendig ist und notwendig scheint. Dem Christen wird von Gott, besonders aber von Christus und seiner Mutter geholfen, hier oder später. Christ ist man.« Ich vermag nicht mehr so einfach zu antworten. Meine komplizierten Antworten können aber eine Angst nicht verdecken: Was tue ich, wenn dort gleich die Tür aufgeht und der Unbekannte hereinkommt (wie erkenne ich ihn, wie schaut er aus, welches Kostüm, welche Maske hat er an, wie spricht er?) und der Unbekannte mich fragt:

Hast Du die Kranken besucht,
Hast Du die Nackten bekleidet,
Hast Du die Hungernden gespeist,
Hast Du die Dürstenden getränkt,
Hast Du die Trauernden getröstet,
Hast Du die Gefangenen befreit,
Hast Du die Toten begraben?

Warum bin ich Christ? Um Feinde nicht mehr zu hassen, um den Nächsten als Nächsten zu ertragen, mich selbst und Gott zu lieben und ihm und seiner Schöpfung zu lobsingen.

Gestern nacht las ich das Tagebuch einer Frau, die keine theologischen Spekulationen über Christsein anstellt, die nicht fragt, warum sie Christ ist, sondern elternlose Kinder adoptiert, sich in der Dritten Welt engagiert, Familie erleidet und lebt. Ist soziales Tun schon christliches Sein? Nein – aber lautloses Tun ist doch wohl christlicher als lauthalses Verkünden. Ich habe das auch nur getan, weil Sie mich gefragt haben, warum ich Christ bin. Ich hatte das Glück, nein, die Gnade, schon als Christ geboren zu sein. Ich versuche durchzuhalten. Ich habe nicht alle Versprechen gehalten. Ich bin Christ, weil Christentum für mich Form und Inhalt ist, in denen ich leben, sterben und hoffentlich überleben kann.

ZWEITER TEIL

Gedenkreden
und
Laudationes

Zum Tode
von Heinz Rühmann

Jetzt wissen wir alles von Ihnen – wie Sie als David alle Goliaths weggehüstelt haben, Kortner zum Lachen brachten, Geld verloren und es gewannen, Gäste empfingen und vergraulten, Tragik empfanden und Komik empfinden ließen; wir wissen jetzt alles – alles? Fast …

Wir wissen nicht, was Sie von uns dachten, was Sie von uns hielten, ob Sie uns ernst nahmen, warum Sie sich so schnell in Ihr Schneckenhaus zurückzogen, Sie, aus der Kaste der Unberührbaren, der so viele von uns so nachhaltig berührt hat – Heinz Rühmann. Sie, der mit dem Kopf fühlte und dem Herzen dachte.

Ich glaube, Sie haben uns begriffen, in unserer Dummheit und unserem Ernst, in unserer Fröhlichkeit und unserer Schadenfreude. Sie waren ein Bote, der fröhliche und traurige Mär austeilte, Sie brachten Botschaft und wollten manchmal Botschafter sein, Botschafter des guten Willens, der weiß, daß Kränkungen krank machen. Sie waren Briefträger, der in jedes Haus kam und die Villen und Hütten kannte, Sie waren Brieftaube, die über uns hinwegflog. Sie waren in gespielter Mittelmäßigkeit ein Mittler. Jetzt sind Sie nicht mehr der Briefträger Müller, und gerade jetzt möchten wir Ihnen so viele Briefe schicken, die davon künden, wie schwer uns Ihr Abgang von der Bühne gefallen ist.

Als Sie einmal mit Ihrer Frau über den Tod sprachen, sagten Sie: »Wir tun beide so, als ob wir ewig leben und wenn nicht, dann bitte einen leichten Tod.« Den hatten Sie und Ihr Abgang von der Lebensbühne war still und leicht und war

Rede anläßlich der Gedenkveranstaltung im Prinzregententheater, München, Oktober 1994

klug inszeniert. Um den Sarg zu Hause nur die Familie, ein priesterliches Wort, ein wenig Musik und schon waren Sie im Carro mortalis – aus unseren Augen, nicht aus unserem Sinn. Wenn Sie auch keine Briefe mehr austeilen, empfangen Sie heute einen von mir. Ich weiß nicht genau die Adresse – das Fegefeuer wird's nicht mehr sein. Nein, es besteht kein Zweifel, in welche Richtung ich ihn senden muß. Ein Kritiker hat geschrieben, Sie wären der Mensch, wie Gott ihn sich wünscht. Ich kenne nicht Ihre neue Postleitzahl: Ist es das Departement der Clowns, das der Kinder, ist es die Abteilung für die Detektive Gottes, wo die Pater Browns ihrer Erlösung harren? Ist es da, wo Chaplin, Toto, de Funès sich ernste Dinge erzählen? Ist es die Adresse der eigenwilligen Engel, die auch dem Herrn widersprechen, oder ist es das Heer der himmlischen Heerscharen, wo Sie jetzt mitsingen dürfen, so, wie es Psalm 51 verspricht:

»Dann kann ich neue Lieder singen
und selbst ein Lied für andere sein«.

Ein Lied für andere, das sind Sie für uns geworden, dieses Lied wird uns begleiten, und ich schicke meinen Brief einfach an Heinz Rühmann, soll das doch deren Sorge sein, wohin Sie gehören.

Lieber Herr Rühmann,
wissen Sie noch, als Sie mir letztes Jahr überraschend bei einem Festtag vor Publikum das »Du« anboten und ich gerührt verlegen war? Da machten Sie eine wohlbedachte lange Pause und teilten mir sehr einfach etwas ungeheuer Neues und mir völlig Unbekanntes mit: »Ich heiße Heinz.«

Lieber Heinz

Du konntest nicht alle Nachrufe und Kommentare lesen – vielleicht wolltest Du es auch nicht mehr. Verdammt gute Kritiken hast Du bekommen.

Ich möchte Dir danke sagen für das, was Du für mich und unser Prinzregententheater getan hast. Als ich Dir bei meinem letzten Besuch erzählen konnte, daß der Haushaltsausschuß dem Weiterausbau dieses Theaters zugestimmt hat, hast Du gestrahlt. Dieses Strahlen wird mich nie mehr verlassen.

Gemeinsam haben wir dann über die kürzeste Grabrede eines österreichischen Schauspielers auf einen Kollegen gelacht: »Toi, toi, toi für drüben.«

Laß mich Dir Lebewohl sagen – jetzt lachst Du noch einmal: »Lebewohl für einen Toten«?

Ja, Du wirst wohl leben, nicht nur in unserer Erinnerung. Du hast uns oft wohl leben lassen.

Leb' wohl.

Laudatio auf Sir Peter Ustinov

*

Wie kann man schon eine Rede auf Sir Peter beginnen –
auf diesen begnadeten Redner, Darsteller;
zur Verwirrung der Zuhörer schwieg ich einige Minuten –
und das ist lange. Als Unruhe aufkam, begann ich:

*

»Stille ist einer der allerhöchsten Maßstäbe, an denen man
alles andere messen kann.«

Mit diesen Worten von Peter Ustinov und ihrer Anwen-
dung als Introitus habe ich unsere Rest-Fähigkeit zur Stille
erproben wollen und zugleich klargemacht: Die beste Laudatio auf Sir Peter wäre Schweigen. Wer zu Recht »Wort-, Wel-
tenerbauer und Weltdarsteller, Grenzgänger zwischen den
Kontinenten, Altmeister der Pointe, Renaissancemensch der
Neuzeit, des Abendlandes, Entertainer und Wahlverwandter
Chaplins« genannt wird, wer »von Natur pessimistischer Optimist, Mann des Widerspruchs und zugleich Mann des Zu-
spruchs sein soll, der künstliche Grenzen, wie Hautfarbe,
Rasse, Religion und Nation ignoriert, dessen Humor »Erkenntnis der Anomalien« ist, und auch stets die Erkenntnis
der Grenzen, verbunden mit grenzenloser Erkenntnis«, dem
gebührt als höchstes Lob ein Tacet. Ihre Phantasie, meine Damen und Herren, vermag diese Stille mit Erinnerungen und
Erlebnissen besser auszufüllen, als die Worte eines bestellten
Festredners, der sich vor dieser Rede scheut, weil er die er-
wartete Heiterkeit scheut. Aber auch die längste General-
pause hat ein Ende, wenn man zu einem Konzert geladen ist,

Anläßlich der Verleihung des Deutschen Kulturpreises durch die Stiftung Kul-
turförderung, 1994

das nun einmal nicht im Elysium gefeiert wird. Dennoch beneide ich gerade heute die Taubstummen um ihre Stille im Geschwätz der Akademien.

Die Vorfahren von Sir Peter haben Theater gebaut, sie geleitet, in ihnen gespielt, haben Paläste entworfen, in ihnen geliebt und sind in ihnen gestorben.

Heute wird Sir Peter in einem Prinzregententheater geehrt. Federico Fellini hat auf die Frage, »was ist ein Schauspieler« geantwortet: »Ein Mann aus der Provinz, der sich selbst irgendwo zwischen der physischen und metaphysischen Realität befindet. Angesichts dieser metaphysischen Realität sind wir alle provinziell. Wer sind die wahren Bewohner der Transzendenz? Die Heiligen. Aber genau dieses Zwischenreich, dieses Grenzland zwischen der faßbaren und der unerfaßbaren Welt, ist das wahre Reich des Künstlers.«

Das zur Topographie von Peter Ustinov. Eine Kanonisation ist damit – selbst in München – nicht verbunden. Sie künden weiterhin von der Bühne und verkünden nicht ex cathedra, daß die Welt vor ihrer eigenen Dummheit, vor der Gefahr der eigenen Vernichtung geschützt werden muß. Ihre Waffe ist das Lachen, »das zivilisierteste Geräusch im Universum«. Ihre Form des Ernstes ist der Humor, die andere Form der Wahrheit.

Umberto Eco läßt den blinden Jorge in »Der Name der Rose« behaupten: »Christus hat nie gelacht.« Der Bruder William weiß darauf die Antwort, daß nichts in seiner menschlichen Natur ihm das untersagt habe, denn das Lachen »ist dem Menschen eigentümlich«. Sie sind ein durch und durch eigentümlicher Mensch, Sie heimatloser Weltbürger und praktizierender Europäer, Sohn eines deutschen Journalisten und einer französischen Malerin und Bühnenbildnerin, gebürtiger Londoner, mit deutschen, französischen, russischen und äthiopischen Vorfahren, weltoffen geboren und Mann von Welt geworden. Geliebt, aber noch nicht gewollt, begann Ihr ungeborenes Leben – Ihre verheirateten Eltern durften im revolutionären Moskau noch nicht verheiratet sein. Den Duft der blauen Hortensien im Zimmer Ihrer Mutter haben Sie vor-empfunden, während im Stockwerk darunter jemand stundenlang den Schlager zu spielen versuchte »Meine Mutter ist eine ausgehaltene Frau ...«. Sie waren ein weitgereister Embryo und feierten Ihr erstes Weihnachten – pränatal – im Liverpool Street Station Hotel. Ihr Vater mußte, trotz einsetzender Wehen bei der Mutter, erst seinen Bericht für die Nachrichtenagentur schreiben, bevor das Entbindungsheim in letzter Minute erreicht wurde, wo Peter schon als Frischgeborener weise und altklug wie ein Buddha aussah. Und das war genau am 16. April, heute vor 71 Jahren. Dieser Petrus Alexander wurde in Schönblick, bei Schwäbisch Gmünd getauft, und zwei Wirbel im Haar sahen aus wie eine Doppelkrone. Dies sei keine biographische Aufzählung, sondern nur eine Anmerkung über ein Kind, das in anderen Umständen als wir Bürgerliche aufwuchs. Ein Kind, das mit zwei Jahren den Ausruf prägte: »Ich bin Lloyd George und Ihr seid Schufte«. Der Einfluß des Vaters, eines Kunstsammlers, Charmeurs, der alle Rollen bei selbstaufgeführten Opern vorsang, improvisierte und Churchill, Hitler und Lenins Witwe trefflich nachmachte, muß prägend gewesen sein. Peter sprach sehr früh holländisch, ohne es zu können, gab als Vierjähriger kluge politische Kommentare und weinte, weil er so stolz auf das war, was er gesagt hatte. Die Haushaltshilfe Frieda wollte er so gerne als Akt malen, wie es seine Mutter ja auch tat, aber Frieda widerstand unverständlicherweise diesem Verlangen des Knaben. Mit 16 Jahren war es ihm nicht zu früh, um bei Michel St. Denis das Schauspielern zu erlernen, und mit ausreichender Leistung – so wird bezeugt – stellte er in seiner ersten Rolle ein Schwein dar, in seinen ersten Stücken gab es pro Seite vier bis fünf Tote, und als Soldat zog es ihn zu den Panzern, weil er lieber sitzend in die Schlacht ziehen wollte. Daraufhin kam er zur Infanterie, zur Heerespsychiatrie, zum Kinematographiedienst und zur Unterhaltungseinheit.

Und dann wurde er immer mehr, was er schon immer war: Peter Ustinov, den wir heute verehrend ehren. Um allen Mißverständnissen vorzubeugen, er erhält nicht den Deutschen Kulturpreis, weil er bekannt hat:»Das heutige Deutschland ist anders geworden. Die Menschen wollen hinein und nicht heraus. Ich habe keinerlei Angst vor und um Deutschland«.

Sie bekommen den Kulturpreis – außer den Begründungen, die Sie gleich aus der Urkunde hören werden – weil Sie die notwendende Notwendigkeit von Kultur beweisen. Ein wenig angst wird mir schon, wenn ich Ihren Satz lese:»Wenn wir je völlig frei sein könnten, wüßten wir in Wahrheit nicht, was damit anfangen. Vor lauter Panik würden wir unsere Gefängnisse wieder aufmachen.« Sie waren nie »trendy«, Sie lernten im Gespräch mit Ihrem Ich Ihr Ich kennen. Wie Seurat haben Sie das Universum auf Punkte reduziert, auf Punkte der ironischen Liebe, mit einem Fernrohr machen Sie Nahaufnahmen, die alles offenbaren, was die gnädige Totale verschönt. Sie wagen den Schritt aus der Phantasie in die unfreundliche Wirklichkeit und machen diese lächeln. Selbst die Zwölftonmusik ist bei Ihnen harmonisch, denn alle Töne sind frei.

In einem Punkt aber sind Sie, liebenswerter Freund, für uns Kulturschaffende – welch schreckliches Wort – ein gefährlicher Patron. Für die Finanzminister und Stadtkämmerer sind Sie in diesen Zeiten der heranrollenden Sparwelle ein anregendes Beispiel. Was braucht man ein großes Orchester, Sie ersetzen es allein, wofür braucht man so viele hochbezahlte verschiedene Sänger, Peter Ustinov verkörpert sie alle. Er könnte von Stadt zu Stadt als lebendes Wandertheater ziehen. Endlich schaffte Theater dann nur Freude und kostete einen Bruchteil. Selbst aufwendige Spektakel, wie Autorennen, könnten Sie akustisch vollwertig ersetzen. Aber diesen finanzpolitischen Traum wollen Sie den Kameralisten nicht erfüllen, eben weil es eine Spekulation ist und kein Traum.

Im Gegenteil, Sie regen dazu an, daß es noch mehr Orchester, noch mehr Theater geben sollte. Sie zeigen als Homo ludens die Begrenztheit des Homo faber und haben in uns etwas Verschüttetes entdeckt: Kultur ist ein Trieb – und Triebe sind nicht wegzurationalisieren. Wer die Macht, die Gewalt der Triebe kennt, weiß, daß der Spieltrieb Berge versetzen kann, weiß, daß Kultur uns ver-setzen, ver-rücken, ent-fernen kann, da sie mit schöner Gefährlichkeit unseren Alltag versonntäglicht. Sie weckt unser Bewußtsein, läßt uns bewußt sein, schärft das Gewissen, mobilisiert unsere Sinne und zündet den Verstand. Kunst entwirft Welten, die es gar nicht gibt, und beschreibt die Welt, die es gibt, so genau, daß man neu hinschauen muß. Sie zeigt Elend und Schönheit, die unsere Phantasie nicht ausmalen kann.

Nietzsche war überzeugt, daß wir die Kunst haben, damit wir nicht an der Wahrheit zugrunde gehen.

Kunst schafft eine neue Welt und bringt die kaputte, alte wieder in Ordnung. Mit den uns verbliebenen Glaskugeln aus dem Paradies versuchen wir, diese Welt wieder in Einklang zu bringen, die wir selbst in Dissonanz versetzt haben. Kunst tut gut, weil sie Wunden heilt, Kunst tut auch weh, weil sie unsere Gebrechen offenlegt.

Sir Peter hat diese Gebrechen nicht rosig übertüncht, er hat gezeigt, daß sie menschlich sind. Er hat gezeigt, daß wir in der Lage sind, wie Prometheus, das Feuer zu stehlen, aber daß wir uns damit auch den Hosenboden verbrennen können. Die Griechen ließen der Tragödie die Satire folgen, damit es nicht allzu ernst endete. Peter Ustinovs Katharsis ist der verzeihende Humor – dem Menschen eigentümlich. Er hat ihn zu unserem Eigentum gemacht, denn es gilt: Ridendo dicere verum: Lachend die Wahrheit sagen. Bei Bergson heißt das: »Es gibt keine Komik außerhalb dessen, was wahrhaft menschlich ist«.

Seit dem unerlösten Tristan-Akkord haben Sie die Tonika

wiedergefunden, die Entspannung verheißt. Folgen Sie immer dem Rat Ihres Gesangslehrers – auch wenn Sie zu Ihrem »Endspurt« ansetzen:

»Atmen Sie bitte mit der Stirn
Denken Sie mit dem Zwerchfell
und singen Sie mit den Augen«.

Wer in Deutschland ernstgenommen werden will, muß seriös sprechen. Öffentliche Intelligenz ist suspekt.

Unterhaltsame Reden haben einen Hautgout. Sir Peter, Sie haben deutsche Verhaltensbarrieren übersprungen. Es ist nicht unser Ernst, aber wir nehmen Sie immer ernst.

Im kleinen Organon fordert Bertolt Brecht dazu auf: »Es ist das Geschäft des Theaters, die Leute zu unterhalten.«

Durch Peter Ustinov ist Unterhaltung zum Unter-halt geworden. Natürlich wissen wir, welch tiefsinnig leichtfüßiger Autor, welch erdverbundener, behender Schauspieler er ist. Aber eigentlich ist er Übersetzer. Er übersetzt Stimmungen in Situationen, Situationen in Szenen, Szenen in Dramen, Tragödien in Komödien, und die Göttliche Komödie in die Comedia humana. Er übersetzt Texte in Dialoge, macht aus Noten Melodien und er ü b e r setzt Menschen an andere Ufer. Vom Ufer des platten Realismus führt er über ans Ufer des augenzwinkernden Verstehens; er ist nicht Petrus Alexander, sondern Christophorus; er ist ein lebender Pontifex, ein Brückenbauer für die, die nicht zusammenkommen können, wollen, aber sollten.

Jean Louis Barrault schrieb in seinen Betrachtungen über das Theater:

»Das Theater ist seit Bestehen der Menschheit immer eine Möglichkeit der Verteidigung und keine lasterhafte und billige Unterhaltung. Es ist von allem Anfang an von »öffentlichem Nutzen«. Der Mensch muß, um sein Leben zu erhalten, schlafen und essen; er muß sich fortpflanzen, und er muß spielen. Spielen aber heißt, kämpfen gegen die Angst, es bedeutet, das Glück erfinden. Denn das Glück ist die Überwindung der Angst.«

Sir Peter: Sie überwinden unsere Angst.

Sie machen uns glücklich.

Danke.

Hans Maier erhält
den Werner-Egk-Preis

★

Gestern Abend war Premiere von »Ariadne« in Buenos Aires. Ich konnte sie nicht wahrnehmen, weil mir eine Laudatio auf Hans Maier wichtiger war. Ariadnes kommen und gehen, wenn sie ihren Faden finden und ein Bacchus sie erlöst, aber einen Werner-Egk-Preis in Donauwörth bekommt man nur einmal. Es ist auch ein Bekennen zur Lebensarbeit von Hans Maier. Seine Integrität, seine Intellektualität, seine Spiritualität haben mich immer beeindruckt. Er hat sich nie gescheut, auf das Unbequeme unseres Glaubens hinzuweisen, und er hat die Fröhlichkeit, die Nietzsche an unserem Glauben so sehr vermißte.

★

Wieviele Portraits gibt es von Hans Maier?

Wieviele Bilder des Magisters, des Philosophen, des Professors!

Wieviele Genrebilder mit dem Familienvater,

wieviele Karikaturen über den Politiker,

wieviele Skizzen mit dem Organisten.

Viele sind zärtlich koloriert, manche mit starkem Strich versehen und aufdringlicher Tuschfarbe, manche Zeichnung mit dem Silberstift und viele Holzschnitte für den Kantigen aus dem Breisgau. Nun soll ich mich anschicken, der großen Mappe ein neues Blatt anzufügen.

Wer Hans Maier kennt, weiß, daß dieses einsichtige Gesicht viele Gesichter hat. Picasso müßte ihn malen, zeichnen,

---

Laudatio anläßlich der Verleihung des Werner-Egk-Preises an Hans Maier, Donauwörth 1993

135

skizzieren, diesen Mann mit dem schlauen Lächeln, mit der skeptisch verhaltenen Miene, ihn, mit dem verschlossenen Visier, aber auch den hellauf Lachenden und den verhalten Gerührten.

Und doch hat er es geschafft, immer wieder geschafft, diese Gesichter deckungsgleich zu halten. Man könnte seine Gesichter übereinanderblenden und alle paßten in einen Rahmen, den er hat und den er sich gesteckt hat. Er tut bescheiden und ist es, spielt Zorn und ist zornig, demonstriert Unabhängigkeit und ist unabhängig, zeigt Verbundenheit und ist gebunden.

Gegner sagen, er sei nicht zu fassen. Freunde — er wolle nicht so leicht faßbar sein.

Er ist ein Homme de lettres und ein Homo politicus — und beide stellt er in Frage, weil er auch ein Mensch ist im Geiste des Gebets.

Der leicht geneigte Kopf horcht — in sich, in die Welt. Das Lächeln ist Schutzschild und Einladung, die samtene Stimme distanziert, versöhnt und besänftigt, der ganz und gar beherrschte Mann reizt und fordert heraus.

Und auf Herausforderungen hat er fordernd geantwortet, als Professor, Minister, als oberster deutscher Katholik. Er lebt in diesem Jahrhundert, und es könnte ein ganz anderes Jahrhundert sein. Hans Maier ist aus dem Biedermeier und lebt bewußt am Ende dieses Jahrtausends, immer ängstlich besorgt, nie dem Geist einer Zeit zu dienen.

Er hat viel für die Wissenschaft, für die Politik, für die Musik, für die Kultur, für die Studenten, für uns getan! Danke.

Als Gott die Masken verlieh, die jeder sich zu seinem Gesicht formen muß, sagte Hans Maier: Ich möchte eine freundliche, undurchschaubare, naiv scheinende Larve, die mich nicht bloßlegt, die mich sanft verhüllt, auf daß Horst Ehmke einst sagen kann: »Das badische Lamm mit den langen Schlitzohren.« Dieser Hans Maier ist durch und durch ein Alemanne mit katholisch imprägnierter Seele und wie der alte Reichskanzler Joseph Wirth es ausdrückte: »Außen schwarz und innen rot«: Rot nicht als ideologische, sondern als soziale Farbe. Zwei Themen haben ihn, den nicht Umtriebigen, stets angetrieben. Die Revolution und ihr Gegenteil: Staat, Verwaltung und Kirche. Er ist nicht der konservativ reaktionäre Bewahrer, als der er oft gilt. Konservativ heißt für ihn, den Fortschritt *bewahren* und sich für den *Fortschritt* bewahren. Konservieren heißt auch wiederherstellen. Diese Restitution ehemals gültiger und wieder geltender Ordnungen hat den Staatsrechtlehrer und Politikwissenschaftler angetrieben. Ich habe ihn erlebt als Initiator der Bewegung »Freiheit der Wissenschaft« im stürmischen 68er Jahr. Die Hochschullehrer waren von der Studentenrevolte paralysiert, er machte den eingeschüchterten Kündern der Wahrheit den Mut zur Gegenrede.

Wer hat das an unseren Theatern getan? Wir alle wollten mit der Revolte jung aussehen, jung bleiben oder jung werden. Damals zerstoben akademische Feste im höhnischen Protestgelächter der Studenten, die Vorlesungen wurden gestört, jedes Seminar wurde zur diskutierenden Quatschbude. Die blaue Blume der Romantik war abgemeldet, sie wurde rot gefärbt. Hans Maier trat als Speerspitze gegen den SDS auf und forderte Freiheit der Wissenschaft auf allen Seiten. Diese Revolte, die keine Revolution war, hatte gute Auswirkungen, sie wäre aber ausgeufert, hätte es nicht Stimmen der Vernunft gegeben, die aber nicht nur vernünftig waren. Als alles vorbei war, sagte mir Hans Maier einmal: Mit zunehmendem Alter bin ich immer mehr für eine wilde Anarchie.

Seine Person garantiert die Versöhnung der Kirche und politische Demokratie. Die Kirche von unten ist nicht die Hölle, und die Kirche von oben nicht der Himmel. Er hat vorkonziliar keinem Bischof den Ring geküßt und sich nachkonziliar geweigert, die Bischöfe ins Bein zu beißen. Jetzt, als Professor, zeigt er den Studenten die Wege zum Christentum und lehrt sie politisch, daß Gewalttätigkeit kein adäquates

Mittel zur Durchsetzung politischer Ziele ist. Wie läßt sich das mit seinem ersten Thema, der Revolution vereinbaren? Revolution, die sich doch um sein zweites zentrales Thema, Staat, Verwaltung und Kirche, nicht schert?

Er ist ein unmoderner, nein, ein unmodischer Mensch: Geprägt von der klassischen Philosophie und christlich-abendländischem Denken, ist sein Politikverständnis normativ, im Gegensatz zu sozialistisch, positivistisch oder zu empirisch-rationalistischen Theorieentwürfen. Sein Bekenntnis zur christlichen Ethik ist zweifelsfrei. Zweifelsfrei?

Er ist ein Philosoph auf dem Thron, der Widerstand leistet gegen alle vorschnellen Lösungsversuche. Er hat dennoch ein großes Verständnis für Schriftsteller, denen er so oft begegnete, und für Künstler, weil er selber ein Künstler ist. Welcher Professor und ehemalige Kultusminister kann schon außer 500 Publikationen 53 Schallplatten und mehrere CDs vorweisen? Und dennoch sehe ich den Künstler Maier als Minister verzeihend milde lächeln, wenn der Intendant polternd von ihm schnelle, harte Lösungen einforderte.

Er mißtraut den undefinierten Charismatikern und scheut die Demagogen. Romantische Friedensbewegungen sieht er skeptisch, und die Grünen waren ihm nicht immer grün.

Nüchtern erscheinend, immer etwas selbstironisch, so tritt er vor uns, scheinbar immer mit Gleichmut. Bis dann der Gleichmut schwindet und der Mut des Widerspruchs offen zu Tage tritt. Dem Adenauer war er nur widerstrebend verbunden, dem Strauß respektvoll unverbunden. Oft ließ er sie fühlen, was er dachte, was er von ihnen hielt – den Partei-Feind-Freunden –, und das trübte die Harmonie, die er als Organist so beherrscht.

Wissen Sie noch, Herr Minister, Herr Professor, Herr Maier: Vor dem Papst sind wir zusammen aufgetreten. Sie haben ihm und den Künstlern gezeigt, daß ein Kulturminister auch ein musischer Mensch sein kann, und ich durfte ein paar Worte sagen.

Im Rheinland sagt man: »Der liebe Gott tut nichts als fügen.« Ja – oft muß man aber bei dem Fügen mithelfen, auch dazu sind wir berufen. Sicherlich ist, was Gott tut, wohlgetan, aber wir müssen ihn auch tun lassen. Manchmal jedoch hat man den Eindruck, als hätte Gott uns schon aus seiner Hand fallen lassen. Mich erregt immer wieder der Gedanke, was Christus in den drei Tagen nach seinem Kreuzestod bis zur Auferstehung getan hat. Ich habe noch gelernt »er stieg hinab zur Hölle«, dann wurde dies die orphische Unterwelt, jetzt ist er bei den Toten. Ich weiß, was der Katechismus lehrt: Er befreite von Abraham an alle, die im Vorhimmel auf die Erlösung warten. Ich würde aber so gern die Dialoge hören, die er mit den Verdammten führte – können die überhaupt noch kommunizieren, mit denen in der Vorhölle, mit denen, denen er die Himmelfahrt verweigerte? Oder warten *alle* im Wartezimmer der Ewigkeit, und es gab keinen, der keinen Anschluß hatte. Keine leicht zu lösende Frage, aber kein Problem ist gelöst, sobald es nur formuliert ist – wie viele Wissenschaftler meinen.

Er war als Kultusminister immer ein guter Kunde des Finanzministers – und das ist schon eines Verdienstordens wert. Eines Kultusministers erste Aufgabe ist die Kulturpolitik. Was ist das? Schon Kultur ist schwer zu definieren: Ich meine, es bedeute, den Schweinehund in uns an die Leine zu nehmen und ihn zu domestizieren, es bedeute, über Agrikultur und Zivilisation, über Gesittung zur Gesinnung zu kommen, es bedeute, unseren natürlichen Egoismus zu überwinden und über Altruismus ein brüderliches Miteinander zu erwecken. Und was ist Politik: Die Sorge um das Allgemeinwohl darf nicht zu einem gemeinen Eigenwohl abgewirtschaftet werden. Nach Max Weber muß Politik ständig harte Bretter bohren, mit Leidenschaft und Augenmaß.

Und Kulturpolitik? Das heißt doch wohl, Kultur mit Politik durchzusetzen. Ich weiß, daß der Kultusminister im Kabinett oft ungefähr die Stellung hat wie der Musik- und Zeichenlehrer in einem Lehrerkollegium. Es sei denn, der Kultusminister ist im Parteivorstand.

Es heißt aber auch, Kultur in der Politik möglich zu machen. Politik hat sui generis – wirklich, sui generis? – keine Kultur. Nein, die *Kultur,* nicht *Polis,* in der Politik sichtbar zu machen, aufzudecken, ist eine Aufgabe. Herr von Weizsäcker formulierte: Kultur verstanden als Lebensweise ist die glaubwürdigste, die beste Politik, denn Kultur ist die wahre Substanz des Politischen.

Ich muß lächeln, wenn ich die Aufsätze der pensionierten Kulturpolitiker lese, die heute die Kulturpolitik von gestern beklagen, die sie selbst gemacht haben.

Man kann auch Kultur im eigenen Leben bewahren, wenn die Politik ausgeschieden ist. Man kann auch Kultur trotz Politik behalten. Als Hans Maiers Dienstwagen gestrichen war, fuhr er mit U- und Straßenbahn, und es tat ihm keinen Abbruch. Er hatte auf etwas zu verzichten, und er zeigte den Verzicht nicht bitterlich an. In vielem ist er der philosophische Spieler, ein Bei-spiel, ja, noch mehr, in unserer bilderüberfluteten Zeit ein Vor-bild.

Unsere Laudatio darf nicht vergessen, daß wir durchaus auch die Rest-Eitelkeit bei Hans Maier sehen. Auch er ist empfänglich für Lob – wie wir. Auch er ist etwas eitel – wie wir. Gut, daß diese Schwächen seiner Krone etwas menschlichen Glanz geben.

Hans Maier hat einmal gesagt: »Die literarischen Schutzpatrone meiner oberbayerischen Heimat – Erasmus, Murner, Wickram, Brant, Grimmelshausen, Moscherosch, Johann Peter Hebel – sind allesamt Satiriker, Didaktiker, Ironiker in einer Person gewesen. Wenn ich noch etwas zu schreiben wünschte, so ein Werk, in dem Spottlust und friedliche Gesinnung, Grimm über Zeitsünden und neugierige Offenheit für Menschen und Dinge so eng verbunden sind wie bei jenen Autoren.«

Ich bin sicher: Sie werden es schreiben. Ich hätte auch einen Themenvorschlag: Kulturpreise, wie man sie vergibt und empfängt, wer sie nicht vergibt und nicht empfängt, wer sie verweigert und wer sie sammelt. Und die Reden dazu, diese Reden zum Beispiel in Donauwörth.

Warum bekommen Sie heute den Werner-Egk-Preis? Horaz gab die Antwort: Ridentem dicere verum. Lächelnd sagt er die Wahrheit.

Gestatten Sie mir einen Schlenker. Bei der montäglichen Spiegel-Lektüre regt mich vieles auf. Am meisten aber die Leserbriefe. Meinung soll Meinung bleiben, aber angepaßte, nachgebetete – verzeihen Sie den Mißbrauch des Wortes »beten« in diesem Zusammenhang – ist schwer zu ertragen. Noch weniger aber die hier vorgeführte Form: Jeder will noch witziger, noch origineller formulieren als der originellste »Spiegel«-Schreiber. Diese krampfhafte Bemühung um Stil – was heißt da schon Stil. Stilus, der Griffel, hat hier nicht viel zu vermelden. Diese Floppy-Poppy-Sprache macht mich schaudern. Um so erfreuter war ich, einen Leserbrief in der »Süddeutschen Zeitung« zu finden, der auf die Äußerungen einiger ehemaliger Kulturpolitiker antwortete.

Der Schreiber des Leserbriefs beklagte die Schludrigkeit, den Jargon der Sprache, er bemängelte das grauenvolle, licht- und luftlose, grammatisch falsche Deutsch des Präsidenten des Goethe Instituts, des Instituts zur Pflege der deutschen Sprache. Der Leserbriefschreiber betont, daß er nur in Momenten der Fassungslosigkeit solche Briefe schreibe. Der fassungslose Unterzeichner war:

Prof. Dr. Hans Maier.

Wir sind beide ein wenig goethegeschädigt. Danke für diese Rache des erweiterten Kulturbegriffs an der Kultur.

Werner Egk war ein intelligenter Musiker, ein Maler mit

eigenem Ausdruck, er war politisch und sozial engagiert, er hat sich in Wort und Tat bekannt. Hans Maier hat diese Ehrung, die den Namen Werner Egks trägt, verdient. Ich gratuliere.

Eröffnung des Mozartjahres 1991

★

Vor Hans Küng, der die Festrede hielt,
ein persönlicher Brief an den 235 Jahre
alten Zeitgenossen Mozart.

★

Lieber Wolfgang Amadeus Mozart,

Sie haben heute Geburtstag. Das ist ein Fest, das wir auch in diesen Tagen feiern dürfen. Ich bin sicher, Sie sind dort, wo mein Glaube und meine Hoffnung Sie sein lassen.

235 Jahre sind im Weltgeschehen nichts, aber 235 Jahre mit Mozart leben ist viel. Wir in München haben eben im Prinzregententheater Ihre allerersten Stücke gespielt – Sie waren fünf Jahre alt –, wir lassen Ihre frechen Kanons von den Tölzer Sängerknaben singen und ein Theologe hält die Festrede. Erschrecken Sie nicht, kein Theologe von der Art Ihres ungeliebten Salzburger Erzbischofs, ein Theologe, den auch Sie in seinem Widerspruch und Zuspruch möchten.

Wir spielen aber auch Ihr Klarinetten-Konzert, das in der Zählung des Ludwig Ritter von Köchel Ihr 622. Opus ist und das Sie kurz vor Ihrem Tod schrieben.

Ach ja, Ihr Tod – wie oft wird in diesem Jahr der Filmtitel zitiert werden »Wen die Götter lieben ...« Ich muß Ihnen sagen, ich liebe *die Götter* nicht, die die Unvollendeten heimholen. Und haben die Götter Bach, Picasso und Michelangelo nicht geliebt? Man möchte verzweifeln, wenn man sich vorstellt, was Sie noch alles hätten schreiben können. Nicht die Götter haben Sie heimgeholt,

---

Rede im Prinzregententheater in München, 27. Januar 1991

sondern die Unwissenheit der Menschen über Nieren-krankheiten.

Ich bin sicher, Sie freuen sich über alle provozierenden Aufführungen. Zu gerne wüßte ich, was Sie über Peter Sellars »Don Giovanni«-Inszenierung zum Kollegen Haydn gesagt haben. Keine schlechte Idee, Don Giovanni und Leporello als Zwillinge auftreten zu lassen. Aber in der South Bronx?

Ihre Werke fordern uns immer wieder heraus. Wir werden in diesem, Ihrem Jahr, über Sie diskutieren, räsonieren und symposionieren, die Staatsoper zeigt Ihre Jugendwerke und am 5. Dezember werden wir Ihr Requiem hören – ohne Süßmayr-Zutaten. Ihre Stärke ist Ihre Selbstverständlichkeit, Ihre Einfachheit, Ihr Nichtanderskönnen und Ihre ständige Herausforderung – durch Musik und Text.

Was halten Sie von Werktreue? Danke, daß wir uns immer noch über Sie streiten können, daß wir mit Ihnen lachen können, daß Sie keinen Altar brauchen. Sie haben uns ge-zeigt, wozu ein Mensch fähig ist, Sie waren kein Halb-gott, sondern ganzer Mensch. Ihre Augsburger Familie hieß Mozart, wie ein guter alter Käse; der Hymnenklang des Mozart kam erst später. Sie haben uns gelehrt, was Gott mit den Menschen im Sinn hatte, was Ebenbildlichkeit heißen könnte: »Mann und Weib, Weib und Mann reichen an die Gottheit an« singen Papageno und Pamina. Daß wir heran-reichen könnten, das haben Sie uns gelehrt – unter Tränen und Lachen. Sie haben gesagt, in München hätten Sie Ihre schönste Zeit verbracht, als Sie den »Idomeneo« vorberei-ten und Fasching feierten – aber eine feste Anstellung hat man Ihnen nicht gegeben. Heute hätte man das natürlich so-fort getan. Sie zweifeln? Hoffentlich ist Ihnen die »Visio Dei« beschieden, von der Sie uns schon einen Zipfel vermittelt haben, hoffentlich sind Sie aller Freuden teilhaftig, deren die Welt Sie nicht immer anteilhaftig sein ließ. Sollten Sie aber nicht mehr sein, so haben Sie uns eine Welt hinterlassen, in der zu leben sich durch Sie lohnt.

Laudatio auf Robert Schneider

★

»Schlafes Bruder« hat mich nicht mehr schlafen lassen.
Der Organistensohn, der Regisseur war gerufen.
Auch der Opernintendant: »Schlafes Bruder«
wird bald auch Musiktheater sein.

★

Als Intendant sitze ich am Schreibtisch, und die Dramaturgie legt mir die gestern eingegangenen Opern vor, von Komponisten und Verlegern eingereicht. Ich blättere durch und weiß, daß ich keine Zeit habe, sie genügend zu prüfen und gebe sie an den Chefdramaturgen weiter, um mir Gutachten machen zu lassen. Nach einigen Monaten lese ich die Gutachten und schreibe Absagebriefe.

Wen habe ich übersehen, vielleicht einen Hindemith, einen Henze – vielleicht einen Mozart? Ich habe den Chefdramaturgen eingestellt und geprüft, ob er meines Sinnes ist. War er bei der Lektion auch eines Sinnes oder nur seines Sinnes?

Das gehört zur Gewissenserforschung eines Intendanten am Abend. Wo war ich zu flüchtig, zu vorschnell, zu leichtfertig, wo nicht aufmerksam genug? Denn ich weiß, manchmal schreit einem die Begabung entgegen, wenn man lesen und übersetzend hören kann; manchmal muß man zwischen den Zeilen lesen können, manchmal ergibt erst die wiederholte Lektüre ein Urteil.

Ich bin August Everding, sitze zu Hause, umgeben von Büchern, und es parfümt und virtuost um mich. Medicusse

---

Laudatio anläßlich der Verleihung des Marieluise-Fleißner-Preises an Robert Schneider am 22. November 1995 im Theater von Ingolstadt

wollen gehört und Bocksgesänge gelesen werden. Ich greife zu einem kleinen Buch, heute abend noch zu schaffen, und der Titel klingt nach Bach und Tod und Schlaf, den ich nicht suche.

Ich lese und brauche keinen Chefdramaturgen, keine Lesehilfe – ich weiß sofort, das muß ich lesen. Nicht, weil es ein Krimi ist, eine besänftigende Abendlektüre, ein Aphrodisiakum.

Die Sprache fängt mich ein, sie zündet meine Phantasie, weckt meinen Verstand, reizt meine Sinne. Der Herzschlag der ungeborenen Geliebten ist mein Herzschlag, ich spiele die Orgel, ich verbrenne im Dorf, ich fliehe den Schlaf. Ich nähere mich einer bisher ungenannten unbekannten Liebe. Diese Sprache zwingt mich, Bilder zu entwerfen von Landschaften, die ich nicht kannte und jetzt kenne, zwingt mich, Leidenschaften nachzuempfinden, derer ich noch nicht gewärtig war, läßt mich Töne und Tonfolgen komponieren, die ich noch nie improvisiert hatte, derer ich aber mächtig war – jetzt wußte ich es. Das Buch machte mich erschreckend welthellsichtig. Kundrys Kuß traf den Toren unbarmherzig mildtätig.

Dann las ich, daß 23 hochmächtige Verlage das Buch abgelehnt oder nicht beachtet hatten, so wie ich den neuen Hindemith, Henze oder Mozart. Vielleicht auch zu flüchtig oder gar nicht gelesen oder durch die urige Gewalt der Sprache abgestoßen?

Die Kulturgeschichte lehrt uns, wieviele Kompositionen verlacht wurden und dann zu den Ehren der Altäre kamen, wieviele Meisterwerke der Malerei nie gekauft wurden, wie die Impressionisten als Farbkleckser abgetan und Beethoven als Lärmerzeuger abgelehnt wurde. Oft war das Werk seiner Zeit und den Zeitgenossen voraus, oft mußte es erst dechiffriert werden, oft war es wirklich Avant-garde, oft waren die Rezipienten nur Konsumenten. Manchmal brauchte ein Passionswerk seine Zeit, um dann von Mendelssohn wiederentdeckt zu werden, manchmal mußte der Autor sterben, um lebendig zu werden.

Das braucht Robert Schneider nicht.

Dieser Autor, in einem Dorf mit 57 Einwohnern geboren, hat in sechs Monaten diesen Roman geschrieben und ihn selbst 25mal gebunden, um ihn zu verschicken. Er hatte zu Hause weder Hausmusik noch Bücher, er hörte nur den Dorforganisten, und der spielte abscheulich. Vorarlberger reden nicht, und sie können nicht sagen: »Ich liebe Dich«, aber Robert Schneider kann es sagen. Seine Mutter starb, als das Buch erschien. Sein Adoptivvater wollte das Buch nicht weiterlesen, weil er sich erkannte. Sein nächster Roman hat den Titel: »Ich muß besser werden«. Das muß jeder. Aber worin muß er besser werden? Wenn er noch einmal das Filmdrehbuch zu seinem Roman schreiben will, sollte er bedenken: Der Roman »Schlafes Bruder« stellt die Frage: Ist er zum Lesen und inneren Hören oder zum Sehen und äußeren Hören?

In diesem Buch erstrahlen »Tod, Liebe und Kunst als Apotheosen, vor denen das Alltägliche verdorrt«. Das ist auch nach Meinung der Kritiker kein Heimatroman, sondern ein Panorama von Genie und Wahnsinn, von Gewalt und Leidenschaft. Elias Canetti schrieb: »Ich habe das Buch mit Staunen und Freude gelesen. Daß einer, der Passion und Geist genug hat, allen Einschüchterungsversuchen modischer Narren zum Trotz erzählen muß, hat man sehr gehofft; es geschah immer seltener. Nun erfahren Sie, Robert Schneider, wie sehr man es braucht.

Wir warten auf die Oper, auf die Musik von Herbert Willi, der in sich hineinhören muß, um Musik zu hören. Willi, der die Oper schon im Kopf fertig hatte, bevor das Buch geschrieben wurde, in dessen jetzt fertiger Oper kein Satz aus dem Buch und Film ist. Seines Schlafes Bruder ist nicht Gott und nicht der Tod. Es ist das Hörwunder des Elias, das auch Willi in seinem Leben widerfuhr. Musik, die einem Wege zeigt, die man nicht gehen will, die aber die richtigen sind, Chöre, die den Raum unendlich erweitern und zu Zeit werden lassen – Endzeit.

Wer liebt, schläft nicht – bis über den Tod hinaus. Vier Liebesduette durchziehen diese Oper, deren Klänge sich bewegen und bewegen.

Willi schreibt nicht Musik, gezwungen schreibt er in sich gehörte Musik nieder. Und – welch Kuriosum – da, wo ich die mächtigste Musik erwartet hatte, beim Orgelwettbewerb, da schweigt er musikalisch und läßt reden. Prima le parole? Nein, das wirkkräftige, aus sich wirkende Wort und der zeitlose, den Zeiten verbundene Klang, diese Sinfonia erwartet uns.

1993 hat Robert Schneider »Dreck« geschrieben, das 41 Inszenierungen erlebte. Aus »Dreck« hat er Gold gemacht. Gold, das heute preisgekrönt wird und kein Scheingold und kein Goldmacher-Gold ist.

Es ist das Edelmetall unseres Bruders Tod. Der Tod als Bruder des Schlafes ist unser Familienmitglied. Dieses Buch ist eine Anklage gegen alle, die Begabung nicht erkennen oder sich der Erkenntnis widersetzen. Es ist eine Anklage gegen den Gott, der ein Bauernkind mit so viel Musik und Liebe in einer Umgebung begabt, wo beide Gaben verkommen müssen. Dieses Buch erschreckt jeden, dem es gegeben ist, über Begabte zu urteilen.

Geborene Mozarts, die nie Mozarts wurden, weil wir sie nicht werden ließen. Ein solcher war Elias Alder, mit seinem wunderbar elenden Musikerleben, der mit Musik predigte und liebte wie wir Kleinherzigen, Kleinmütigen es nicht wagen und nicht mehr vermögen. Der Mensch – die Krone der Schöpfung mit Dornenkrone.

Ministerpräsident Edmund Stoiber wird mit dem Karl-Valentin-Orden ausgezeichnet

*

*Soll ein Intendant seinem Ministerpräsidenten
eine Laudatio halten? Wenn es sich um etwas so Wichtiges
wie Karl Valentin handelt, ja und immer.*

*

Die Überraschung, Erschütterung auf den Straßen war groß, als die Zeitungen kündeten: Valentin-Orden für Stoiber. Ja, weiß denn die Narrhalla gar nicht mehr, was Humor ist. Vor ein paar Jahren den Orden für das Nordlicht Everding, dann für den Halb-Römer Ratzinger – der Valentin rotiert doch. Das hat mich interessiert, und ich habe im Vatikan nachgefragt, ob sie mir eine Verbindung mit Karl Valentin herstellen könnten. Zuerst waren die baß erstaunt über meine feste Annahme, dieser Herr preise sich selig in der Anschauung Gottes. Aber wahrhaftig: Das Ordnungsamt meldete mir positiven Vollzug: Nach ein paar Jahren Fegefeuer, gemildert durch seine schweren Auftritte in Berlin, jubiliere er im Kreis der unerzenen Engel. Man gestattete mir ein Kurzgespräch per Telesatellit mit ihm. Und meine Überraschung war groß: Dieser Nörgler, dieser unzufriedene wehleidige Valentin war ob der Nachricht ganz entzückt. Endlich habe diese Narrhalla begriffen, daß man Humor hat, wenn man keinen hat und keinen zeigt. Grad' richtig ist der Stoiber. Früher ging der wie der Vogel Hansi in den Keller zum Lachen, jetzt lacht der uns eins – merkt Ihr das denn nicht,

---

Laudatio vom 12. Januar 1996, Deutsches Theater München

dessen Seriosität ist so durchtrieben, so schlitzohrig. Mal droht er, die ARD zu zerschlagen, dann macht er dem Kohl Konkurrenz und läßt zu, daß man munkelt, es gebe da gewisse Absichten – nie geht der nach Bonn. Und seht Ihr, auch das weiß man nicht gewiß, obwohl man's gewiß weiß. Das ist dessen vertrackter Humor. Glaubt Ihr, der sitzt bis Mitternacht im Biergarten – wo kann der da Akten lesen –, aber er läßt es uns glauben. Der weiß von Thomas Mann, daß Biergartenatmosphäre ein Lehnstuhlbehagen verschafft, eine Stimmung von »Es ist vollbracht« und »Wie wohl ist's mir am Abend«. Seht Ihr, und das suggeriert der uns in Bayern. Meint Ihr, der mag wirklich moderne Bilder – aber die neue Pinakothek der Moderne wird gebaut.

Diese Contradictiones in adjecto, die liebt er, der ganze Stoiber ist eine Contradictio – nur sich widerspricht er nicht, sonst allen, wenn's paßt. Und eine Nase hat er für Gelegenheiten, wenn sie gelegen sind, und wenn sie nicht gelegen sind, legt er sie. Nein, nein, Ihr kennt's den alle nicht – noch nicht. Der versteht Humor – analytisch, der verbreitet Humor – politisch. Der sprüht gar nicht Leder, wie einige Uneingeweihte sagen, der gerbt das Leder, bis es lächelnd glänzt. Und wenn der gerbt, dann staubt's, und wenn der stoibert, dann ist Ruhe in der Staatskanzlei und im Bundesrat. Ich habe gestern im Himmel Deine Rede zum Neujahrsempfang gehört – der soll keinen Humor haben? Der hört nicht nur das Gras wachsen, der sieht's auch wachsen. Ein richtiger Seh-Lausch-Angriff ist das.

Nein, nein, ich bin sehr zufrieden mit der Wahl, das ist ein Vertrackter, dös mag i, dös is a Hintersinniger, dös mog i a. Weihnachten hat er selbst noch eine Kugel an den Baum gehängt, als sonst alles fertig war, und diese Kugel, das war das Tüpfelchen auf dem ›i‹.

Stoiber. Analysiert das mal:

S = steht für scharfzüngig

t = theofreundlich = theaterfreundlich, theophil

o = Obrigkeitsbewußt

i = ide-alistisch

b = bewußtseinsbewußt

e = ehrpusselig

r = rrrr – Renate, reden tu ich und nicht zu kurz

Ein echter Stoibermann, das ist die Mischung aus einem Saubermann, einem quittenlächelnden Lettermann, einem hoffärtigen Hofmann. Und da versiegen alle Lafontaines, da verschrödert alle Simonie – er ist ein biederer Kopf, ein blümiges Rau-tändelein. Wenn er spürt, das Volk will länger feiern, dann läßt er es feiern und macht Gesetze dafür, wenn er spürt, das Theater braucht mehr Geld, dann kriegen die das – danke –; wir sind doch Kulturstaat in Bayern und nicht in Hessenland – ist abgebrannt.

Er verkauft die Staatsbetriebe wohlfeil und dem Staat ist es wohl dabei. In den Staatsforsten sind die Politiker keine Freischützen mehr und die Telekommunizierer kein Freiwild. Er ist kein Narr, aber er hält viele zum Narren und darum tat die Narrhalla gut daran, ihn in den Club der Edelsten – ich gehöre ja schließlich auch dazu – zu wählen.

Ich mache jetzt eine Abstimmung – basisdemokratisch, wie ich nicht bin:

Wer freudig für die Entscheidung der Narrhalla ist, der möge sein Glas erheben.

Wer dagegen ist, möge es auf seine Hose schütten, damit wir alle sehen, wer sich in diesem Staat befleckt hat.

Ich sehe: Einstimmig gegen die Stimme des Betroffenen.

Herr ministerpräsidentlicher Betroffener, treten Sie bitte vor, zeigen Sie Ihre neuerliche Würde.

Seien Sie weiter unser Vater, der Vater der Gärten und des Gartens Eden – also Bayerns.

DRITTER TEIL

Dankesreden

*Mir ist manchmal eine Ehre widerfahren. Oft muß ich,
darf ich reden, willig und nicht so willig, gerne
und nicht so gern. Gerne aber habe ich danke gesagt zu
Ehrungen, die meiner Arbeit galten und manchmal
auch meiner Lebensfreude.*

Kultureller Ehrenpreis
der Landeshauptstadt München

★

Viele meinen, ich sei zu oft und zu kurz an verschiedenen Orten.
20 Jahre war ich an den Münchner Kammerspielen, vier Jahre
in Hamburg als Intendant der Staatsoper, jetzt bin ich schon
so lange wieder in München. Hochmütig wie ich bin: Wenn ich
irgendwo bin, bin ich mehr da als andere, die immer da sind.

★

Meine Damen und Herren!

Mein schönstes Buh hatte ich nach einer glanzvollen
»Chowantschina«-Premiere in Hamburg, als vorzeitig bekannt wurde, daß ich nach München zurückkehren werde.
Ich fragte den verehrungswürdigen Bürgermeister Weich-
mann, warum man so erbost sei. Er antwortete: »Das tut man
nicht.« Ich tat es und bin heute noch geehrt worden.

1973 verabschiedete mich die Stadt in den Grützner Stu-
ben nach zwanzigjähriger Assistenten-, Oberspielleiter- und
Intendantenarbeit an den Kammerspielen. Wieviele Erinnerungen an München werden heute in diesem Rathaussaal
beschworen: 1951 Ludwig-Maximilians-Universität: Dog-
matik bei Michael Schmaus, Kunstgeschichte bei Sedlmayr,
Theaterwissenschaft – darf man Wissenschaft sagen – bei
Kutscher, Hauptseminare bei Guardini und Schnabel.

Und jeden Abend waren wir in den Kammerspielen oder
im Prinzregententheater, wenn wir Karten bekamen. Eine
Verbindung zwischen Universität und Theater gab es nicht.
Nur Graben gab es, und wenn mein Doktorvater nicht auch

Dankesrede anläßlich der Verleihung des Kulturellen Ehrenpreises der Landes-
hauptstadt München, 1988

155

Kritiker bei der Süddeutschen Zeitung gewesen wäre, Hans Schweikart hätte mich wohl nicht als Hospitant an den Kammerspielen genommen. Ich durfte Kritiken ausschneiden und ging nicht mehr zur Universität zurück.

Zehn Jahre später war ich Intendant des besten Schauspielhauses dieser Republik. Die erste Spielzeit eröffnete ich mit »Virginia Woolf« und »Victor oder Die Kinder an der Macht«, was mir den herben Tadel einer sehr großen Fraktion einbrachte. Ich konnte aber den verehrten Herrn von Miller philosophisch von der theologischen Notwendigkeit dieser Stücke überzeugen. Erinnern Sie sich noch an den Skandal, der losbrach, als der Pfarrer sich an Marile Kosemunds Grab an die »liebe Trauergemeinde« wandte. Unvergessen die Arbeit mit der Giehse, der Nicklisch, der Wilhelmi, der Schade, mit Friedrich Domin und Robert Graf, die makabren Späße mit Rudolf Rhomberg.

Dies ist ein Tag, danke zu sagen. Dank an Walter Kiaulehn. Hätte er nicht so früh schon so leidenschaftlich gegen mich geschrieben, ich hätte es schwerer gehabt, bekannt zu werden. Dank an Dr. Hohenemser, der es durchgestanden hat, einen relativ namenlosen Jungregisseur zum Nachfolger von Hans Schweikart zu machen. Dieser Hans Schweikart hatte etwas heute leider völlig Ungewöhnliches: Er erzog sich seinen Nachfolger, er schickte mich frühzeitig zu Tarifauseinandersetzungen, zu Beerdigungsreden, zu Verhandlungen mit Maria Wimmer und Heinz Rühmann.

Dank an Fritz Kortner. Seine strikte Absolutheit, sein egoistischer Wille, seine Fähigkeit, alle Texte immer neu interpretieren zu können, haben mich arbeiten gelehrt, haben mir die Unruhe gegeben und die Einsicht, daß far niente nicht dolce, sondern müßig ist und nicht Muße. Dank an Rudolf Hartmann, der dem Schauspielmann die erste Oper anvertraute. Dank an alle, die mir auf meinem Weg geholfen haben, aber auch denen, die es aus Überzeugung nicht taten und mir auch halfen.

Heute denke ich an den Nachmittag, wo die Kammerspiele während der Notstandsgesetzgebung besetzt wurden.
Noch heute höre ich die Sprechchöre:»Everding raus«, höre
Pfiffe, sehe die Protestplakate auf der Maximilianstraße und
höre mich den Oberbürgermeister Herrn Vogel fragen:»Soll
ich die Polizei holen?«»Das entscheiden Sie als Hausherr
selbst.« Ich entschied selbst – gegen die Polizei und machte
die Demonstranten dennoch das Haus verlassen. Heute lese
ich die Geschichtsschreibung über diese Jahre und weiß
fortan, was ich von Geschichtsschreibung zu halten habe.
Heute kann ich es gestehen: Ich floh auch ein wenig in die
Arme der internationalen Oper, die mich dann 1977 nach
München zurückführte.

Diese besinnende Rückschau zeigt Positiva – ich habe das
Ensemble der Kammerspiele zusammengehalten und ver-
mehrt, ich habe viele meiner Assistenten zu Regisseuren gemacht, und Negativa – ich habe den »Tristan« in Wien, New
York, Bayreuth und München gemacht. Warum war die Aufführung in München die am wenigsten befriedigende –
außer dem Mohnfeld im II. Akt?
    Warum war der »Lohengrin« in München nicht der beste,
obwohl ich ihn in vielen Großstädten der Welt inszeniert
habe? Lag es an mir oder München? Kann man nicht Intendant und Regisseur zusammen sein? Lag es an der häuslichen
Nachgiebigkeit oder ist man aushäusig fordernder?

Dieser kulturelle Ehrenpreis gilt den Kammerspielen und gilt
der Staatsoper, die von der Stadt mitsubventioniert wird. Er
gilt auch den anderen bayerischen Staatstheatern, für die und
an denen ich arbeite.

Ein ganz klein wenig ist das auch ein verspäteter Obulus an
das Prinzregententheater. Ein Obulus, der zukunftsgerichtet
wie diese Stadt ist, und hoffen läßt – hoffentlich.

Hoffen wir, daß dieser Stadt nicht nur ihr gemütvoller Glanz erhalten bleibt, hoffen wir, daß München nicht die Spiritualität verlorengeht. Möge es nie selbstzufrieden und ohne Neu-Gier sein, möge diese Stadt immer das Gespür für Werte bewahren und es mehren.

Möge sie nicht die künstlerischen Aufbrüche anderer Großstädte verschlafen. Wir alle sind gefordert, der Münchner Spiritualität wieder den Odem pfingstlicher Feuerzungen zu geben. Keine Angst vor dem Unbekannten und Angst vor dem Modischen. Das Pfingstwunder möge uns in allen Sprachen sprechen lassen und nicht nur in einem Idiom.

Mögen wir weiterhin das Vollkommene preisen und das Unvollkommene beschreiben. Lassen Sie uns der Freude Ausdruck geben, aber die Ecksteine nicht vergessen – die Anecksteine. Laßt uns weiterhin die Schönheit besingen, aber auch ob der Ungerechtigkeit in dieser Welt das Schreien nicht vergessen.

Man wirft mir vor, auf zu vielen Hochzeiten zu tanzen. Was soll man auf Hochzeiten anderes tun. Und die Theater, die Universität, die Hochschule, der Deutsche Bühnenverein, das Goethe-Institut, der Rundfunkrat sind meine *Hoch*-zeiten.

Über München wurden Liebeserklärungen und Tiraden geschrieben, Gedichte und Floskeln, Hymnen und Injurien. München hat schon so oft geleuchtet, daß es zu flimmern beginnt. Im Norden will man der heimlichen, der Hauptstadt, der Geliebten Europas, der Herzstadt Herr werden, man versucht sie als halbseiden zu disqualifizieren. Diese Stadt kostümierte sich immer mit Barchent und Brokat, mit Kreuz und Krone, mit Maske und Totenhemd, hier hat man immer auf die Gnade Gottes hin tapfer gesündigt, hier wurde leichtfertig vergeben und schwerfällig gegeben. Diese Stadt war unbeständig beständig, war fortschrittsfeindlich kulturoffen, war leichtsinnig und gläubig. In München sind selbst Protestanten katholisch und fast alle Katholiken liberal oder aber das extreme Gegenteil. Diese Stadt kann bockig sein, nicht stur, eigenbrötlerisch, nicht egoistisch. Man läßt leben ohne raffiniertes Savoir vivre, hat Flair, nicht immer Charme. Es ist eine renitente Residenzstadt, und wenn sie Großstadt spielt, klingt das manchmal nach Kurkapelle. Sie hat in den 830 Jahren schwedische, österreichische und französische Besatzungen erduldet, sie hat 3 1/2 Millionen Bomben überstanden, sie war immer stärker als alle Eindringlinge, selbst die Wittelsbacher kamen aus der Pfalz und Karl Valentin aus Sachsen, und ein Westfale aus dem Ruhrgebiet bekommt diesen Kulturellen Ehrenpreis der Stadt München.

Orden »Wider den tierischen Ernst«

*

*Als 38. Ritter wurde ich erwählt – und darf mich fortan
August der Erste nennen.*

*

In fünf Minuten sollte ich jetzt eigentlich in New York mit
Boris anfangen, nein, nicht mit *dem* Boris, mit »Boris Godu-
now«, Moussorgsky, an der Metropolitan Opera. Als ich gestern dem General Manager sagte, ich muß dringend nach
Aachen in die Buett, den Käfig, verstand er gar nichts. Als ich
dann wiederholte:

»Ich muß no Oche jon for den Orden«, ja, Sie werden es
nicht glauben, das hat er gleich verstanden. »Oh August, you
go to the potato chips of Charles the Great – that's great!«
Hat das was mit Oper zu tun? Ja, das ist wie in der »Zauberflöte«. Der Sarastro, der Oberpriester, erklärt da ja auch: »Die
heutige Versammlung ist eine der wichtigsten unserer Zeit« –
dabei wird nämlich Tamino – das bin ich – in den Kreis der
Eingeweihten aufgenommen. Die Eingeweihten, das sind die
Ritter, die sitzen da. Ja, was muß man denn da haben, um
hereinzukommen? Ja, also Tugend, Verschwiegenheit, Wohl-
tätigkeit, ja, und auch noch Humor. Werden Damen zugelassen? Nein, kennen Sie die »Zauberflöte« nicht – »bewahret
Euch vor Weibertücke, das ist des Bundes erste Pflicht«. Es
heißt dort, »ein *Mann* muß der Frauen Herzen leiten, denn
ohne ihn pflegt jedes Weib aus ihrem Wirkungskreis zu
schreiten«. Das sind noch Texte, was?

Wo jede Frau heute meint, nur dann in ihrem Wirkungs-

---

*Dankesrede anläßlich der Verleihung des Ordens »Wider den tierischen Ernst«
durch den AKV in Aachen, 14. Februar 1987*

Sängergala zur Wiedereröffnung des Prinzregententheaters im Januar 1988:
Agnes Baltsa, Francisco Araiza, Bernd Weikl, Hildegard Behrens, Ruggero
Raimondi, Peter Schreier, Gwyneth Jones, Cheryl Studer

Als Intendant der Staatsoper mit Placido Domingo und dem damaligen
Kultusminister Hans Maier

Sir Peter Ustinov bei der Preisverleihung im Prinzregententheater

20. Oktober 1993 auf der alten Hauptbühne des Prinzregententheaters:
Mit Bühnenbildner Jürgen Rose und dem Ballettdirektor der Hamburgischen
Staatsoper John Neumeier

Im Gartensaal:
Gustava und August Everding mit Heinz und Hertha Rühmann

August Everding dirigiert – die Münchner Bläserbuben

Henry Kissinger hielt einen Vortrag in der Reihe »Das Ende des Jahrhunderts« im Prinzregententheater

Beim Festspielball:
Edmund Stoiber, August Everding, Königin Silvia von Schweden, Karin Stoiber, Gustava Everding

Zur Sache –

wenn's beliebt

kreis zu schreiten, wenn sie auf unserem Wirkungskreis aus-schreitet. Aber dieser Bund, in den ich heute aufgenommen werde, das ist ja wie in der »Zauberflöte«, das Heiligtum des größten *Lichtes*, und die Königin, das ist doch die Königin der Nacht – you got it?

Meine Pamina sitzt auch noch da unten.

Ja, und was kriegt man dafür? Kriegen?

Ehre und ja, ne Mütze, und en Orden – ja, und man wird ausgelacht.

Und was muß man da tun? Singen?

Nein, das hat ja alles schon der Blüm gemacht.

Sie wissen nicht, wer der Blüm ist?

Der Blüm ist prädestiniert als Politiker, der ist nämlich ein ausgebildeter Schlosser. Der hatte es immer schon mit Nieten zu tun.

Ich mein', man schämt sich ja direkt, so poesielos, ohne rotes Tuch, nach Blüm daherzukommen.

Aber der Rau, der hat mir im letzten Jahr Mut gemacht. Schauen Sie sich den an – »immer nur lächeln, immer vergnügt – wie's drin aussieht, geht niemand was an«.

Ob ich die Rede selbst geschrieben habe?

Na hören Sie mal, ich hab doch keinen »Ghostwriter«, das ist Wein vom Faß. Ich muß viele Reden halten, keine Sonntagsreden, bei mir muß das Hand und Fuß haben.

Ich rede viel – bei Beerdigungen, bei Gewerkschaften und anderen Karnevalsgesellschaften.

Also, das müssen Sie wissen, das da in Aachen ist mehr als ein Kappenverein – in Aachen wurden echte Kaiser gekrönt. Heute sind das die Ritter.

Danke für die Auszeichnung!

Meine Damen und Herren, so sehr ich für die Auszeichnung danke – es ist schon ein Armutszeugnis, daß Sie mich gewählt haben, weil Sie sich nicht trauten, einen Politiker zu nehmen. Sie wußten ja nicht, was bei der Wahl am 25. Januar herauskam.

Na, und was ist herausgekommen?

Stille im Saal. Also Kultur kommt bei Ihnen dran, wenn's nicht weh tut – Freude schöner Götterfunken, doch für den Kuß der ganzen Welt, da muß man Lippen haben. Aber ich nehme den Orden gerne an. Ich nehme den Orden an für alle Versteller und Darsteller, für alle, die lachen, wenn sie lieber weinen sollten – also auch für die Politiker. Für alle Intendanten und andere Humoristen. Ich nehme ihn an für das fahrende Volk, vor denen Sie lange die Wäsche weggehängt haben, und für die Künstler, deren Gagen nur noch von den Fußballern übertroffen werden. Für die Kleindarsteller und die Heroen, für die Chargen und für die Stars. Denn, wenn wir nicht für sie leuchteten, wer leuchtete ihnen dann überhaupt noch heim.

Vor kurzem interviewte mich ein mir böse gesonnener Journalist, also ein Journalist, und der fragte zynisch: Sie haben den Bayerischen Verdienstorden, jetzt den Orden wider den tierischen Ernst, Sie waren Direktor, Intendant, jetzt sind Sie Generalintendant – was wollen Sie denn noch – wollen Sie vielleicht auch Papst werden? Ne, habe ich gesagt, Stellvertreter war ich noch nie gern. Aber Ritter, das ist was! Herr Präsident, können Sie nicht durchsetzen, daß wir eine kurze Eintragung in unseren Paß bekommen? Ordo in Severitatem animalem. Für den Altphilologen: Phallerae pro Justitia superata. Jeder Zöllner muß dann einmal die Mütze lüften und dreimal kurz lachen.

Ich hab natürlich meinen Landesvater in Bayern gefragt, ob ich den Orden annehmen darf. Ja, ja meinetwegen – Moment – ist der Genscher oder sonst einer von der FDP-Bagage dabei? Nein, nein, es sind alles standhafte Männer. Oh doch, der Genscher hat den Orden gekriegt. Aber Herr Strauß, der hat auch den Valentinsorden gekriegt. Ach, die Schand' ruht auf München schwer und der Valentin rotiert noch heute im Grab. Gut, nehmen's den Orden, damit nach dem Rau wenigstens … den Rest habe ich dann nicht mehr verstanden.

Also, ich hab ihn und heute möchte ich einmal der Rigoletto sein, der mit der Narrenkappe, der's dem Herzog, den Rittern, der ganzen Hofgesellschaft herausgibt. Wir sind das ganze Jahr, was Ihr alle nur einmal sein dürft – Narren. Buffarti. Am Ende vom »Fallstaff« stehen wir an der Rampe und lachen über Euch Gefoppte – und wir sind es doch selber. Hofnarr sein, das wär's. Den Spiegel uns vorhalten, den Spiegel mit dem tierischen Ernst – Auge um Auge, Stein um –, also der Augstein, der darf den Orden nicht kriegen, der Nannen, ja, der hat unsere Geschichte umgeschrieben, wahrlich.

Aber, liebes Präsidium, der Breit, der Ernst, der muß den Orden wider den tierischen Ernst bekommen, über den lache ich nicht einmal, wenn der weint. Aber der Schiesser, der hätte ihn schon dieses Jahr bekommen müssen. Was, Sie kennen den nicht mehr? Mein Gott, so schnell vergessen Sie Ihre neue Heimat. Das ist doch der, über den der Genscher gesagt hat: »gut, daß er nicht zwei Mark hatte, sonst hätte er gleich den ganzen DGB dazu bekommen!«

Also, wenn wir am Aschermittwoch dem Carne valet sagen, ziehen wir den Carro navalis im Karneval gemeinsam aus allen Sümpfen, allen Filzen.

Ich verspreche und gelobe, ritterlich zu sein: kein Glücksritter, kein Spesenritter, kein Raubritter, ein Ritter ohne Ritterkreuz, denn:

So viele Reden habe ich gehalten
vor Papst, vor Jungen und vor Alten,
vor Chefs, vor denen, die arbeiten und
die verwalten,
vor denen, die gewerkschaftlern oder
die gestalten.
Doch nie, nie sprach ich an einem Ort,
wo ein Kaiser ward gekürt – nicht einmal,
sondern immerfort.

Ich zage und zittre, vor Ihnen zu reden,
vor jenen, die nicht nur lachen, wenn Alkohol
sie tut bewegen,
vor jenen, die vom Geist bewegt sind, vom
geistigen Witz.
Schau in die Rund ich: Logos, Schönheit und Charme
haben hier ihren Sitz.

Das ist Europa, wir sind am Nabel der Welt, was will der hier, dem's hier nicht gefällt? Aachen, das ist mehr als Karneval und Printen, Aachen, das ist immer vorne und nur selten hinten, hier ward ich gekürt, hier ward ich erkoren, hier hat kein anderer als August noch etwas verloren. Auch Karl der Große war ein August – und zwar ein Augustus. Ich bin nur am Theater, unterhalt' und erfreu Sie, amüsier und ärgere Sie und bereu's nie.

Aber heute bin ich etwas Besonderes, bin mehr als die Menge.

Jetzt hab ich Ahnen, bin raus aus der Enge. Was heißt hier Professor, was heißt Intendant, jetzt bin ich mit Adenauer verwandt. Jetzt ist Stücklen mein Bruder und Scheel mein Cousin, Politiker en masse, und all das andere Ragout fin. Jetzt steige ich auf, jetzt erklimm ich Äonen, was muß ich denn jetzt noch in München wohnen. Oh Aachen, oh Aachen, Du wunderschöne Stadt, die jetzt zum ersten Mal nen richt'gen August hat.

Aber: Als 38. Ritter spür ich schon heut die Entscheidungsbürde. Wer soll der nächste sein, wer trägt die 39. Würde? Wer braucht das, wer ist gut, wer kann schon nach *mir* sein!

Mein Gott, ist das schwer, kann das der Vorstand ganz allein? Doch ich bin sicher, der Heilige Geist wird Sie inspirieren so wie er auch dieses Jahr tat gut soufflieren.

Franz Josef wär ein guter Kandidat.

Aber ist nicht der Orden zu klein für die Brust, die der hat?

Den Geissler mit seine Sprüch tät der Orden zieren, aber er würd ihn sich gleich auf die Brust tätowieren, damit jeder ihn sieht, selbst wenn er Berge besteigt.

Der Vogel Hansi tät ihn nehmen, selbst wenn er den Ernst ihm vertreibt, unter der Bettdecke würd er ihn betrachten und kurz einmal lachen.

Der Weyer in Südamerika wäre die beste Wahl, er würd ihn versilbern, vergolden und ihn verkaufen, mindestens drei Mal.

Nein, nein, eine Dame muß her, ein Pferd für eine Dame, eine resolute, eine feurige und keine lahme.

Die Süßmuth ist zu gesund für den Orden, der Hamm-Brücher ist durch Bangemann der Humor vergangen worden. Wer bleibt denn übrig, meine Damen, meine Damen, für diesen Orden ist nicht der Mann das Amen. Eine Dame, die durchgreift und fast ist wie ein Mann, eine Dame, die Frau ist und wie ein Kind sein kann; Margret Thatcher, Dir gilt mein Panier, Du Mann-Frau, Du Frau-Mann, Du machst uns zum »Wir«, da gibt's keine »Sie« mehr und auch keinen »Er«. Du einigst Europa und ziehst nach Oche her. Mir, August dem Ersten, wirst Du »succeeden« als Carla die Zweite, die Stärkste hiernieden. Mit Dir macht Aachen den großen Rutsch, der Humor natürlich, der ist dann futsch. Aber, laßt uns preisen die Stadt, diese Stätte, den Karneval, wer den nicht schätzt, ist ein unwissender Parsifal, »Nie sollst Du mich befragen«, forderte Lohengrin. Wir wählten alles: Schwarz, rot, gelb, ein paar auch grün; doch heute wählen wir keine Farbe mehr und keine Partei'n, heut' gilt's nur eins, wider den tierischen Ernst zu sein.

Ehrenbürger
der Stadt Bottrop

★

Wenn das mein Vater noch miterlebt hätte oder mein Klassenlehrer,
der erstaunt sagte: »Mein Gott, der August Everding geht
zum Theater, der hat doch ein so gutes Abitur gemacht!«

★

Die Kulturrevolution in China wollte die Geschichte des
Landes, der Menschen, ihre Herkunft, ihre Tradition zerstören.

In Amerika gab es vor einiger Zeit eine Bewegung
»Roots« – zurück zu den Wurzeln, zu den Quellen, zur Herkunft.

Ich bin heute in meiner Geburtsstadt. Sie zeichnet mich aus.
Ich danke dem Herrn Oberbürgermeister und dem Rat der
Stadt. Als Student habe ich gesungen »Bürger heraus«, und
ich lebe auch nicht gerade bürgerlich, aber ehrenbürgerlich
lebt sich's anders. Ich habe als Künstler oft auf Pfeffersäcke
und Spießbürger geschimpft, aber nie auf die alten Bottroper
Pohlbürger.

Ich darf mich ab heute Ehrenbürger dieser meiner Hei-
matstadt nennen, und das bewegt mich. Ich glaube, ich darf
jetzt umsonst ins Freibad und auf die öffentlichen Verkehrs-
mittel. Aber keine Angst, Herr Oberbürgermeister, ich be-
nutze diese Institutionen höchst selten. Sie müssen auch
mein Grab pflegen, aber auch da keine Sorge, das wird den
Chiemsee überschauen.

Dankesrede anläßlich der Verleihung des Ehrenbürgerrechts der Stadt Bottrop,
22. September 1989

Was darf ich noch? Ihren Ring tragen, mit Kohlestein, und das hebt mich schon etwas in Ihre Nähe, Eminenz, der Sie auch die Kohle im Bischofsring tragen.

Ich bin auch darum besonders geehrt, weil ich ein Ehrenbürger nach Josef Albers bin, dessen wunderbares Museum ich hier mit einweihen durfte. Damals kam ein amerikanischer Ehrengast mit Namen Bush.

Früher habe ich – ich muß es zugeben – manchmal den Namen Bottrops gemurmelt, wenn ich nach der Heimat gefragt wurde, habe aber nie Essen gesagt. Heute aber sage ich überall im Fernsehen und Radio und auf Pressekonferenzen: Ich stamme aus Bottrop. Ich weiß nämlich, daß alle Kundigen sagen: »Ach, der stammt daher, wo das ›Quadrat‹ ist.« Ja, hier ist mein Quadrat mit vier gleichen Seiten. Die erste halbe Seite war mein Geburtshaus in der Gladbecker Straße, und die Weihekerzen meines Vaters ließen die Gardinen bei der Notgeburt aufflammen.

An dem Straßennamen meines Elternhauses, in dem ich aufwuchs, ist schon etwas deutsche Geschichte abzulesen: Wilhelmstraße, Admiral-Graf-Spee-Straße, dann wurde sie zur Gerichtsstraße. Hier war Klavierunterricht des Vaters und waren SA-Vorbeimärsche und Luftschutzkeller. Damals erschien uns das Jugendstilhaus schrecklich altmodisch. Das heutige moderne Haus ist jenseits aller Moden. Wer den Zeitgeist heiratet, wird bald Witwer sein.

Die nächste Seite war Schule und Gymnasium, offiziell nur Oberschule, aber ergänzt durch privates Griechisch und Latein.

Mit fünfzehn Jahren kam ich zum Schanzen und zum Arbeitsdienst.

Die dritte Seite war die Orgel in Sankt Cyriakus, der Kirchenchor, die Choralschola. Morgens der Weg mit dem Vater, zum Beispiel nach der Kristallnacht, an SA-bewachten, zerstörten jüdischen Geschäften vorbei: »Junge, guck nicht hin!« Ich habe dennoch hingeguckt und habe nie vergessen. Ich wußte mit zehn Jahren, daß Kaplan Poether im KZ gestorben ist und der Tanzlehrer Blumenthal nach Theresienstadt gebracht wurde. Ich habe mit zwölf die Frau mit dem umgehängten Schmähschild gesehen und habe später gehört, daß hohe Funktionäre von nichts gewußt haben.

Wir hatten gute Nachbarn, aber der englische Sender mußte ganz leise gestellt werden, denn wer weiß ...

Ich bin von Bottrop nach Gladbeck mit der Straßenbahn gefahren, um den Freischwimmer zu machen, bin an Fronleichnam, den Kirchenchor dirigierend, meinem Vater helfend, durch die Straßen gezogen und habe auf der Cyriakus-Orgel »Tochter Zion« intoniert, habe früh in der Arbeit mit der Choralschola die unbegreifliche Schönheit dieser ältesten und modernsten Musik kennengelernt, habe früh Philosophie-Unterricht bei Kaplan Allgaier erhalten in dem Kaplanshaus, das kürzlich instandbesetzt war.

Die vierte Seite des Quadrats war Bottrops Schauburg und sein Theater. Ja, damals gab es noch ein Theater, wenigstens ein Bespieltheater, und es hat mein Leben mitgeprägt. Es war der Musikverein unter Herrn Switing. Konzerte, die für mich damals schöner und besser waren, als solche mit Herbert von Karajan.

Der Städtische Musikverein konnte ja September 1928 nicht ahnen, daß ich sechs Wochen später geboren werden würde, aber schauen Sie sich den Spielplan an. Klassische und moderne Chorwerke, und als Solisten traten auf – 1928 – in Bottrop: Rudolf Serkin, Elly Ney, Ludwig Wüllner, Helge Roswaenge.

Zu Fuß bin ich nach Oberhausen ins Theater marschiert und habe einen »Hamlet« gesehen, der mich verändert hat, obwohl ich heute weiß, daß er nicht gut gewesen sein kann.

Man muß in einer Stadt mit Kultur aufwachsen, um Qualität zu lernen. Und Qualität lernt man nicht nur durch Qualität, sondern durch die Bemühung um Qualität. Loriot hat gesagt:»Kaviar esse ich sogar in Bottrop.« In Bottrop habe ich in den Semesterferien Filmrezensionen bei Postbergs Bottroper Volkszeitung geschrieben, habe unter Tage bei Prosper III malocht, habe mit KV bei Overbeckshof Kneipen geschlagen und mit der »Erholung« im Forsthaus Specht Tanzfeste aufgezogen.

Ich habe mich nie in *Bottrop* verliebt, habe mich aber oft in Bottrop *verliebt,* habe hier Gustava von Vogel geheiratet, zwei Schwestern und ein Schwager leben hier, ich bin kein Ausländer.

Vor kurzem haben wir in unserer alten Penne die vierzigjährige Matura gefeiert, und heute bin ich Ehrenbürger. Über eins, lieber Rat der Stadt, habe ich mich besonders gefreut: Ein grüner Ratsherr hat rechtgläubig gegen diese Ernennung protestiert, weil ich, wie der »Spiegel« mal wieder fälschlich berichtet hatte, Herrn Schönhuber nach dem Wahlsieg gratuliert habe. Ein kommunistischer Ratsherr hat das richtiggestellt, und dann wurde einstimmig votiert. Ich bekomme so viel Kritik, daß mich auch ein vielstimmiges Kontra-Votum nicht gestört hätte, aber daß Sie, meine Damen und Herren Stadtvertreter, diesmal einstimmig pro-votierten, beweist Ihre Aufgeschlossenheit und Ihren Humor.

Ich mag an Bottrop die Aktivität. Ich mag an dieser Stadt den Schmelztiegel. Ich mag die Mischung aus Westfalen, Oberschlesien und Rheinland. Ich mag die Neugier. Ich mag die katholische Sangeslust und die evangelische Sturheit. Ich mag die Kneipen und den nahen Wald. Ich mag den rauhen Duft, der woanders kein Duft ist. Ich mag diesen trockenen Humor der Menschen, die Brieftauben, Kaninchen und Schrebergärten lieben.

Ich mag das Quadrat mit den vier gleichen Seiten. Aber jede Seite hat seine Kantenecken. Ich habe mich auch an vielen Kanten dieser Stadt gestoßen und werde es immer wieder tun.

Hier glaubt man manchmal, etwas zu sein, was man gar nicht ist. Bürgerstolz verführt manchmal zu falschem Selbstbewußtsein.

Ich habe meine Konzerte und meine ersten Theatereindrücke nicht in Berlin und nicht in Dortmund empfangen, nein, in Bottrop war es. Hier war es und hier wurde der Weg freigeschlagen in die Welt, aus der ich heute gerne und dankbar zurückkehre.

Schiller sagt:

»Der Mensch darf sich selbst nicht versäumen.«

Ich habe nie etwas versäumen können und mich oft dabei versäumt.

Heute säume ich, weil die Stadt nicht säumen wollte.

Ehrenpreis der Stiftung Kulturförderung

★

»Der Ehrenpreis
wird verliehen an
Professor August Everding
Generalintendant

In besonderer Anerkennung
für herausragende kulturelle Leistungen
und in Würdigung seines Engagements
für den Wiederaufbau
des Prinzregententheaters, München«

★

Mir ist die Ehre dieses Ehrenpreises widerfahren; mir ist diese Ehre gleichzeitig mit der Preisung Ihrer Majestät, der Königin von Schweden, widerfahren. Aber nicht ich, sondern das Prinzregententheater wird geehrt. Ab heute ist dieses Theater eine wunderbare Spielstätte für alle Kulturpreisträger: Die Heinz-Bosl-Stiftung tanzt auf unseren Brettern, die Junge Deutsche Philharmonie und Enoch zu Guttenbergs Neubeuerer Chorgemeinschaft spielen und singen dort, wir projizieren die brasilianischen Regenwälder, und die Naturschutz-Verbände sorgen dafür, daß wir mit der Natur nicht mehr nach dem Motto leben »Wie es Euch gefällt«. Wir zeigen jeden Abend, wie der Mensch im Singen, Deklamieren und Tanzen seine Natur übersteigen kann, die Behinderten beweisen im Sport, wozu der Mensch fähig ist.

Dankesrede vom 23. November 1990

171

Das Theater bedankt sich für den Preis, und damit Richard Wagner, dessen Festspiele ab 1901 dort stattfanden. Cosima Wagner bedankt sich nur eingeschränkt, aber Hofmannsthal, dessen »Turm« und Pfitzner, dessen »Palestrina« dort uraufgeführt wurden, und Werner Egk, dessen »Abraxas« dort zum Skandal wurde, bedanken sich um so mehr.

Alle Studenten bedanken sich, die im Prinzregententheater ihre ersten Opern gesehen haben, als die Bayerische Staatsoper dort ihre Heimstatt hatte.

Ich nehme diesen Preis mit Dank an und übergebe ihn den kleinen und großen Spendern, die immer wieder beweisen, wie sehr dieses Haus in München und in Bayern, in der ganzen Bundesrepublik angenommen und geliebt wird. Ich gestehe, daß mir der Zeitpunkt der Verleihung dramaturgisch sehr gelegen kommt. Wir haben einen neuen Finanzminister, den wir erst überzeugen müssen, daß unserem Theater die Apsis fehlt, die Bühne, auf der Oper und Schauspiel, Konzerte und vor allem Tanz stattfinden sollen, eine Bühne, auf der man Kongresse würdig eröffnen und schönste Liederabende präsentieren kann, aber auf der auch die bayerischen Theater gastieren sollen. Eine Bühne, auf der wir internationale Gastspiele vorstellen können, die oft an München vorbeigehen und die nicht alle in Berlin landen sollen. Dieser Preis regt zu weiteren Spenden an, um dem Landtag den Bürgerwillen zu beweisen.

Im Theater versuchen wir, unsere Mitmenschen seh- und hörfähig, mobil zu machen für das Schöne, Häßliche, das Gute, Böse, das Wahre und die Lüge. Aber gibt es denn nicht genug Theater? Brauchen wir nicht mehr Behinderten- und Altenheime? Ja, aber man darf die Heime für die Kultur, die auch notwendend sind, nicht ausschließen. Die Gewerkschaften fordern immer mehr Freizeit. Bald stehen Donnerstagabend alle Räder still. Wir aber sind doch dafür da, ein sinnvolles Angebot für die Freizeit zu machen. Aber auch unsere

Mitarbeiter kommen in den Genuß von mehr Freizeit. Wir bieten also weniger an und werden immer teurer. Das müßten Kulturpolitiker verhindern. Animateure, Clubs und Freizeitparks können saunend, surfend und joggend nicht die Kultur ersetzen. Bertolt Brecht hat gesagt: Ja, Kultur ist ein Luxus, aber ein Luxus für den es sich zu leben lohnt.

Sie weisen mit Ihrem Kulturpreis immer wieder darauf hin, wofür es sich zu leben, für was sich zu kämpfen lohnt. Wenn unsere zivilisatorische Schale zerbricht und das Untier, das atavistische, in uns sein Haupt erhebt, dann schafft es nur die Kultur, dieses Biest, dieses egoistische, an die Leine zu nehmen und es zu domestizieren. Kultur ist kein Dekorum, kein schmückendes Beiwerk, keine Nippes-Figur. Den Kulturpolitikern muß man das Wort Gandhis entgegenhalten: »Kümmert euch um die Mittel, die Ziele kümmern sich dann schon um sich selbst.«

»Meine Sprache soll die Axt sein, die das gefrorene Meer in uns spaltet« – sagt Kafka.

Gerade heute denke ich an ein Graffito, das ich in Zürich sah: »Macht's Gott nach, werdet Mensch«.

Mein Dank am 65. Geburtstag

★

Den runden Geburtstag feierte ich in Chicago,
als ich dort »Walküre« inszenierte. Vorweg begrüßte ich Minister,
Künstler, Kollegen und Freunde im Prinzregententheater.

★

»Der, der ich bin, grüßt trauernd den, der ich sein soll«
sagte Karl Rahner nach den Laudationes zu seinem Geburtstag. Gestern haben sich hier die Kultusminister, die Gewerkschaften mit dem Deutschen Bühnenverein getroffen.
Wir haben versucht, das ins Gerede gekommene Theater
wieder ins Gespräch zu bringen, es wieder glaubwürdig zu
machen. Heute habe ich hier vielen zu danken, denen ich so
viel verdanke nach 40 Jahren Theater, 30, 20, 10. Ich versuche dabei eine Gleichung aufzumachen, 130 = 65, die nicht
aufgehen kann. Da hat sich einer zu viel vorgenommen,
oder er spielt gerne mit Zahlen, wie er immer gerne mit
Wörtern gespielt hat. War es die Freude, mit Ihnen die Wür-
fel in den Becher zu werfen und gemeinsam die Quer-
summe zu erschütteln. Wir alle wissen ja eh' schon, was her-
auskommt:

Everding, der Macher, der Vielredner, der Geldbesorger, der
Hansdampf und Tänzer auf allen Hochzeiten. Ja, es fällt mir
schwer, hohe Zeiten auszulassen, ich bemerke aber, wenn ich
sie bewußt auslasse, daß es keiner bemerkt. Das Bild vom Ba-
rock-August hat man und hat man. In Deutschland ist ein
eloquenter Redner unglaubwürdig.
  Ja, ich stelle mich – mir, Ihnen, den Kritikern. Wo alle ver-

---

Dankesrede vom 20. Oktober 1993

urteilen, da muß man prüfen, wo alle loben, da muß man prüfen, sagt Konfuzius.

Frei nach Ernst Wendt: Der Dichter ist der Chronist der verlorenen Zeit und drückt es am kürzesten mit »Ach« aus, er ist auch der Chronist der ersehnten Zeit. Der kürzeste Ausdruck dafür ist »Oh«.

Heute ist ein Konzert von »Achs« und »Ohs«, von »Ohs« und »Achs«. Ich habe es mit Morgenstern gehalten, nach dem das schönste Wort der Erde »Enthusiasmus« ist.

Der, der ich bin, begrüßt dankend alle, die ihn eben in ihren Reden zu dem gemacht haben, der er sein sollte. In diesen, mir geschenkten Worten war Wort und Ton, war Tanz und Politik, war Anerkennung und Kritik, war Schmunzeln, Anlächeln und Auslächeln, das waren die ganzen vierzig Theaterjahre: An den Münchner Kammerspielen, bei der Staatsoper in München und Hamburg und in aller Welt, da waren Bühnenverein und Aido – die Internationale Opernkonferenz –, da waren Universität und Rundfunk und Fernsehen, da war Kulturpolitik. Max Weber sagt: Kulturpolitik muß ständig harte Bretter bohren mit Leidenschaft und Mäßigung. Es fehlte nur die Tenorarie Bachwerkverzeichnis 181: »Leicht gesinnte Flattergeister.«

Ich danke allen Rednern, Sängern, Filmemachern, dem Orchester, den Tölzern, ich danke allen, die es möglich gemacht haben, dieses Theater zu revitalisieren, den bekannten und ungenannt sein wollenden Spendern, ich danke Ihnen, Herr Minister, und dem Landtag. Ich danke allen, die dieses Fest geplant und vorbereitet haben, besonders Frau Reif, meiner Referentin.

Eine Sinfonia würde mich heute freuen und wohl auch erschrecken: Wenn jetzt alle Solisten und Primadonnen, alle Chöre und Orchester, alle Inspizienten, Bühnenarbeiter und Komparsen aus allen Türen hier auf die Bühne kämen und mir ihr Ach und Oh zuraunen würden.

30 Jahre Ehe, das ist Dank an Gustava. Wir halten es mit Camus: Einen Menschen lieben, heißt einwilligen, mit ihm alt zu werden. Unsere vier Söhne wissen, daß nette Väter keine gehorsamen Söhne haben. Meine neuen Töchter lehren mich neue Gefühle.

Ich begrüße Sie alle herzlich. Ich begrüße die Freunde und Nichtfreunde, die Kritiker und Nichtkritiker, alle, die mir das Leben leicht und schwer gemacht haben. Ein Gruß an die, denen ich das Leben leicht und, Verzeihung, schwer gemacht habe. Den 31. Oktober verbringe ich mit den Walküren, mit Wotan und Zubin Mehta in Chicago. Bei meinem Sechzigsten habe ich die Tölzer gebeten, nicht den Kammerton »a« anzustimmen, sondern »g« zu singen. »G« für Gustava. Heute könnte man das »a« anstimmen, nicht für Augustus, sondern für *Akademie,* die in diesen Tagen hier beginnt, Lebensziel war, ist und die neue Herausforderung sein wird.

65 werden heißt normalerweise, in den Ruhestand getreten werden. Ich habe schmunzelnd vernommen, wie mein künftiger Stand als Staatsintendant kommentiert wurde. Aber Ruhestand? Ich habe gerade in Buenos Aires die »Ariadne auf Naxos« inszeniert. Am Schluß der Oper singt Ariadne über den Ruhestand: »Man ruht und ruht vom Ruhen wieder aus, denn dort ist keiner matt vom Weinen, er hat vergessen, was ihn schmerzen sollte. Nichts gilt, was hier gegolten hat.«

Das beschreibt eigentlich den Himmel. So weit sind wir heute noch nicht. Meine nie vollendete Doktorarbeit hatte den Titel: »Die Personifikation des Todes im Drama«. Mich hat das Thema nie verlassen, denn der Tod ist die Sollbruchstelle des Lebens, nicht das Ende. Thanatos, das ist das physische Ende. Kairos, das ist der richtige Augenblick, die vollendete Zeit.

Was mich heute abend wirklich bewegt, sagte Shakespeare im »Sturm«: »Was vergangen ist, ist Vorspiel«.

VIERTER TEIL

Zum Theater

Theater – Traum und Wirklichkeit

★

Hier spricht der Regisseur über Utopie und Grenzen,
der Intendant, der von einem neuen Theater träumt.

★

Das Kind träumt vom Puppentheater, das junge Mädchen vom Gretchen, der Chorist vom Einspringen für den erkrankten Star, der Autor vom Serienerfolg, der Direktor vom großen Presseerfolg. Die ganze Theaterwelt ist erfüllt von Träumen und muß in harter Wirklichkeit leben.

Nach Probenende träumt das Theater auf die Wirklichkeit der Aufführung hin, nachts sind die Theaterräume voll von Traumbildern, die am Morgen von der Probe abgelöst werden.

Aber nicht nur das Theater steht in der Spannung zwischen Traum und Wirklichkeit. Sind wir alle nur Gottes Traum? Wie relativ ist unsere Wirklichkeit? Einstein fragte an einem Bahnhof: »Können Sie mir sagen, ob an diesem Geleise Zürich ankommt?« Das Leben ein Traum? Der chinesische Dichterphilosoph Tschuang-Tsi fragte sich morgens beim Erwachen: »Heute nacht habe ich geträumt, ich bin ein Schmetterling. Woher weiß ich jetzt, ob ich ein Mensch bin, der glaubt, geträumt zu haben, ein Schmetterling zu sein – oder ob ich ein Schmetterling bin, der jetzt träumt, ein Mensch zu sein?«

Die Psychoanalyse sagt uns, daß wir ohne Traum gar nicht leben können. Menschen, die nicht träumen, sterben nach vierzehn Tagen. Arthur Schnitzlers Tagebücher sind überschrieben: »Ein Tableau aus Traum und Tag«. Er sagt: »Raum

Vortrag vor der American Chamber of Commerce in München, 12. März 1986

und Zeit werden Fiktion. Werden?« Bei Wagner wird der Raum zur Zeit. Das Thema des Unbewußten nennt Hofmannsthal den »Inneren Orient«. Jeder hat durch seine Träume eine Botschaft – jeder ist hierdurch Künstler –, die im Spiel entschlüsselt werden kann. Wer nicht spielen kann, wird nicht erwachsen und war nie Kind. Probleme und Ängste werden weggespielt. Hier ist die erste Brücke des Übergangs vom Traum in die Wirklichkeit. Aber was sagt mir die »wirkliche« Feststellung, daß wir das Ende unseres Weltalls bald erblicken können, weil wir 18 Milliarden Lichtjahre zurückschauen können (Zur Erinnerung: In einer Sekunde legt das Licht 300 000 km zurück). Sind in unseren Träumen die Signale und Erinnerungen über die 5 Milliarden Jahre, die die Erde brauchte, um unsere Erde zu werden? Ist so in unser Sein das Strickmuster des Werdens eingewoben und werden uns im Traum diese Muster, aber auch Maschen vorgeführt, die fallen gelassen wurden?

Woher kommt der allen Kreaturen innewohnende Traum vom ewigen Leben, vom ewigen Glück, vom ewigen Frieden? Der Traum von der Utopie.

Unsere Wirklichkeit beginnt mit der Agrikultur und führt durch alle Entwicklungen zur Kultur – und damit auch zum Theater.

Heute beobachtet man einen umgekehrten Trend: zurück von der Kultur zur Natur und womöglich weiter zurück zum Traum. Ist das eine Re-generation oder eine Regression? Bestimmt keine Re-flexion!

Träume überspringen die Wirklichkeit, sie führen zu Lösungen, derer die Realität nicht fähig ist. Träume sind erfüllt von Euphorie, von Zwängen, von Ängsten. Träume schaffen eine neue Wirklichkeit und erträumen sich oft eine alte Wirklichkeit zurück.

Die Kunst ist das Medium, zu zeigen, daß Wirklichkeit die Träume nicht verunmöglicht. Nicht jede reflexiv gewonnene Einsicht und auch nicht jede traumhafte Erfahrung läßt sich in Leben überführen. Aber Kunst kann durch Phantasie, Können, Wissen und Fertigkeit die Grenze überspringen. Kunst ist das Trampolin, auf dem wir vom Traum in die Wirklichkeit vorstoßen können. Die Künstler des 18. Jahrhunderts, vom Traum des Verwandelns ergriffen, machten aus Marmor Seidenfalten, aus sprödem Stein vielgliedrig zieliertes Schaumgebäck, aus Tönen wurde Musik. Heute versteinern die Steine oft zu Kolossen, aus Tönen werden Cluster, aus Wohnungen Silos, aus Poesie Brutalismus. Aber das hat auch mit unseren Träumen zu tun. Schwer ist die Deckungsgleichheit zu erreichen. Entspricht das Bild, das der Maler sich vorstellt, dem Bild auf der Leinwand, ist das Konzert Wiedergabe des vom Komponisten und Dirigenten innerlich Erlauschten? Ist der Traum manchmal eine größere Realität als die Realität sie je erreichen kann? Der Traum eines Künstlers ist vorweggenommene Realität, der in der Durchführung oft Hindernisse entgegenstehen. Aber die Wirklichkeit beweist auch die Realität des Traumes.

Der Traum hat keine Dramaturgie, in ihm ist alles möglich, die Logik ist einem Glasperlenspiel gewichen. Die Wirklichkeit ist bestimmt von der Dramaturgie aus Zeit, Raum und Handlung. Sie hat Gesetze. Der Künstler erfüllt und überwindet sie und bringt im Kunstwerk das Reale zum fast Irrealen zurück. Es besteht eine Wechselwirkung von Traum auf Wirklichkeit und zurück.

Es gibt Träume, die nicht die Kraft des Übersetzers finden, um zur Wirklichkeit vorzustoßen. Es gibt Entwürfe, die den Wurf in die Realität nicht erleben. Andererseits gibt es bei der Umsetzung so viel erarbeitete Feinheiten, beim Schauspiel, bei der Musik, so viele Details, die kein Zuhörer bemerkt, wobei er gleich bemerkt, wenn sie fehlen.

Sie haben bemerkt, ich gebrauche den Begriff »Traum« vieldeutig, als das Unbewußte und Unterbewußte, als Schlaf- und Wachtraum, als Vorstellung, als unseren sechsten

Sinn und mehr als das: als unseres Verstandes liebste Schwester: die Phantasie.

Theater – Phantasie und Wirklichkeit. Jetzt gilt es, über die *Umsetzung* zu reden, über gegebene oder verweigerte Möglichkeiten, über Bildung, Unbildung und Ausbildung, über Kennen und Können, über Gestaltung und Formlosigkeit, über Disziplin und Chaos, über Ordnen und Verwirren, über Plan und Spiel.

Für den, der die Umsetzung nicht will oder kann, sind Träume Schäume. Ein Träumer verabscheut den Weg zur Realität, oft auch, weil er den Weg nicht kennen will oder die Beschwernis scheut. Für den Wachen sind Träume Räume, in denen er das spielt oder spielen läßt, was seine Phantasie – manchmal noch schöner – sah. Aber ein Realist steht auch in der Gefahr, nicht mehr wieder den Raum des Traumes zu erreichen, steckenzubleiben.

Der Traum des kreativen Genies erfüllt sich ohne viele Barrieren des Erlernens. Mozart übersprang die Kompositionslehre seines Vaters. Für die Nicht-Genies sind Kennen und Können Voraussetzung. Welche Worte treffen die Sache, welche Worte übertreffen die Sache? Wie verbalisiere ich Unsagbares und Unsägliches? Welche Farbe und Komposition verdeutlichen meine Träume?

Wie zeigt man Unschaubares? Welche Töne und Klänge, welche Reihen lassen Musik entstehen? Wie läßt man Unerhörtes hören?

Begabung vorausgesetzt, ist das lehrbar und lernbar – Begabung beim Lehrer und beim Lernenden. Dazu kommen Fleiß und Disziplin und offen sein für Werte.

Wieviele wollen zum Theater? Wieviele Eltern fragen mich: Was sollen wir mit unseren Kindern tun, die unbedingt zum Theater wollen.

An den Universitäten wird Theaterwissenschaft gelehrt, gut für Dramaturgen und die Allgemeinbildung aller am Theater Arbeitenden. Es gibt manche gute Privatlehrer für

Gesang und Schauspiel, aber viel mehr schlechte, die jahrelang Schüler hinhalten und mangelhaft ausbilden. Gesangslehrer ist kein geschützter Beruf, jeder darf das sein und ich darf nicht einmal seine schlechten Resultate veröffentlichen. Jeder Milchhändler muß Prüfungen ablegen über Bakterien und Sterilität. Es gibt viele gute Hochschulen und sehr viele nicht gute. Dort kann man Singen, Schauspielern und Tanzen lernen, leider an vielen ohne ausreichenden Praxisbezug. Nach vier Jahren kommen die Absolventen ungenügend vorbereitet auf die Bühne. Darum sind an unseren Theatern so viele junge Amerikaner engagiert. Deren Ausbildung in der Juillard School, in Yale, in Bloomington ist von Beginn an praxisbezogen. Ein komplettes Theater gehört zur Universität. Praxis ist kein Gegensatz zur Theorie und auch nicht etwas später Dazuzutuendes.

Praxis ist die Realität vom Traum des Theaters. Und dieser Traum verwirklicht sich bei jeder Probe und jeder Vorstellung – nicht immer ganz, nicht immer vollkommen.

Aufgabe des Theaters ist es, manchmal das Leben zurückzuverwandeln in einen Traum, Sie träumen machen, oft aber auch, Sie aus süßen Träumen zu reißen.

Theater kann mit den Zuschauern einen Traum von der seligen Vergangenheit träumen, es kann eine hellere Gegenwart dichten und sich eine erhoffte Zukunft wünschen.

Theater kann aber auch von der Vergangenheit die Schleier der vergeßlichen Lüge ziehen, es kann der Gegenwart ihren Spiegel vorhalten – manchmal auch den Zerrspiegel – und es kann die Trostlosigkeit der Zukunft beschwören, wenn wir aus der Gegenwart nichts lernen. Theater als Unterhaltung und als Unter-Haltung, als Amusement und Amüsemang, als Spiel, Spaß, Jux und als Abbild der menschlichen Brutalität, als Vexierspiel und als tiefere Bedeutung, als Poesie und als Kampfaufruf.

Kunst schafft eine neue Realität. So wie die Religion den neuen Menschen erstrebt, der das alte Kleid der Gewöhnung abgelegt hat, so ist der Kunst-Raum ein Frei-Raum. In ihm ist alles erlaubt und nicht nur das, was gefällt – Phantasie kennt keine Grenzen –, aber ich brauche mir nicht alles zu erlauben, nur weil es mir erlaubt ist.

Der Künstler tritt in ein zweites Sein ein, ein Schein-Sein, das manchmal realer ist als Realität. Wie real ist Richard III. da oben in der Person des Schauspielers? Wie wirklich ist überhaupt Theaterzeit? Eine Minute auf der Bühne sind Lichtjahre. Mit Einstein zu sprechen: Wann kommt auf dieser Bühne Atlantis an?

Die Bezüge zur Liturgie sind unübersehbar. Das Wort des Priesters aber spendet Sakramente, unauslöschliche; wir können manchmal Brandmale setzen.

Wir haben in Deutschland das Glück, 85 Theater und 80 Orchester zu haben, die von der öffentlichen Hand subventioniert werden. Das ist eine, und zwar sehr zu rühmende, Realität des Theaters. Sie entstammt unserer Geschichte. Alle Prinzen und Fürsten hatten zur Zeit der Kleinstaaterei ihre Ballette, Orchester und Theater, und nach 1918 übernahmen die Städte und Stadtstaaten und Länder diese vornehme Pflicht. Ich höre oft den Einwand, diese Subventionen lähmten den Elan. Die Aktivität des deutschen Theaters beweist das Gegenteil: 1000 verschiedene Theaterstücke jedes Jahr, 20 Millionen Besucher – viel mehr als bei den Spielen der Bundesligen – 33 000 Theateraufführungen, 5400 Opern und 1500 Ballette. Ich höre auch oft den Einwand, in Amerika würde das alles ohne öffentliches Geld mit privaten Geldern gesponsort. Richtig; aber die Spenden kann man in großem Umfang von den Steuern abziehen. Also handelt es sich doch wiederum um öffentliches Geld.

Die Subvention setzt den Intendanten in die Lage, Neues zu wagen, ohne an den niederen Einnahmen zu scheitern. Unbekanntes kann ausprobiert und vorgestellt werden und wenn die box office nicht stimmt, so ist der finanzielle Flop noch kein Untergang. Träume können durch dieses System real werden. Aber diese öffentlichen Gelder sind in einem kameralistischen Etat aufgelistet. Die Ausgaben werden von den Kulturbehörden und dem Obersten Rechnungshof geprüft. Vom Gesamtetat – bei der Bayerischen Staatsoper 77 Millionen Mark, bei der Met etwa 70 Millionen Dollar – sind 85 Prozent Personalkosten, an denen nichts gespart werden kann, lediglich an den verbleibenden 15 Prozent kann noch gespart werden. Das hieße aber, am Programm sparen. Die Personalkosten sind durch Tarifverträge und BAT- und BTT-Abkommen festgelegt. Die Arbeitszeiten haben sich – wie Sie wissen – in den letzten Jahren verkürzt, die freien Zeiten verlängert. Nun sind wir dafür da, Ihnen in Ihrer freien Zeit etwas zu bieten. Da aber auch bei uns die Freizeit mehr wird, bieten wir immer weniger. Das ist kulturpolitisch bald nicht mehr zu tragen. Die Auflagen, die Sicherheitsbestimmungen werden immer härter. Kinder über sechs Jahre dürfen jetzt wieder bis zu vier Stunden täglich beschäftigt werden. Die über sechs Jahre sind aber zu groß für »Butterfly«. Schwer ist es beispielsweise, am 31.12. eine Nachmittagsvorstellung anzusetzen, in der Jugendliche vorkommen. Nach § 18 Abs. 1 des Jugendarbeitsschutzgesetzes dürfen am 24. und 31. Dezember nach 14 Uhr Jugendliche nicht beschäftigt werden.

An den genannten Tagen dürfen jedoch Kinder beschäftigt werden. Unsere Kinder sind aber zu klein, um die Rollen der Jugendlichen zu spielen. Laut Normalvertrag Solo hat jeder Sänger Anspruch auf zwei Fachpartien. Die Premierenanzahl wurde aber in den letzten Jahren so reduziert, daß man nicht jedem Sänger zwei Premieren anbieten kann. Die Arbeitsrechtssprechung wird immer schwieriger, fast alle Urteile ergehen gegen den Arbeitgeber. Daher darf es für einen Intendanten bei Besetzungen und Engagements nur eine Haltung geben: Er muß einen Guten engagieren und wenn es dann einen Besseren gibt, muß er sich von dem Guten trennen. Aber immer mehr werden unsere Entscheidungen justiabel gemacht. Ich warte auf die Situation, wo der von mir nicht mehr beschäftigte Sänger vor Gericht vorsingen muß und ein Richter befindet, daß er doch noch ganz passabel sei. Wir haben den NV Solo aus dem Jahre 1924, den NV Chor von 1979, den NV Tanz von 1980, den Tarifvertrag für die Musiker in Kulturorchestern, den Vertrag über die Mitteilungspflicht und den Urlaubstarifvertrag. Und wehe, jemand will am Besitzstand nagen.

Immer mehr Medien könnten immer mehr unserer Aufführungen übertragen. Derartige Übertragungen sind aber nur möglich, wenn die Zustimmung jedes ausübenden Künstlers vorliegt – und die Zustimmung zu der frei auszuhandelnden Extragage. Nach § 73 des Urheberrechtsgesetzes kann jeder einzelne derartige Übertragungen verhindern. Und das geschieht.

Als ich kürzlich an der Met »Chowanschtschina« von Mussorgski inszenierte, brauchte ich für eine Probe sechs Tänzer, für eine Stunde, die man mir auch gleich zugestand. Die Ballettdirektion fügte aber hinzu, diese 60 Minuten wären nur 50 Minuten, weil zehn Minuten Pause darin enthalten seien. Diese verbliebenen 50 Minuten wären wiederum nur 40 Minuten, weil die Tänzer Anspruch auf travelling time hätten, travelling time zwischen den Probenorten. Mein Einwand, daß es nichts zu traveln gebe, weil der Ballettsaal neben meinem Probenraum liege, fruchtete nichts. Immer mehr resting time, travelling time – auch das gehört zum Thema: Theater – Traum und Wirklichkeit.

Aber es gibt eine travelling time, die unser Thema braucht, die *Zeit* zwischen den Worten: Traum – Wirklichkeit. In dieser Zeit geht die Phantasie des Künstlers auf Reisen, der Verstand prüft, was konkretisierbar ist, es ist die hohe Zeit der Vorbereitung, die vor allen Proben liegt. Es ist für den Regisseur die glücklichste Zeit. Er weiß schon, was er erreichen will und sieht auch den Weg, auf dem die Stolpersteine noch fehlen, der noch auf Wolken ruht, der die Erdenschwere noch nicht kennt. Das ist die Zeit, wo der Regisseur sich ganz dem Werk hingibt, eintaucht und alles dem Werk Immanente auf sich einwirken läßt, um es eminent zu machen. Dann kommt die Zeit der Recherche, der Vergleiche, der Lektüre der Sekundär-Literatur. Wie lebten die Menschen in der Zeit, in die uns der Dichter führt? Wie war die politische, die soziale und soziologische Situation? Was trugen die Menschen, und was war die Mode der Zeit (was nicht miteinander identisch ist). Wer sind die Charaktere, was denken sie hinter den Gedanken und wie handeln sie hinter der Handlung? Wie ist die Beziehung der Personen untereinander, wie benehmen sie sich, wie sprechen sie? Dann kommen die Zusammenkünfte mit dem Bühnenbildner, dem der Regisseur seine Wunschträume sagt, in welchen Räumen die Menschen wohnen sollen. Dann folgen die langen Besetzungsbesprechungen. Welcher Schauspieler ist richtig für diese Rolle oder warum nicht. Wer hat Zeit? Kann man die Ensemblemitglieder besetzen oder werden Gäste zugestanden? Dann schreibt der Regisseur lange und ausführlich am Regiebuch, wobei er genau festlegt, wann, wo, warum der Schauspieler was tut, wo die Sprechpausen liegen, wie und woher welche Beleuchtung wohin strahlt, ob Musik gebraucht wird oder Geräusche, wann die Umzüge stattfinden müssen, welchen Rhythmus, welchen Stil das ganze Stück haben soll. Dann beginnen die wochenlangen Proben, mindestens acht Stunden jeden Tag, in denen oft das ganze Regiebuch umgeschmissen wird, wo die Schauspieler andere Vorstellungen haben, wo sie überzeugt und motiviert werden müssen, wo der Regisseur Psychiater, Psychologe, Beichtvater, Richter und lieb sein muß; dann kommen die technischen Proben, die Beleuchtungsproben, die Hauptproben, die großen Kräche, die Premiere und am nächsten Tag die Presse, die schreibt, es sei nur schade, daß der Regisseur das Stück offensichtlich nicht gelesen habe.

Theater zwischen Traum und Wirklichkeit.

Ich bin bei keiner meiner Premieren anwesend, weil ich

nichts mehr daran ändern kann, daß aus meinem Traum doch nicht die ganze Wirklichkeit wurde. Dafür gibt es mehrere Gründe: fehlende Proben, Erkrankungen, Widerstände, mangelndes Geld. Die Umsetzung des Traumes in die Wirklichkeit mißlang wegen des Materials, wegen nichtiger Kleinigkeiten, und wegen mir. Aber auch das gibt es: Die Wirklichkeit ist schöner als der Traum. Es gibt Erfüllungen.

Einen Zuschauer-Traum möchte ich erhalten, den viele meiner Kollegen zerstören, indem sie schon die Ouverture, das Vorspiel bebildern und inszenieren. Diese Minuten vor dem Öffnen des Vorhangs sind für mich der Phantasie-Freiraum für jeden Zuschauer. Da kann er, von der Musik angeregt, Regisseur und Bühnenbildner sein, da kann er sich seine Räume bauen, um dann nach Aufgehen des Vorhangs enttäuscht oder überrascht zu sein. Das ist einer der letzten Freiräume, die wir in unserer bebilderten Welt dem kreativen Zuschauer noch offen lassen sollten. Er stößt dann auf die Wirklichkeit, die sich der Bühnenbildner erträumt hat.

Gestatten Sie mir, ein paar persönliche Erfahrungen zu erzählen: Als ich meinen ersten »Tristan« mit Karl Böhm machte, war dies auch die erste Arbeitsbegegnung mit Wagner. Ich mußte so viel Vorarbeit leisten, die auch eine Nacharbeit war, weil mir Wagner noch nicht nahe genug stand. Noch wußte ich zu wenig vom Theatraliker Wagner, der das Musikdrama, das Musiktheater geschaffen hat, das die alte Oper ablöste. Als ich seine Regieanweisungen untersuchte, fand ich bald heraus, daß man die Ortsangaben vertauschen konnte, daß aber alle Abläufe und psychologischen Begründungen nicht nur beschrieben, sondern ver-komponiert waren. Vor allem sah ich, daß diese Oper, diese Handlung in eminenter Weise Realität und Irrealität spiegelt und daß dieses Ineinanderfließen sichtbar gemacht werden muß. Jeder Akt hat eine Szene, in der die vernünftige Wirklichkeit aufhört, und der Traum der Liebe sein Recht fordert. Und für dieses Grundthema »Wirklichkeit und Traum« forderte ich

Bühnenräume, die in Wien, New York und Bayreuth verwirklicht wurden. In München forderte ich die Wirklichkeit zu sehr heraus, und der schmerzliche Traum stellte sich nicht ein. Meine erste Inszenierung in Bayreuth war der »Fliegende Holländer«. In der Vorbereitungszeit machte ich eine lange Schiffsreise nach Südamerika. In einem Hafen lag ich dösend an der Reling des Schiffes, als mich plötzlich ein riesiger Schatten überfiel. Schrecken, Angst – ein Ozeanriese war an uns herangefahren. Das wurde dann die Aufgabe, die ich Josef Svoboda, meinem Bühnenbildner stellte: Ein Schiff – das des Holländers – sollte so bedrohlich auf die Zuschauer zufahren, daß sie spürten, welch andere Welt da auf sie zukam – Traum und Wirklichkeit.

Aber auch bei öffentlichen Reden ist diese Spanne zu überwinden. Als mir angetragen wurde, für alle Künstler und Publizisten hier in München zu Papst Johannes Paul II. zu sprechen, kam mir gleich eine Überfülle von Gedanken – aber dann kam die Wirklichkeit: Sie dürfen drei Minuten sprechen und nicht länger. Das waren schwerere Stunden der Vorbereitung als für eine Filibuster-Rede.

Ich sprach drei Minuten, habe aber viel länger gesprochen.

Und jetzt stehe ich in der Vorbereitung zu einem Film. Ich drehe »Faust I«, nach Gründgens die erste Verfilmung dieses Stoffes. Wieviele Jahre hat Goethe für seinen deutschen Traum gebraucht und wie lange hat es gedauert, bis er auf Schillers Betreiben daraus ein Lesedrama machte, und wie lange dauerte es noch, bis daraus ein Theaterstück wurde. Und jetzt darf ich daraus einen Film machen. Was heißt das? Zu den Worten noch Bilder liefern, sie bebildern, den Leuten das Verständnis durch Optik erleichtern? Nein, nein. Eine neue ästhetische Dimension muß gefunden werden, damit das Drama noch besser, noch tiefer, noch leidenschaftlicher verstanden wird. Sehr bald wurde mir klar: Ich will das nicht auf dem Theater spielen und abfilmen, ich will das nicht in einem Studio verfilmen, ich möchte es draußen drehen, in

Feld und Wald und Höhle, auf See und Wiese, in einer Kirche, einer Bibliothek, im Gefängnis. Die Gefahr des Heimatfilms wird die Walpurgisnacht, diese schwarze Messe, bannen. Sehen Sie, mit diesem Traum gehe ich umher und kämpfe mit mir und einem großen Mitarbeiterstab, daß daraus Realität werde – eine Realität, in der Sie dem egoistischen Traum Fausts begegnen, der luziden Wirklichkeit Mephistos und einem Gretchen, das erfahren mußte, wie das ist, wenn der Traum der Liebe in die tödliche Wirklichkeit einmündet.

Theater – der Raum für Utopien?

Nein – der einzige Topos für Traum und Wirklichkeit.

Und dann habe ich da noch einen Traum. Das ist der Traum über ein Theater. Seit ich nach München berufen wurde, hat dieses Theater mich angestachelt, alles zu tun, daß es aus seinem Dunkel erlöst wird. Ein Theater, von dem so viele träumen und das so viele noch wirklich erlebt haben. Dieser Traum eines Theaters wurde mit Ihrer Hilfe Wirklichkeit – das Prinzregententheater wurde wiedereröffnet.

Die Buhs der Kritiker sind Berufsrisiko – am schlimmsten aber ist das Schweigen

Sind Sie schon einmal ausgebuht worden? Nicht als Fußballer, enttäuschter Tennisstar, Politiker, nein, als Regisseur, dessen Premiere nach jahrelanger Planung, sorgfältiger Besetzung, wochenlangen Proben vom Publikum umjubelt wird und dann kommt das Regieteam – die schwarzen Männer – und ein Buhsturm bricht los.

Zuerst ist man überrascht: Der Jubel für die Sänger, den Chor, müßte doch auch mir etwas gelten, denn ihr Spiel, ihr Ausdruck bei Gesang und Szene ist doch auch mein Werk. Ach nein, das erkennt das Publikum nicht. »Prima la musica ...«. Die Zuschauer haben halt nicht gesehen, was sie sehen wollten, was sie gewohnt waren zu sehen. Wir haben sie erschreckt, aufgestört, aber auch enttäuscht. Das Publikum hat das Recht zu diesen Unmutsbezeugungen. Wie die Zustimmung, gehört auch die Ablehnung zum Theaterabend.

Seit wann gibt es eigentlich dieses Buh? War das früher nicht Pfeifen, Zischen oder das Allerschlimmste, was man uns antun kann: Schweigen.

Das »Buh« ist akustisch und ästhetisch nach einer Mozartaufführung schwer zu ertragen.

Manchmal ist es organisiert, bezahlt, willkürlich, oft ist es spontaner Ausdruck des Unwillens.

Vor einigen Tagen erlebte ich, daß ein Dirigent sein Buh schon bekam, als er vor der ersten Note den Taktstock hob. Vielleicht ein ausgesprochener Gegner oder ein Enttäuschter,

---

Kolumne aus der »Welt am Sonntag« vom 24. Juli 1994

weil er einen anderen Dirigenten wollte. Störend und hinderlich ist das Buh für den Tenor, der gerade heute den hohen Ton nicht getroffen hat. Der Buher sollte sich eine Schallplatte kaufen – das ist billiger und wiederholbar – auf der kiekst keiner und verfehlt keiner den Ton. Ich wurde ausgebuht, als ich das Haus als Zuhörer betrat – so konnte man dagegen protestieren, daß ich einige Tänzerverträge nicht verlängert hatte. Das sind die positiven Buhs, wie auch für uns manchmal ein Buh ein Schreckschuß ist, der uns zum Nachdenken zwingt.

Nicht positiv ist das vorschnelle Buh während der Aufführung; das bewirkt eine Interruptio, aber auch der Applaus nach jeder Arie ist zwar für des Sängers Eitelkeit bekömmlich, macht aber das Operndrama zu einem Liederabend. Manchmal freut mich ein Buh, es beweist, daß die Absicht verstanden wurde, oft macht es traurig. Aber »Don't work in the kitchen if you can't stand the heat«. Die verbalen Buhs unserer Kritiker sind Berufsrisiko. Verletzend sind sie nur, wenn das wieder mal ein Kritiker war, der gerade von der Journalistenschule kommt und sich befähigt fühlt, über jedes und alles zu schreiben – Buh!

Können, Müssen, Kennen
– Triebkräfte der Kultur

Gurnemanz antwortet im »Parsifal« auf eine Frage: »Das sagt sich nicht«. Das übersteigt die banale Feststellung, daß man manches nicht sagen kann. Es gibt Dinge, die noch nicht oder nicht mehr oder nie sagbar sind.

Richtig und falsch. Professor Kutscher, der große Theaterlehrer, fragte uns einmal – was unser unvergeßlichstes Semester-Ferienerlebnis gewesen sei. Einer der Regieschüler nannte einen Besuch in Capri, und es sei *unbeschreiblich* schön gewesen. Kutscher: »Diese Aussage beweist, daß Sie zu unserem Beruf nicht fähig sind.« Er meinte, ein Regisseur müsse sagend alles erklären können.

Und dennoch: Es gibt Grenzen für Wörter, und die eintretende Stille kann nur ein Dichter meistern. Er kann das Unsagbare formulieren. Und auch er kommt an eine Grenze, wo selbst Dichtung stumm wird und nur Musik Gefühle, Schwingungen, Empfindungen adäquat ausdrücken kann.

Aber auch Musik hat Grenzen der Kommunikation. Es ist ihr nicht möglich, eine geschichtliche Tatsache durch Töne mitzuteilen, da muß man aufs Wort zurückgreifen.

Über allen Wort-Bekundungen gibt es die non-verbale Kommunikation: die Geste, den Blick, die Aura. Und die »Visio Dei« ist wohl die überwältigende Ein-sicht in alle Zusammenhänge, eine Einsicht, die nicht durch Wörter und Klänge vermittelt werden kann.

Wir Theaterleute aber bedürfen des Wortes, des Lichts, der Farbe, der Töne, sonst bleiben wir ein tönernes Erz. Aber alle unsere Wörter sind Vor-wörter, die darauf harren, erlöst zu

Kolumne aus der »Welt am Sonntag« vom 21. August 1994

werden von der einengenden Körperlichkeit. In dieser Welt aber müssen wir unsere Zuschauer erreichen. Oft verstellen wir den Zugang durch schwer Verstehbares. Ich höre oft die Frage: Was muten Sie uns da wieder zu.

Ja, Theater muß zu-muten. Aber nicht als Unverschämtheit, sondern als Mutmacher. Theater muß zu-trauen, dem Publikum Vertrauen geben, es wecken, aber ihm auch trauen, nicht mißtrauen, wenn es nicht alles gleich akzeptiert. Theater muß zu-stimmen, nicht der öffentlichen Meinung, es muß Stimmung machen, einstimmen. Theater muß zu-geben, nicht nur zugeben, wie herrlich die Welt ist, sondern immer mehr zu-*geben*. Sie nehmen zu, indem Sie vom Theater abnehmen, soviel wir Ihnen abgeben können. Kultur ist immer auf dem Weg. Kultur gibt Halt, indem sie mal haltmacht, aber Kultur treibt immer wieder an, wissend, daß das Endziel nicht in dieser Welt sein kann. Kultur hält an, zur Kultur an-halten heißt Kultur von der Wiege bis zur Bahre:

Nicht ins Leben geworfen, sondern geboren werden.

Nicht Freilauf, sondern Erziehung.

Nicht fressen, saufen, huren, sondern essen, trinken, lieben.

Nicht rasen, sondern reisen.

Nicht Unterhaltung, sondern Unter-Haltung.

Nicht krepieren oder verdorren, sondern den Tod annehmen und sterben.

Aus Gegebenheiten Begebenheiten machen.

Die Zivilisation ist der erste Schritt zur Kultur. Zur Kultur gehören Können, Müssen und Kennen.

Es gibt eine Kultur des Herzens, der Sprache, auch in der Politik.

Welche Rollen Rollen
im Leben spielen

Viele möchten eine Rolle spielen, in der Gesellschaft, in ihrem Beruf, viele fürchten, bald weg von der Rolle zu sein. »Das spielt keine Rolle« ist die Schutzbehauptung bei vielen Anlässen. »Das ist nicht meine Rolle« hörte man so viel öfter als die glückliche Feststellung »Das ist meine Rolle«.

Welche Rolle spielt die Rolle in unserem Leben, die man uns, die wir uns zuteilen. Dies ist eine Kulturkolumne, und in der Kultur, vor allem im Theater spielt die Rolle oft die größte Rolle. Da ist das lange Warten auf eine Rolle, das Abspeisen des Anfängers mit einer »tragenden« Rolle, die darin besteht, ein Tablett hereintragen zu dürfen. Da ist die Qual, mit einer falschen Rolle besetzt zu sein oder einer Rolle, die nicht dem »Fach« entspricht. Ich vergesse nicht die Hilflosigkeit des jungen Robert Graf, als er an den Münchner Kammerspielen mit dem uralten Seni im Wallenstein besetzt wurde. Ich erinnere mich auch an Schauspieler, die, vorzüglich im Zeichnen charakteristischer kleiner Rollen, unglücklich über zugeteilte große Rollen waren und den Intendanten um Befreiung baten, weil sie denen nicht gewachsen seien. So viele Tränen und Flüche für Rollen, die, natürlich völlig falsch, Kollegen bekamen. Aber auch so viel Freude über unverhofft »richtige« Besetzungen, Rollen, bei denen der Schauspieler bei der ersten Lektüre wußte, daß er auf die Rolle »drauffliegt«.

Der große Theaterprofessor Artur Kutscher, der nie für einer ordentlichen Professur würdig gehalten wurde, unterschied zwischen »Ich«- und »Er«-Schauspielern. Der erstere

Kolumne aus der »Welt am Sonntag« vom 4. September 1994

kann nur sich spielen und allen Rollen sein Ich aufdrücken. Der »Er«-Schauspieler verschwindet mit seinem »Ich« hinter der Person der anderen Rolle.

Das Erarbeiten einer Rolle ist ein vielfältiger, ein sehr verschieden ausfallender und aufregender Vorgang. Jeder hat da seine Methode, den Text zu lernen, sich den Rhythmus, die Bewegungen, die »Art« der neuen Person anzueignen. Der Regisseur hilft, der Kostümbildner hilft, die Souffleuse hilft auch. Manche gewinnen durch eine neue Rolle für sich selbst, andere verlieren, andere läßt es fast unberührt, sie schlüpfen in eine andere Haut. Einige leben ganz mit der Rolle, andere trennen sie säuberlich vom »Ich«. Das alles wäre noch einfacher, wenn ein Schauspieler in einem Jahr *eine* Rolle verkörpern, der Sänger *eine* Person singend darstellen müßte. Aber da gibt es Schauspieler, die in einer Spielzeit zehn Premieren haben, Sänger, die in ihrem Repertoire 30 verschiedene Charaktere haben.

Des Laien erste Frage ist immer: Wie behält er den Text und wie hält er ihn auseinander. Das ist nicht das Schwierigste. So mancher Bassist singt den Gurnemanz (»Parsifal«) in verschiedenen Inszenierungen und das zur gleichen Zeit. Der eine Regisseur hat den Gurnemanz als strengen, spröden Lehrer erarbeitet, beim anderen ist er ein jovialer Freund; in einer Version ist die Rolle quicklebendig agil, in der anderen langsam und stockend. Das zeigt, daß ein Charakter so vielfältig ist, daß er in allerlei verschiedenen Spiegelungen gezeigt werden kann.

Jede gute Oper ist so reich, daß sie verschiedenste Deutungen aushält und herausfordert. Manchmal überfordert das die Sänger-Darsteller, meistens siegt aber die Professionalität.

Ich frage mich oft, was die Künstler mit ihren Rollen machen, wenn sie sie ablegen. Kann man sie weglegen und vergessen? Wie lange wirken sie noch nach, sind vielleicht Splitter-Bestandteil des eigenen Selbst geworden.

Bleibt noch eigenes Selbst, das so angefüllt und ausgefüllt

ist mit Personen, die eigene geworden sind? Müssen sie Fremdkörper bleiben, aus Selbstschutz? Bleibt man selbst unberührt vom Schicksal der Einverleibten, mit deren Schicksal man aber so viele zu rühren verstand. Ist so ein Schauspieler eine Kleiderkammer mit vielen verschiedenen Kostümen, und ist das Kostüm die zweite Haut? Schauspieler müssen sich nicht verstellen, um darzustellen, und sie müssen nicht sich selbst verlassen, um eine andere Gestalt anzunehmen. Sie brauchen auch keine Affinität zum Bösen zu haben, um Böse gut zu verkörpern, und die Darstellerin der keuschen Maria hat als Voraussetzung nicht Virginität nachzuweisen. Aber was bleibt hängen, wenn ein Schauspieler jahrelang Richard III. spielt?

Der Direktor verteilte früher die ausgeschriebenen »Rollen« an die Künstler. Wir alle haben unsere Rollen zugeteilt bekommen. Jeder spielt sie auf seine Weise – fragt sich, ob es immer »seine« Weise ist.

Schließung des Schillertheaters in Berlin

Das sollten wir uns nicht gefallen lassen.
Gespart worden ist nichts.
Hier soll ein Zeichen gesetzt werden – ein falsches.
Hier soll gespart werden – so nicht.
Das hat Schiller nicht verdient. Und Berlin auch nicht.

Wenn ich mich hier umsehe, sollte ich mich eigentlich freuen. So vielen Theatermenschen gegenüberzustehen, ist sogar für den Präsidenten des Deutschen Bühnenvereins eine ungewöhnliche Erfahrung. Doch erfreulich ist der Anlaß nicht, der uns zusammengeführt hat, sondern erschreckend. Ja, ich sage: skandalös.

Hoffentlich hat Berlin nicht etwas ausgelöst, so daß wir uns öfter so versammeln müssen. Ich habe hier im neuen alten Abgeordnetenhaus über Kultur und Politik gesprochen, nicht ahnend, daß es so bald zu dieser unheiligen Disallianz kommen würde. Als mich die Nachricht vom Senatsbeschluß über das Ende des größten deutschen Sprechtheaters erreichte, war ich fassungslos. Die Staatlichen Schauspielbühnen Berlins, die Häuser, wo Fritz Kortner, Hans Lietzau, Konrad Swinarski oder Samuel Beckett, ermöglicht von Boleslaw Barlog, Theatergeschichte geschrieben haben, wo eindrucksvollste Schauspielerensembles glänzten, diese Bühnen sollen durch eine Entscheidung hinter verschlossenen Türen so mir nichts, dir nichts von der Landkarte des deutschen Theaters verschwinden.

Rede anläßlich der Protestveranstaltung des Deutschen Bühnenvereins in Berlin, 27. Juni 1993

Nein, so geht das nicht! Wird dieser unselige Beschluß nicht korrigiert, wird er als Bankrotterklärung einer orientierungslosen Kulturpolitik in die deutsche Theatergeschichte eingehen. Es geht aber auch nicht an, nun die Theater Berlins gegeneinander auszuspielen, statt der Schließung des einen die eines anderen zu fordern. Es geht – und dafür ist dieses Desaster ein Fanal – um weit mehr. Wir alle, die Theaterleute und die Politiker, müssen von den larmoyanten Schuldzuweisungen und den hehren Absichtserklärungen – auch des Deutschen Bühnenvereins – herunterkommen und konkret mit der Reform unseres Theaters beginnen. Da helfen als Protest keine ausfallenden Vorstellungen, damit strafen wir nur die Freunde des Theaters. Unverständlich sind mir die Äußerungen einiger unserer prominenten Kulturkritiker. Natürlich weiß ich um die Finanznöte in unserem wiedervereinigten Land. Erst recht um die Notwendigkeit des Sparens, auch in der Kultur, auch im Theater. Ich weiß aber auch, wie wichtig gerade in diesen Zeiten fehlender Orientierung, materieller Not und mangelnder Perspektiven die Kultur ist: ja, auch als Lebenshilfe. Deswegen habe ich mich so hartnäckig in Bonn dafür eingesetzt, daß inzwischen fast drei Milliarden Mark Bundesmittel für den Erhalt der kulturellen Substanz in den neuen Bundesländern zur Verfügung gestellt wurden. Alles ist in diesen Zeiten gewiß nicht zu erhalten, aber vieles ist zu retten, sinnvoll umzugestalten und weiterzuentwickeln ... Und, meine Herren vom Berliner Senat, ich bin bei Ihren Politikerkollegen in Bonn auf Verständnis für diese Notwendigkeit gestoßen. Sonst wäre diese Übergangsfinanzierung des Bundes gar nicht zustande gekommen. Im Bundesministerium des Innern hat man uns Theaterleuten aufmerksam zugehört. Das Zuhören haben Sie in Berlin ganz offensichtlich versäumt. Jetzt sollten Sie aber den Mut haben, Ihre Entscheidung zu revidieren. Sie waren doch so stolz auf dieses freie Theater im geteilten Berlin. Hat die Freiheitsglocke ihr Läuten eingestellt?

Jede richtige Großstadt hat freie Gruppen, mehr oder weniger subventionierte Privattheater, in- und ausländische Gastspiele, Festwochen, Theatertreffen, Festivals aller Art. Was die meisten von Rom bis San Francisco, von Sidney bis Amsterdam aber nicht haben, das gibt es in München oder Hamburg, vor allem aber in Berlin, in der wiedervereinigten, neuen Hauptstadt. Ich spreche vom Ensemble- und Repertoiretheater, um das man uns überall in der Welt beneidet. Ich denke an dieses einzigartige Theatersystem, dessen Basis kleine Mehrspartentheater wie in Memmingen, Meiningen sind und dessen Mittelbau größere Bühnen wie Augsburg, Dessau, Rostock, Köln, Stuttgart oder Leipzig ausmachen. Diese immer noch lebendige, unersetzliche Theaterlandschaft, die wir Theatermacher, aber auch Sie, meine Damen und Herren von der Politik, zu bewahren und zu entwickeln aufgerufen sind, gipfelt im konkurrierenden Neben- und kreativen Miteinander. Gerade dieses aus der jahrzehntelangen Trennung neu erwachende Berlin ist für die ganze deutsche Theaterlandschaft eine Herausforderung, eine Chance der Orientierung, ein Beispiel.

Der Senator für kulturelle Angelegenheiten spricht von dieser Theaterschließung nun als einer »Rettungsoperation« für das kranke Berlin. Welcher Arzt käme aber auf die Idee, einem Erkrankten ein lebenswichtiges Organ zu entfernen, nur weil dieses auch in Mitleidenschaft gezogen ist. Und das Schillertheater ist im Berliner Theaterorganismus lebenswichtig. Es ist mehr als ein Relikt aus den Zeiten der Teilung unseres Landes, dieser Stadt – weit mehr. Und bitte, meine Damen und Herren von der Kritik, rezensieren Sie, soviel Sie wollen, aber sitzen Sie nicht jeder ausgestreuten Zahl auf. Die 55 Prozent Platzausnutzung, die man nun diesem Haus anlastet, sind immerhin 552 Besucher pro Vorstellung, an allen drei Bühnen 200000 im Jahr. Das ist keine quantité négligeable, auch nicht in Berlin.

Aber richtig ist, daß auch dieses größte Sprechtheater

Deutschlands von den Krankheitssymptomen befallen ist, die wir seit langem an vielen Theatern konstatieren – und unter denen wir leiden. Es sei aber gesagt, daß die Probleme gerade dieses Hauses nicht nur hausgemacht sind, sondern auch Folgen einer unzulänglichen Politik; zu spät ein Plan für das wiedervereinigte Berlin, falsche Personalpolitik. Heute müssen aber auch manche *unter uns* mit dem Vorwurf der Heuchelei fertigwerden. Es wurde – natürlich im privaten Kreise – das Ende dieses Theaters auch herbeigeredet.

»Götterdämmerung für das Subventionstheater?« fragt ein auch als Stückeschreiber bekannter »Welt«-Kolumnist anläßlich dieses Berliner Skandals. Gut formuliert, Herr Hochhuth, aber es darf nicht um den Untergang unseres Theaters gehen, sondern um seinen Umbau, um seine Reform. Die Krise als Chance begreifen.

Auch wir – und ich sehe hier viele Intendanten- und Regisseurskollegen, Bühnenbildner und Dramaturgen – müssen endlich nicht nur umdenken, sondern auch konkret handeln. Wir alle wissen, daß wir oft auch mit weniger Geld, manchmal mit weniger Aufwand, weniger leerlaufender Betriebsamkeit, allein mit den Menschen, die unsere Bühnen bevölkern, die Hirne und Herzen derer im Parkett bewegen können. Wir sitzen alle fasziniert im »armen Theater« eines Peter Brook und hören gebannt zu, wenn er von einem Reichtum des Theaters spricht, an dem kein Kämmerer etwas zu kürzen vermag. Doch dann gehen wir wieder in unsere Häuser – und machen so weiter wie bisher.

Wir müssen auf einiges verzichten, das uns teure Gewohnheit geworden ist, aber nicht den Kern der Theaterkunst ausmacht. Es muß nicht sein, daß für eine Rolle, die aus dem Ensemble zu besetzen ist, ein Gast geholt wird, selbst wenn er dem Regisseur noch so nahe steht. Es ist nicht erforderlich, daß Schauspieler morgens in A-Burg proben und abends in B-Stadt spielen – und die paar hundert Kilometer dazwischen täglich per Flugzeug überwinden. Es sollten für die

Strichfassung eines Klassikers nicht gleich Bearbeiter-Tantiemen eingefordert werden. Es ist auch möglich, informative Programmhefte ohne die Hilfe kostspieliger Designer zu erstellen. Es müssen nicht exotische Tiere samt ihren Betreuern von weither geschafft werden, nur um sie wenige Sekunden auf der Bühne vorzuführen. Es können noch immer Bühnenbilder geschaffen werden, deren Auf- und Abbau keine Schließtage verursachen.

Sie wissen, meine Damen und Herren, daß ich peinlichere Beispiele aufzählen könnte, nicht zuletzt so manche Vertragsklausel und Honorierungsraffinesse – und ich weiß, wovon ich rede.

Aber es geht auch nicht länger an, daß manche von Ihnen immer wieder klagen, 85 Prozent Ihres Etats seien nicht für die Kunst, sondern lediglich der mickrige Rest, der für Gäste und Ausstattung zur Verfügung steht. Die meisten Journalisten kolportieren diesen Unsinn noch. Wir wissen doch, daß das künstlerische Potential eines Theaters vor allem die Menschen sind, die in ihm arbeiten – und zwar *alle*: das Ensemble. Sie wissen, daß ich für einen einheitlichen Tarifvertrag für alle am Theater Arbeitenden kämpfe, inklusive Technik und Verwaltung. Viele Tarifverträge müssen entrümpelt werden, aber kennen Sie die Tarifverträge so genau, daß man Ihnen kein X für ein U vormachen kann? Viele dieser Vereinbarungen mögen uns hinderlich scheinen. Aber oft wenden wir sie auch nicht konsequent an, weil es lauter zusätzliche Hausvereinbarungen gibt – oder weil wir den Mut dazu nicht haben oder wir dem GMD oder den Gewerkschaften zu Gefallen sein wollen. Die Politiker sollten nicht nur mit dem Finger auf die Mißstände an manchen Häusern zeigen. Sie machen es uns nicht besser vor. Unsere Theater betreiben wir nicht auf einer Insel der Seligen, unser Theater*betrieb* ist leider auch ein Spiegel dieser Gesellschaft. Wer aber, wenn nicht wir, soll das ändern können? Denn wir wollen doch mehr als ein Spiegel sein, wir wollen doch immer wieder an die Utopie erinnern, die Sinn stiftet. Auf der Bühne wird uns das nicht gelingen, wenn es hinter der Bühne nur noch sinnlos knirscht.

Wir können viel bewegen, aber ohne die Mitwirkung der Politiker, der Gewerkschaften und auch der Medien wäre das noch zu wenig. Deswegen habe ich erst kürzlich mit Nachdruck die Einrichtung eines runden Tisches mit Kultusministern, Kommunen, Theaterleitern und Gewerkschaften gefordert, um gemeinsam ein neues Theatermodell zu erarbeiten. Die Vorgänge um das Berliner Schillertheater zeigen, daß keine Zeit zu verlieren ist. Eine Signalwirkung darf von diesem hektisch gefaßten Beschluß nicht ausgehen. Berlin könnte als Beispiel herhalten für viele Kämmerer in kleineren Städten – aber als verdammt schlechtes Beispiel. Nicht die Theater abschaffen, aber weg vom öffentlichen Dienst zum künstlerischen Dienst. Theater ist eine öffentliche Aufgabe, die einer öffentlichen Finanzierung bedarf. Nur diese sichert seine kulturelle und künstlerische Bedeutung.

Wo Kultur wegbricht, wird Platz frei für Gewalt.

Wo aber nichts mehr ist, ist auch nichts mehr zu reformieren. Wenn dann noch mehr kommerzielles Amüsemang einzieht, wie schon in einem anderen Theater dieser Stadt, der einstigen Freien Volksbühne, kann vom Theater als »moralischer Anstalt« nicht mehr die Rede sein. Kein anderer als der Namenspatron dieses Hauses hat diese Forderung aufgestellt. Und das war kein altmodischer, konservativer Auftrag. Er ist, richtig verstanden, ein zutiefst *fortschrittlicher* – immer noch.

Quo vadis – Musiktheater?

★

Ist Musiktheater mehr als Oper?
Geht es vorwärts? Wo stehen wir?

★

Wohin gehst Du? Woher kommst Du? Wo stehst Du?
Kultur arbeitet Vergangenheit auf, lebt Gegenwart und bereitet Zukunft vor.
Nein, mehr, Kultur ist Zukunft, die heute noch nicht begriffen wird.
Quo vadis? Wir gehen wie die Avantgarde in ein Niemandsland. Niemand weiß wohin, nur die Trendsetter, die Modeschöpfer planen ihre Zukunft.
Als Wagner den »Ring« komponierte, wußte er nicht, daß das Alban Berg zur Folge haben würde.
Quo vadis? In die Terra incognita? Doch das ist das Feld der Kultur.
Strauss ging bis an die Grenzen der Tonsprache und wich nach »Salome« und »Elektra« fast erschrocken vor sich selbst zurück. Er war ein Bürger, der in die Politik verwickelt war, aber der »Bürger als Edelmann« blieb.
Musik mögen fast alle, nur sollte sie nicht weh tun. Wie kann Oper heute noch bestehen, wo unsere bildende Kunst eine betont abstrakte Kunst geworden ist? Auch die Musik vergeht sich ständig gegen unsere Hörgewohnheiten. Wie kann das zusammengehen in einer Oper, die doch bildhaft erzählte Musik ist? Warum ist »Lulu« noch so modern, daß die Kartenverkäuferin bei Ihrer Frage nach einer Karte noch immer antwortet: »Wieviele wollen Sie?«, bei

---

Rede am 9. April 1992 im Stadttheater Bremerhaven

204

»Traviata« aber mitleidig über Ihren Kartenwunsch lächelt.

Und wenn mein Thema »aktuelles Musiktheater« heißt, so möchte ich auch über den aktuellsten Komponisten des Musiktheaters reden – über Mozart. Wir wissen, daß er oft ein unumgänglicher, Vorschuß erbittender, intrigierender, sich anbietender Hofkomponist war; so begabt – er schrieb zwischen zwei Mahlzeitgängen eine Serenade und schrieb dann monatelang nichts. Er war so normal und überstieg, übersprang seine Normalität ständig. Er überraschte seine Zeit durch stupendes Können, durch seine Einfachheit, Weisheit, seine Gegensätze. So oft hört man sagen: Mozart ist zeitlos. Nein, die Dimension der Zeitlosigkeit ist nicht die unsrige. Zeitlos inszenieren die, die sich nicht festlegen wollen und können.

Mozart war der Zeiten voll, weil er seine Zeit nie los war. Er war ein politischer Komponist. Er hätte heute Spaß an allen, die ihn jung, frisch, provokativ und anstößig interpretieren. Er verlangt eine phantasievolle Musikalität, er verlangt, daß wir seine Noten und Texte lesen können. Die Partitur enthält für den, der sie lesen kann, klare Hinweise für Bewegungsabläufe und Fermaten. Rasche Musik kann eine ganz stille Haltung fordern. Mozart, Verdi und Wagner haben mit ihren Partituren zugleich Regiebücher geschrieben. Der Regisseur muß untersuchen, warum der Komponist eine Wiederholung der Phrase geschrieben hat. Für Mozarts Werk gibt es keine Werktreue, aber jedes Werk stellt aus sich heraus eminente Forderungen. Mozarts Satz »Bey einer Opera muß schlechterdings die Poesie der Musik gehorsame Tochter seyn« wird immer mißverstanden und falsch zitiert, weil man das Ende des Satzes wegläßt – »... da ist es am besten, wenn ein guter Komponist, der das Theater versteht und selbst etwas anzugeben imstande ist, und ein gescheiter Poet, als ein wahrer Phoenix, zusammenkommen«.

Das ist Musiktheater: wo die Musik nicht notwendiges Übel zum Theater, und das Theater nicht lästige Zutat zum

Singen ist. Die Beziehung zwischen Text und Komposition ist auch nicht nur tautologisch zu verstehen, sondern dialektisch. Das genuine Musiktheater mit echter Kongruenz von musikalischer Struktur und Theaterstruktur ist einzigartig verwirklicht – in den Opern Mozarts. Der Mozartsche Kosmos verbietet jedes historische Etikett. Daher ist er das Schwerste und für uns Interpretierende ein Höchstes, ein Gefährliches, an dem zu scheitern keine Schande sein muß – so sagte es Günther Rennert.

Ich möchte heute den rein theoretischen Vorträgen über Musiktheater nicht einen weiteren anfügen, will auch nicht untersuchen, ob Eliot recht hat, wenn er sagt »Singing is another way of talking« oder der ehemalige Münchner Oberbürgermeister Dr. Vogel, als er mir beim Abschied vom Schauspiel sagte, ich flöhe zur Oper, die für mich das wäre, was den Politikern die Schweiz sei. Therese Giehse warf mir Fahnenflucht vor, und als ich gar in Bayreuth inszenierte – Verrat. Das war 1970.

Ein Bonmot, vielmehr ein Mauvais-mot behauptet von der Oper, in ihr würde gesungen, weil sie nichts zu sagen habe. Und wie zur Bestätigung lassen Hofmannsthal und Strauss ihre todunglückselige Elektra zum tödlichen Ende singen: »Wer glücklich ist wie wir, dem ziemt nur eins: schweigen und tanzen!«

Möglicherweise nennt das Mauvais-mot von der Oper, in der gesungen wird, weil sie nichts zu sagen habe, allen Ernstes den Grund, der einen Regisseur verlocken kann, Oper zu inszenieren. Denn dadurch, daß die Oper ihren Wortgebrauch so sehr reduziert, sagt sie so viel. Es ist kein fauler Witz, wenn zu vermuten steht, daß die Oper dort am meisten sagt, wo sie entweder im Wortlaut am schlechtesten zu verstehen ist oder tatsächlich am meisten verschweigt. Für den ersten Fall, den der textlichen Undurchhörbarkeit, kann ein garantiert unverdächtiges Beispiel genannt werden – Mozart.

Am berühmtesten und gerühmtesten sind seine Finali,

etwa die des zweiten und vierten Aktes von »Figaros Hochzeit«. Wer ist ernstlich in der Lage oder legt auch nur Wert darauf, ein halbes oder ganzes Dutzend Texte mitzuhören, die gleichzeitig gesungen werden und verschieden sind. Und trotzdem gibt es wohl keinen, der nicht sonnenklar hört und sieht, was gesungen und gespielt wird. Für den zweiten Fall, den des beredtesten Schweigens in der Oper, steht ein anderes, ebenso unverdächtiges Exempel bereit – Tristans Schweigen. Man wirft dem Literaten und Selbstapologeten Wagner ebenso wie seinen Helden gern die übermäßige Rede- und Erklärungssucht vor, und Wotans erzählende Rückblenden im zweiten Walküren-Akt, Waltrautes Bericht in der »Götterdämmerung« mögen von dem einen oder anderen als harte Geduldsproben empfunden werden. Eines aber ist unbestreitbar: Wenn Tristan dem König Marke »den unerklärlich tief geheimnisvollen Grund« »nicht sagen« kann, so sagt Tristan, »literarisch« angehört, tatsächlich nichts – der Moment des Verschweigens hingegen sagt alles.

Die eindringlichste und nachhaltigste Botschaft, die etwa das Christentum zu verkünden hat, ist wahrscheinlich nicht das, was Christus sagte, sondern das, was er vor seinen Richtern und Henkern verschwieg. Die Botschaft ist das Schweigen.

Aber im Theater wie in der Literatur ist noch nichts damit gesagt, daß man nichts sagt, so wie ein dramaturgisch notwendiges Dunkel auf der Bühne nicht dadurch hergestellt ist, daß der Regisseur das Licht ausdreht. Auch die Sprachlosigkeit will im Theater ausgesprochen sein.

Gestatten Sie mir hier einen aktuellen Einschub.

Wir sind wiedervereinigt – auch die Theater. Die einen können gut leben, die anderen schlecht sterben. Wir müssen und werden helfen. Aber wir müssen auch bedenken, daß wir keine gemeinsame Sprache mehr sprechen, obwohl wir alle deutsch sprechen. Aber wir alle sprechen doch die Sprache Goethes, Lessings, Kleists. Nein, auch das ist keine einigende

Plattform. Im ehemaligen Drüben verstand man die Klassiker viel zeitbezogener, aktueller. Wir aktualisierten sie, damit sie uns näher kämen. Wir verdarben unsere Sprache durch Anglizismen und bloße Stichwörter; die Parteisprache in ihren Genitiv-Substantiven und behördlichen Gerundiven verkam zu einem Wort-Wurmfortsatz. Wir müssen unser Kauderwelsch verlernen, die ihr Kauderwelsch.

Wie das Theater die Sprache verlor, sie verlieren wollte, und sie durch die Zeitläufe verlieren mußte, so verlor die Musik ihre Musiksprache. Die Zerbröselung der Formen, das Finden neuer Formen, das Spielen ohne Formen führte zu Versuchen, die der Musik Neues hinzugewannen, wenn diese Versuche nicht in der Willkürlichkeit verblieben. Die Improvisation wurde wiederentdeckt. Das Geräusch wurde hinzugefunden. Ganz neue Klangwelten entstanden durch neue Klangerzeuger. Mauricio Kagel führte uns schmerzhaft die Opernklischees der »Staatstheater« vor.

In letzter Zeit wurden Musik und Musik-Theater oft bewußt gegen jedes Publikum gemacht. Diese Zeit scheint vorbei zu sein. Die Wiederaufnahme der Kommunikation ist abzusehen, und Hofmannsthal wird damit recht behalten, wenn er betont, wie sehr das Grundelement der Musik mit dem Grundelement der menschlichen Existenz zusammenhängt: mit dem, was die französische Sprache als sociable bezeichnet.

In der Oper wird durch Musik hörbar, was Menschen gegeneinander treibt und miteinander versöhnt, was sie entzweit und verbindet. Oper ist, wie alles Theater, bewegte Handlung, und sie ist bewegend – hoffentlich. Die Musik macht hörbar, was die handelnden Menschen bewegt. Bewegung und Bewegtheit, im kinetischen und im seelischen Sinn.

Dieses Musiktheater geht endlich nur zu verwirklichen unter Einbeziehung des Publikums. Ich meine nicht den modischen Schnickschnack, der mit dem Wort »Transparenz« getrieben wird. Ich meine die theatralische Vorbereitung durch das Theater, die im Musikunterricht beginnt und bis in die aktuelle Aufführung reicht. Das hochtrabende Ziel ist dabei: aus nur Genießenden Wissende zu machen, weil wir wissen, daß diese dann mehr genießen.

Ist Musik und Theater schon Musiktheater?

Diese bloße Addition erleben wir in jeder schlechten Repertoireaufführung, wo zur gegebenen Musik Szenisches hinzugefügt wird. Sänger zeigen dabei nicht den glaubhaften Anlaß, aus dem diese Musik entstand, sondern präsentieren ein Gemisch verschiedener Inszenierungen. Felsenstein sagte 1971: »Von Musiktheater kann nur dort die Rede sein, wo Musik und Gesang handlungsbedingt sind, wahrhafte und unentbehrliche menschliche Äußerungen. Der Darsteller ... nicht als Figurine einer bereits vorhandenen Musik, sondern als schöpferischer Gestalter«.

Das Elend mancher Repertoireaufführung ist der bittere Preis, den wir für das Glück des Repertoiretheaters zu zahlen haben.

Da wir über Theater und nicht über Logistik reden, muß aber auch vermeldet werden, daß es Repertoirevorstellungen gibt, in denen das Wunder geschieht, wo »alles Sichtbare ebenso Musik ist, wie alles Hörbare Handlung wird«. Da ist der Star ein Musikdarsteller, er singt den Kollegen nicht mehr an, sondern teilt sich dem Partner singend mit. Aber Wunder sind rar, und man darf sich nicht auf sie verlassen. Man soll versuchen, sie zu ermöglichen, indem ein theaterverbundener Dirigent und ein hochmusikalischer Regisseur versuchen, die Fabel – also diesen, nach Brecht, »zu einem selbständigen Bestandteil gewordenen Inhalt« – mit Musik, Bild und Bewegung ins richtige Verhältnis zu bringen.

Carl Dahlhaus hat verschiedentlich daran erinnert, daß wir seit Wagner, dem der Text so wichtig war wie die Musik, der Entstehung des Musikdramas beigewohnt haben, daß Debussy, Strauss, Schönberg, Berg, nicht mehr mit der Elle der Oper, sondern der Gattung des Musikdramas zu messen sind. Daher ist es nur logisch, daß sich immer mehr Regisseure des

Schauspiels dem Musikdrama zuwandten. Für diese ist natürlich die Fabel die Substanz des Dramas, auch des in Musik gefaßten. Diesen Regisseuren ist die Logik der Handlung wichtig, sie kümmern sich um die Vorgeschichten und bebildern meistens alle Ouvertüren und Vorspiele. Es ist nur Konsequenz, daß aus dem Musikdrama die Hinwendung zur Literaturoper geschah. Die Texte bekamen im Musikdrama einen solchen Rang, daß sie Eigenwert hatten. Zeitgenössische Texte boten sich selten an, die großen Dramen stellten eine Herausforderung dar, so wie im Schauspiel die Zeit des Entdeckens der alten Texte gekommen ist.

Wir stellten fest, daß die Addition noch nicht das neue Gebilde Musiktheater ergibt. Die Musik*theater-Musik* ist von anderem Stoff als die *Musik*-Musik. Und Musik*theater-Theater* ist anders als *Theater-Theater*. Musiktheater-Musik zwingt zur Darstellung und Musiktheater-Theater kann in seiner Darstellung nicht ohne Musik auskommen. Es ist keine bloße Ergänzung, sie bedürfen einander, um das Kind Musiktheater zu zeugen, zu gebären und leben zu lassen.

Und dennoch: Lassen Sie uns die Malaise nicht vergessen. Viele Regisseure inszenieren zunächst den Text, dann kommt die Musik und jetzt auch – so spät – kommt der Dirigent zu den Proben. Der Regisseur inszeniert bestenfalls aus der Musik sein Theater und der Dirigent interpretiert seine Musik aus der Musik, und alle Tempi, alle Bewegungen, alle Abläufe stimmen nicht mehr. Musiktheater wird nur ermöglicht, wenn Dirigent und Regisseur den Ablauf vorher gemeinsam erarbeitet haben und bei den Proben weiter erarbeiten.

Der Regisseur Herz pointierte: »Die Regie ist nicht allein Testamentsvollstrecker des Komponisten, sondern auch Partner des Publikums.« Viele Szenenanweisungen sind überflüssige Informationen geworden, weil der Darstellungsstil sich völlig geändert hat.

Die meisten Besucher, die Werktreue fordern, meinen Treue zu der von ihnen zuletzt gesehenen Interpretation. Das

Werk als solches ist ihnen nicht bekannt. Ein Werk als solches gibt es im Theater gar nicht. Wenn Herz schon 1961 sagt, »daß der geistige Gehalt der Werke einer immer neueren szenischen Verlebendigung bedarf«, so sind die meisten Komponisten und Dirigenten heute noch anderer Meinung. Sie fühlen sich durch Regisseure, durch Choreographen und Bühnenbildner vergewaltigt, ihr Werk verunstaltet, und dulden es nur, weil sie sonst gar nicht aufgeführt werden.

Und Bernd Alois Zimmermann beklagte sich: »Wenn man mehr sieht, als man hört, wenn man also einem Schauspiel mit illustrierender Musik beiwohnt, ist das Ende der Oper gekommen.« Andererseits beklagen sich viele Zuschauer, daß gerade die alten Opern von den Regisseuren aktualisiert werden. Aber das ist ein Ausweg, weil so wenig gegenwärtige Opern aktuell sind. Die einen wollen das Werk als Ganzes sehen, so wie es war, »jetzt und in alle Ewigkeit«. Die anderen wollen nicht glätten, fügen, sondern entfügen, Konflikte suchen, wo die Musik sie überspielt, die Handlung dynamisieren, wo sie statisch ist, den historischen Schatten überspringen, den jedes Werk hat. So sehr auch der Komponist das Libretto ausgeschöpft hat, meint das Regietheater noch etwas sichtbar machen zu können, was unter den Tisch gekehrt wurde, Seh- und Hörgewohntes sollen bewußt gestört werden, Bezüge sollen spröde gezeigt werden, wo die harmonische Wirkung der Musik sie verkleistert hat. Oder: Warum soll nicht auf der Bühne sichtbar gemacht werden, was die Musik verschweigt?

Warum soll nicht überdeutlich gezeigt werden, was die Musik schon verdeutlicht?

Damit sind wir beim alten Problem der Tautologie. Zeigt eine deutende Regie nicht immer dasselbe, was die Musik schon hören läßt, wenn es sich um Musiktheater-Musik handelt?

Aus Angst vor dieser Tautologie schloß man in Bayreuth 1928 in der »Götterdämmerung« nach der Nornenszene den Vorhang. Man verhinderte damit »Musiktheater«, denn zu dieser Musik, die den Übergang von der Nacht zur Morgenröte malt, gehört die Szene. Noch interessanter die Fälle, wo Musik und Szene sich komplementär, dialektisch zueinander verhalten. Im Abschiedsquintett 1. Akt »Così fan tutte« nehmen die Liebhaber Ferrando und Guglielmo vorgeblich Abschied von ihren weinenden Bräuten, sie schwören Treue und wollen doch jeder des anderen Braut verführen. Die Damen vergehen vor Schmerz, und Don Alfonso lacht im Hintergrund. Die Musik drückt die Täuschung nicht aus, sie zeigt die Situation, als ob sie wahrhaftig sei, als ob die Liebenden schieden. Der Zuschauer erkennt die Ironie. Die Musik ist untautologisch und nimmt eine dialektische Haltung ein. Musikalische und szenische Konfiguration auf doppeltem Boden.

Wenn Sie sich die Repertoires unserer Opernhäuser ansehen, stellen Sie fest, daß mit wenigen Ausnahmen die aufgeführten Komponisten mindestens 50 Jahre, meistens aber ein Jahrhundert tot sind. Zu Mozarts Zeiten hörte man nur zeitgenössische Komponisten und keinen Monteverdi mehr, heute hört man Monteverdi, Mozart, Verdi und fast keinen Zeitgenossen mehr. Im Venedig des 17. Jahrhunderts wurden Theaterstücke und Opern so geschrieben und gespielt, wie heute die Tagespresse an den Mann gebracht wird. Musiktheater damals hieß: herstellen, vorzeigen, erleben, vergessen, Neues machen.

Unser Geschichtsbewußtsein und unsere ehrfurchtsvolle Denkmalverehrung beweisen, daß wir zu der Dame Musiktheater kein Verhältnis mehr haben. Statt Uraufführungen haben wir Regietheater und Literaturoper. Das ist kein Lamento, sondern eine Feststellung. Wenn das deutsche Theater das vielgeschmähte Abonnement nicht hätte, die zeitgenössischen Werke wären noch schlechter besucht, als sie es sind. Wie oft wurde in Hamburg Ligetis »Grand Macabre« gespielt, wie oft »Soldaten« in München? Aber kein Grund zur Resignation. Gerade darum haben wir die Subventionen –

das möglich zu machen, was sich kein Privatmann erlauben kann. Im übrigen – so wie drei im Namen Christi versammelte Menschen ausreichen, eine Gemeinde zu gründen, und sieben Mitglieder, einen eingetragenen Verein zu gründen, stehen wir mit unserer Schar nicht schlecht da, die die Zahl der Besuche der Bundesligen übertrifft. Der heutige Besucher will sich nicht von der Magie des Erstmaligen, des Einmaligen in den Bann schlagen lassen, er wird von der Magie des Wiedererkennens geleitet. Kein Medium ist hier nun geeigneter, Angst vor Innovationen zu beschwichtigen, als die Schallplatte. Man kann wählen, entscheiden, hat kein Risiko, man weiß ein für allemal, was man hat, keine Indisposition, keine Absage, keine Störung durch Bild- und Personenregie. Ein bißchen steril bleibt die ganze Sache zwar, weil die sinnliche Komponente fehlt und die eigene Phantasie sich vornehmlich vom Zuletztgesehenen nährt.

Der Musik darf man nicht das Theater als optische Komponente anpappen, dem Theater soll man nicht die Musik akustisch hinzufügen. Es kommt nicht auf Begriffe an, Oper kann so aufregend wie Musiktheater sein und Musiktheater so langweilig wie Oper. Wir befinden uns in einem Museum, in dem Bilder gemalt werden. In einem Museum, das viele lichte, helle Räume hat, aber auch viele Keller, wo die Werke versteckt sind, die wir nicht vorzeigen wollen, können oder nicht kennen; da gibt es eine moderne Abteilung, die manche Leute gerne abhängen möchten, da gibt es Restauratoren und Fehleinkäufe, da wird aber auch gemalt. Und das Publikum ist dabei, widerwillig, enthusiastisch, kritisch und versunken.

Musik und Theater werden immer dann Musiktheater, wenn es keine andere Möglichkeit mehr gibt, als sich so auszudrücken. Mozart konnte seine kultur- und gesellschaftskritischen Überlegungen nur so in der »Entführung« ausdrücken, im »Figaro«, einem von der Zensur verbotenen Stück, nur so seine soziologischen Einwände vorbringen. Aber es wurde nie ein Pamphlet, kein Soziogramm, keine

Ideologie; es war immer Gesinnung, adäquat und unvergleichlich ausgeführt.

Immer, wenn ich die »Zauberflöte« inszenierte, stand ich erneut vor der Frage: Ist das ein ernstes philosophisches Menschheitsdrama mit burlesken Zutaten oder ein lustiges Volksstück mit freimaurerisch-pathetischen Garnierungen? Beide Antworten sind – so glaube ich – einseitig. Man muß den Grundton finden: human, nicht humanistisch, heiter, nicht buffonesk, witzig, aber con sordino. Die »Zauberflöte« muß man für Kinder inszenieren, auch Erwachsene sollen sich freuen und beide sollen etwas belehrt werden. Die »Zauberflöte« muß den Zauber der Phantasie und die Realität einer alten Flöte haben. Sie kann überall in der Welt spielen und kein Freimaurer-Ritual ist vonnöten. Sie ist das schiere Abbild des Komponisten – sprunghaft, ausgelassen, nachdenklich, witzig und voller Verständnis. Die Fuge der Geharnischten treibt uns in theologische Bezirke, Mann und Frau und Frau und Mann reichen bei Mozart »an die Gottheit ran«. Monostatos möchte sich seine schwarze Haut abkratzen, die drei Knaben sind Epheben und Putten, sind Kinder aus geschiedener Ehe, die zwischen ihren Eltern stehen. Es ist die Oper der Hoffnung, daß einmal die große Reunion Tag und Nacht, Liebe und Haß, Schwarz und Weiß wieder zusammenbringen wird. Es ist die Hoffnung auf den Jüngsten Tag, auf das goldene Zeitalter, die Hoffnung auf Einsicht und Vernunft. Und nur das braucht man zu zeigen, mehr nicht. Aber auch nicht weniger.

Kunst ist kein Sonntagsspaß. Kein Schnörkel am Alltag, kein Nippes auf dem Vertiko. Kunst ist notwendig, weil oft notwendend. Deswegen ist Kunst aber nicht bitterernst, sie ist auch unterhaltend. Aber erinnern wir uns an Shakespeare: Das Theater soll der Natur gleichsam den Spiegel vorhalten, der Tugend ihre eigenen Züge, der Schmach ihr eigenes Bild geben und dem Jahrhundert und Körper der Zeit den Abdruck seiner Gestalt zeigen.

Schmerzlicher als gestohlene Engel
sind geschlossene Kirchen

Was sind Kultstätten? Orte – dem Kult, seiner Ausübung, seiner Erinnerung, seiner Weihe gewidmet. Auch Kultur hat Platz in Kultstätten, obwohl sie oft unkultisch ist. Ich habe vor dem Wort »Kultstätte« eine gewisse Scheu. Es klingt so unlebendig, so bemüht neutral. Aber alle Museen, Büchereien, Theater, alle Konzertsäle sind Kultstätten. Ärgerlich, daß so viele montags geschlossen sind. Ich weiß, auch Museumswächter brauchen einen freien Tag, aber … Freuen wir uns, daß viele Museen jetzt publikumsfreundliche Öffnungszeiten bis in den späten Abend haben. Die Kultstätten Theater melden immer mehr Schließtage. Ein geschlossenes Theater lädt zum Nicht-mehr-Kommen ein. Ich weiß, daß die Vorbereitung einer großen Oper, daß Beleuchtungs- und Umbauproben manchmal ausfallende Vorstellungen erfordern. Aber die Unsitte mehrt sich. Liegt es an mangelnder Disposition, an den Ruhezeitforderungen der Gewerkschaft, an der Unprofessionalität mancher Regisseure? Theater sind öffentliche Häuser und Liebesangebote sollten nicht beschränkt sein.

Sie werden fragen, warum ich bei den Kultstätten noch nicht von den Moscheen, Synagogen, von den Kirchen gesprochen habe. Ja, diese wahrhaften Kultstätten, ad maiorem gloriam Dei gebaut, laden die Menschen ständig ein zu Gebet, Betrachtung, Meditation. Auch Touristen ist es nicht verwehrt, sich an der Schönheit der Bauten zu erbauen. Aber den Betwilligen, Interessierten, Engagierten und Neugierigen widerfährt immer öfter die lapidare Auskunft: Dom ge-

---

Kolumne aus der »Welt am Sonntag« vom 2. Oktober 1994

schlossen. Ich weiß, ich weiß, die Kirchendiebstähle, und auch Küster haben Ruhezeiten. Aber es ist ein Ärgernis, wenn Sie nach Worms fahren, und der Dom ist ab 17.45 Uhr geschlossen. Mein Gott, wo sind Deine Öffnungszeiten. In Bamberg verwehrte man mir den Eintritt, weil dort Gottesdienst sei und man mir mit Blick auf meine Kamera nicht glaubte, daß ich auch zum Beten gekommen sei. Es tröstete mich nicht, daß der Oberwächter Fernsehen anzuschauen scheint und mir zu bereitwillig Einlaß gewähren wollte. Jede Kathedrale hat doch ein großes Domkapitel. Soll doch jeder Prälat einen Tag samt Nachtwache mit »ewiger« Anbetung opfern, um Langfinger abzuschrecken. So schrecklich gestohlene Verkündigungsengel sind, ich verschmerze deren Verlust noch eher, als verschlossene Räume, die dazu bestimmt sind, offen zu sein. Ich kenne eine Wallfahrtskirche in Bayern – auch nicht nur von Betern frequentiert – in der alle Pfarrmitglieder einen Tag Wachdienst tun, wo Studenten wachend sitzen, lesen und studieren können. Von vielen evangelischen Kirchen rede ich gar nicht, Versammlungsstätten, die leider meistens alltags geschlossen sind.

Mir sagte einmal ein Dirigent, bei dem ich darüber klagte, daß die Theater so oft geschlossen seien: »Auch Theaterbauten müssen ausruhen.« Nein – nur Fafners singen:
»Ich lieg und besitz', laßt mich schlafen.«
»Macht hoch die Tür, die Tor macht weit …«

Vielfalt darf nicht durch Einfalt erkauft werden

»Was bleibt?« fragte in den zwanziger Jahren ein Literatur-
kritiker und prophezeite gleich, Thomas Mann werde wohl
nicht bleiben. Was bleibt von unseren Inszenierungen, wenn
sie abgespielt sind? Die Erinnerung – und die macht aus Hü-
geln triumphale Berge. Unsere Kunst hat keine bleibende
Gültigkeit, sie gilt für die Spanne ihrer Anschaubarkeit, sie
hat keine unumstößliche Wahrheit, sie hat ihre temporäre
Richtigkeit. Mir sagte einmal der sehr kunstsinnige Ernst von
Siemens: »Der ›Zerbrochene Krug‹, von Hilpert in den 20er
Jahren inszeniert, war wunderbar, aber wäre heute nicht
möglich, und der ›Zerbrochene Krug‹ von Lietzau – heute
wunderbar – wäre damals unmöglich gewesen.« Jedes Stück
ist immer wieder eine neue Herausforderung. Aber die je-
weilige Antwort auf diese Herausforderung bliebe länger anschaubar, nachprüfbar, wenn die neuen Medien wüßten, was
ihnen alles entgeht, wenn das abgespielte Stück vom Spielplan verschwindet, ohne aufgezeichnet worden zu sein.
Angefangen hat das anders: unvergeßlich wie, vor allem in
den dritten Programmen, das Theater im Fernsehen ein
Hauptthema war. Viele Theaterabende wurden übertragen,
wir führten dramaturgisch ein. Das Fernsehen sah sich so
sehr als Kulturvermittler, daß wir Theaterleute fast ängstlich
waren, wir würden unsere Klientel verlieren. Ich machte
über hundert Sendungen »Theater im Gespräch« und »Theater in der Kritik«. Diskussionen und Streitereien mit Noelte,
Stein, mit Therese Giehse, mit Peymann und Zadek. Wir be-
schimpften uns, erfanden das Theater neu, ließen die Weltre-

Kolumne aus der »Welt am Sonntag« vom 27. November 1994

volution auf dem Theater zu oder verwiesen sie des Theaters. Leider sind fast alle Sendungen gelöscht.

Welchen Stellenwert hatte das Fernsehspiel damals mit besten Regisseuren, Autoren und Schauspielern, eine Besonderheit des deutschen Fernsehens. Das ZDF hat 500 aktuelle Inszenierungen aufgezeichnet – die Reihe wurde abgesetzt. Und das alles, weil die verfluchten Quoten die Hirne beherrschen. Mit Zoten erreicht man halt höhere Quoten. Gott sei Dank gibt es Ausnahmen.

Die Privaten waren angetreten, das Programm zu beleben, jetzt versuchen die Öffentlich-Rechtlichen krampfhaft, beim inzwischen schlechten Geschmack mitzuhalten, weil die Werbeeinnahmen sinken – lieber höhere Fernsehgebühren und gar keine Werbung.

Ein Produzent hat viele Wagner-Opern, von Karajan dirigiert, aufgezeichnet und nur 4 Prozent Sehbeteiligung erreicht. Nur? Das sind Hunderttausende, dafür brauchten wir am Theater Jahre, um die Interessierten zu erreichen oder andere zu interessieren. Fernsehen war ein Aufbruch zu neuen Kulturufern, jetzt dümpelt es oft im Brackwasser der Vergnügungsindustrie. Im nächsten Jahrtausend sollen wir 150 Kanäle haben. Das Lesen der Programmzeitschriften wird dann unsere Literatur sein. Nichts gegen Vielfalt, auch das deutsche Theater lebt von seinen vielen kleinen und großen Theatern und auch der ›Blätterwald‹ macht erst Journalismus interessant und nicht zwei bis drei Staatszeitungen. Vielfalt darf aber nicht erkauft werden durch Einfalt. Die Minderheit ist oft wichtiger als die Mehrheit.

Unser aller Bestreben muß sein, kein kulturelles Vakuum entstehen zu lassen, denn ein Vakuum füllt sich immer – und sei es mit Mist.

Theater kann auch
Freude machen

Ich habe mich umgesehen, was die deutschen Theater an Weihnachten spielen: Richtet sich der Spielplan ein wenig nach der Liturgie? Wie wichtig ist dieses Fest für die Theaterleute? Gibt es überhaupt genügend Stücke, die adäquat sind für diese Feiertage? Nein – es herrscht eine große Beliebigkeit. Der »Rosenkavalier« ist beliebt und natürlich »Hänsel und Gretel«, die »Zauberflöte« herrscht in Berlin und »Dornröschen« in Bonn, der »Nußknacker« in Hamburg. Shakespeare und Ibsen melden sich zu Wort und in Wien feiert »Figaro« Hochzeit.

Das Theater will heute nicht beschweren und belasten, es will mit uns feiern, und das ist auch eine Aufgabe des Theaters.

Ich habe hier oft betont, wie wichtig es ist, daß das Theater uns aufklärt, uns belehrt, uns anstößt, auffordert, uns rebellisch macht und uns befriedet. Das Theater soll erzürnen und aufgeregt machen, es soll Fragen stellen und versuchen, einige zu beantworten, aber Theater kann noch mehr.

Es kann Freude machen. Heute, an Weihnachten, ist das Losungswort Friede in aller Munde und leider nicht in aller Herzen. Aber Freude, so unmodern das Wort auch heute klingen mag, Freude ist ein Urquell, sie ist zwecklos und sinnvoll, sie ist ein Lebensgefühl, das Herzen, Verstand, Sinne und Gefühle animiert. Freude ist die Tochter aus Elysium, die uns trunken und nüchtern macht, und Theater und Musik können dieses Lebensgefühl, diese Stimmung wecken.

Oft haben wir Theaterleute gemeint, im Theater Freude zu

Kolumne aus der »Welt am Sonntag« vom 25. Dezember 1994

machen sei zu banal. Wir haben gemeint, nur durch den negativen Einstieg stimulieren zu können. Wir haben die Mißlichkeit unserer Welt, die wir ändern und bekämpfen müssen, mißlich ins Theater getragen und es aschgrau und fahl gemacht.

Aber im Theater hat auch das »Gaudete« seinen Platz, und wir brauchen uns dessen nicht zu schämen.

Aber gerade heute denke ich an die Dichter und Komponisten, die das vermitteln wollten, und die wir gar nicht zu Wort kommen ließen. Als Schubert mit 31 Jahren an Typhus starb, hinterließ er 600 Lieder, acht Sinfonien, 14 Opern, 15 Streichquartette und Kammermusik, aber seine Kunst fand zu seinen Lebzeiten fast keinen Widerhall. Sein erstes öffentliches Konzert war in seinem Todesjahr. Das Werk Vincent van Goghs wurde erst zehn Jahre nach seinem Tod bekannt, Franz Kafkas Hauptwerk wurde erst posthum veröffentlicht. Herman Melvilles »Moby Dick« war bei Erscheinen ein Flop, er starb verkannt und vergessen. Die Liste ist fortzusetzen. Ich frage mich jeden Tag, welche Künstler ich durch Leichtsinn übersehen, verkannt habe. Und sie alle wollten eins: Sie wollten, neben aller Belebung und Aufregung, uns Freude machen. Ein Kind sagte mir: Ich tu mich freuen … Tuen wir uns heute freuen und nicht nur heute. Und zu Weihnachten fällt mir ein Graffito ein, das ich in Zürich an einer Kirchwand las:

»Mach's wie Gott, werde Mensch«

Kindertheater
nur lästige Zutat?

Nachwuchs, Kinder- und Jugendtheater, das sind Stichwörter, mit denen man Öffentlichkeit und Politiker animieren und motivieren kann. Aber dann, wenn wieder eine Sparwelle anrollt, sind dies die ersten Institutionen, die man streicht. In Schweden, wo die besten Kinderbücher entstehen, das beste Kindertheater gemacht wird, ist jeder größeren Bühne ein Kindertheater beigeordnet.

Und bei uns: Bis auf wenige rühmliche Ausnahmen, ist Kindertheater immer noch eine oft lästige Zutat. Natürlich will man Kinder als das Publikum von morgen, aber Kinder sollten nicht als zukünftige Abonnenten geködert werden. Jugendtheater darf sich nicht pädagogisch geben. Man muß mit Spaß und Freude zum Theater finden. Nach der Pubertät ist es vielleicht zu spät. Eines unserer Ziele am Prinzregententheater in München war und ist es, in einer Spielzeit mindestens ein neues Kinderstück vorzuführen, im Rahmen der Einrichtung »Theater und Schule«.

Die Reaktion hat uns überrascht.

Das Ministerium, die Schulen, die Lehrer, sie alle machen mit. Zuletzt ließen wir den Jugendroman »Krabat« von Otfried Preußler dramatisieren. 22000 Kinder, Jugendliche und Erwachsene ließen bis jetzt alle Vorstellungen ausverkauft sein. Ein junger Regisseur, aus unserem Regie-Studiengang hervorgegangen, inszenierte mit generationsnaher Phantasie. Einfache Theatermittel ließen Freiraum für Phantasie und bereicherten das karge Bühnenbild. Erstaunlich das Feedback der Schüler, die in Zirkeln diskutierten, die schrieben und malten:

Kolumne aus der »Welt am Sonntag« vom 22. Januar 1995

221

»Mir hat nicht so gut gefallen, daß das Theater so schnell aus war« – Manuela, 3. Klasse Volksschule. Claudia meinte, die Musik sei »erste Sahne« gewesen. Dabei waren es Klänge und alte Formen von Ud, Fiedel, Tambur und Drehleier, gespielt für sonst zugedröhnte Pop-Musik- und Disco-Ohren. Die Kinder springen beim Schlußapplaus von den Sitzen und reißen, wie auf dem Fußballplatz, die Arme hoch. Die Kinder werten nicht nur schauspielerische Leistungen, auch den Stellenwert der Figur: Der »böse« Meister wird ausgebuht. Den Roman »Krabat« haben viele gelesen, und mit den Bildern im Kopf des Lesers kann die Bühne schwer konkurrieren. Die Bearbeiterin, Nina Achminow, mußte die Phantasie öffnen, auslösen und ermöglichen. Aber es galt auch, ohne daß die Bühne zum Katheder wurde, Schwerpunkte zu setzen: die Faszination der Macht, die Entscheidung zwischen dem Mitmachen, dem Wegsehen, dem Profitieren auf der einen Seite, individuelle Liebe und Verantwortung auf der anderen. Die Einzelverantwortung siegt über dem Gruppendruck der Mitmacher.

Gerade in unserer Zeit, in der Egoismus so oft mit Individualität gleichgesetzt und Autorität bei faschistoiden Gruppierungen gesucht wird, sollte diese Geschichte jungen Leuten ein Wegweiser sein.

Dabei zählte aber nur das Theater, das körperliche und sinnliche Spiel, Spannung, und der Spaß am Theater, an der Illusion, an der Identifikation und an der Phantasie.

Aber – wie gesagt – wenn gespart wird, Kinder- und Jugendtheater gehören zur ersten Streichmasse, und auch Schulen und Akademien für den Nachwuchs werden in Frage gestellt – selbst von Theaterleuten.

So machen wir mit unseren Brüdern keine Bruderschaft

Peter Zadek geht vom Berliner Ensemble wieder weg, weil Heiner Müller »brutal-faschistoides« Theater zuläßt. Westbürger empören sich, weil im »Osten« das Geld verplempert wird. Der Solidaritätszuschlag soll begrenzt werden. Ost- und West-Akademien kommen nicht zusammen. Stasi-Akten be- und entlasten weiter – wie soll das zusammenwachsen, was zusammengehört. Mal melden die »Weisen« einen wirtschaftlichen Aufschwung, dann nimmt die Arbeitslosenzahl wieder zu. Ich fürchte, so machen wir mit unseren Brüdern keine Brüderschaft. Wo sind die wirklichen Partner?

Das sind die, die immer Partner waren und blieben – trotz politischer und wirtschaftlicher Trennung, – die sich um Kultur sorgen und mit Kultur versorgen. Dennoch muß Deutschland auch kulturell noch mehr zusammenwachsen. Wie steht es damit?

Ein Gastspiel des Staatstheaters Cottbus innerhalb unserer »Ide(e)n des März« im Prinzregententheater bringt mich auf diese Fragen. Bei diesem Gastspiel meinte einer der Schauspieler: »Die Leute hier reagieren ganz anders, viel verhaltener und betroffener. Das läßt hoffen.«

Rüber und 'nüber.

Der wirtschaftliche Zusammenschluß – oder soll ich sagen Anschluß? – hat sich wohl schon vollzogen. Supermarktketten haben ihre Filialen auch auf die neuen Bundesländer ausgedehnt. Konsum sei Dank! Wie anders verhält sich das aber mit der kulturellen Kost. Kulturaustausch fördert Zusammenwachsen mehr als alle sonstigen Maßnahmen. Ich meine, daß

Kolumne aus der »Welt am Sonntag« vom 26. März 1995

223

wir voneinander lernen können – vorausgesetzt, wir lernen uns kennen.

Ich bin davon überzeugt, daß unser Land und seine Menschen nur durch die Klammer der Kultur langfristig verbunden werden können. Neben der Freude, der Anregung, der Besinnung setzt sie Maßstäbe in der Gesellschaft und verhilft ihr zum Bewußtsein ihrer selbst. Kunst gibt Sinn und Orientierung.

Immer war und bin ich Anwalt des Ensembletheaters, das die künstlerische Identität eines Ortes, einer Stadt prägt. Diese Identität kann und soll aber durch die Kunst auch nach außen getragen werden, sich dem Vergleich, von mir aus auch dem Wettbewerb stellen. Veranstaltungen, wie etwa das Berliner Theatertreffen, sind daher so wichtig und unverzichtbar. Es geht gar nicht darum, wo man das beste Theater macht, sondern wo man welches Theater macht. Der Blick über den Teller-, pardon, Bühnenrand kann nur nützen, den Theatern wie den Zuschauern.

Meine Arbeit in Meiningen, wo ich letztes Jahr »Die Meistersinger von Nürnberg« inszenieren durfte, hat mir gezeigt, wie sehr eine Stadt, ja eine Region Anteil an der Kunst nehmen kann. Theater ist ein Reflex der Gesellschaft, ein Seismograph der politischen und moralischen Befindlichkeit.

Koproduktionen und Kooperationen, Gastspiele und Festivals sind ein Weg in diese Richtung. Nach wie vor muß es die vielen unverwechselbaren Theater der deutschen Theaterlandschaft geben, aber wir brauchen auch den gegenseitigen Austausch. Da sind Gastspiele nicht nur hilfreich, sondern sogar nötig – national wie auch international.

Europa wird erst Europa, wenn wir »rüber und 'nüber« austauschen. Deutschland ist wirklich vereint, wenn es gilt, wie die aus Cottbus bei uns sangen: »Hoppsa, hoppsa, rüber und 'nüber«. Das läßt hoffen!

Theater heute

★

Theater ist gestern, nie von gestern,
ist heute, aber nie heutig,
und hoffentlich für morgen.

★

Ich habe schon vor vielen Gremien und vor vielen Menschen gesprochen: vor dem Papst, vor Politikern, vor Journalisten und vor vielen Theaterleuten, Künstlern und Kritikern. Und natürlich vor denen, für die wir Theater heute machen, vor unserem Publikum. Noch nie habe ich vor Eisenhüttenleuten gesprochen, und ich weiß auch gar nicht, ob wir immer dieselbe Sprache sprechen. Pardon, ich spreche ja nicht vor Eisenhüttenleuten, sondern vor meinem Publikum. Ich habe mir die Themen der Festvorträge durchgelesen, die hier seit 1920 bei den Hauptversammlungen gehalten wurden. Das hat mir Mut gemacht. Da wurden nicht nur soziologische, politische, medizinische, philosophische Themen ausgebreitet, da wurden historische und anthropologische Themen erörtert, aber auch die Aufgaben der Kunst im technischen Zeitalter wurden befragt.

Sie haben mich gefragt: »Theater heute«, was ist das? Ich frage gleich zurück: »Theater heute«, was ist das für Sie? Gehen Sie überhaupt ins Theater? Wenn ja, warum? Wenn nein, warum nicht? Sind wir Ihnen zu modern? Zu altmodisch? Wollen Sie abends nicht mehr von uns angestrengt werden? Wollen Sie Amüsement oder noch schlechter, wollen Sie Amüsemang? Warum gehen Sie ins Theater? Ihrer Beglei-

---

Vortrag vor dem Verein Deutscher Eisenhüttenleute anläßlich des Eisenhüttentags in Düsseldorf, 15. November 1991

225

tung, dem guten Ton zuliebe? Weil es sich so gehört, weil man Menschen trifft? Oder weil es Sie aufregt? Ist Theater heute für Sie essentiell? Würden Sie auf die Barrikaden gehen, wenn Theater geschlossen werden? Ist ein Krankenhaus nicht wichtiger als eine Oper? Oder sind Politiker nicht dazu da, beides zu ermöglichen? Ist das vordringlichste Problem des Theaters heute nicht die Frage nach den Theatern der neuen Bundesländer?

Die Theater dort waren bis zur Wende dirigistisch geführt und bezahlt. Jetzt fehlt das Geld und das Publikum, wie in den Kirchen. Beide aber haben die Wende mit bewirkt. Unsere Bundesregierung hat trotz unserer föderalen Struktur im Einigungsvertrag den Kultureinrichtungen der neuen Bundesländer 900 Millionen zugestanden, und ich darf mit im Ausschuß des Bundesinnenministeriums sein, wo dieses Geld an die Theater verteilt wird, damit es dort überhaupt weitergeht. Denn das wird viel zu wenig gesagt: Auch wenn es keine Wende gegeben hätte, die Theater waren sowieso marode und vor dem Ende. Technisch läßt kein TÜV mehr diese Theater zu. Sie müssen restauriert, von der Infrastruktur so verändert werden, damit sie überhaupt weiterspielen dürfen. Im nächsten Jahr werden es 600 Millionen sein, die die Bundesregierung zur Verfügung stellt. Wofür? Um diese reiche Kulturlandschaft am Leben zu erhalten. Vielleicht gibt es ein paar Orchester zuviel, auf zu kleinem Raum. Aber wer darf das sagen in einer Stadt, in einem Land wie Nordrhein-Westfalen, wo Gott sei Dank eine so reiche Kulturlandschaft ist, wo fast jede Stadt ihr eigenes Theater und ihr eigenes Orchester hat. Zuviele Theater gibt es nicht. Für mich ist es wichtig, mit Theater, mit Kultur aufzuwachsen.

80 Theater in der ehemaligen DDR wissen nicht, wie es weitergeht. Theatern und Orchestern droht die Schließung. Ich habe jetzt sehr viele Theater bereist, aber eines muß ich Ihnen sagen im Unterschied zu anderen Wahrnehmungen: In den Theatern wird produziert und nicht nur konsumiert. Es

werden Premieren gefeiert, das Theater ist lebendig. Die Wirtschaft und die Politik hatten uns entzweit, die Kultur war nie ganz getrennt. Die Sprache war zwar etwas verschieden zwischen unseren Ländern, aber Goethe und Schiller hatten uns geeint. In der ehemaligen DDR gab es keine Zeitverträge, und dadurch entstanden diese viel zu großen Ensembles, die auch überaltert waren. Man konnte sich von keinem trennen. Meine Damen und Herren, so lieblos es klingt, in der Kultur, in der Kunst gibt es keine soziale Frage. Wenn ich einen Guten habe und einen Besseren finde, engagiere ich den Besseren. Zwischen Eisenhütten und Theatern aber besteht ein Unterschied. Die Hütten, die dort geschlossen werden müssen, sind nicht wirtschaftlich. Wir Theater sind nie wirtschaftlich.

Kultur und Kunst sind nicht bezahlbar, obwohl gerade Künstler sehr genau auf ihre Bezahlung achten. Kultur muß und will auch Sand in das Getriebe werfen, um die Widerstandskraft des Materials zu prüfen.

Unsere Emissionen sind oft giftig, weil sie dreckige Wirklichkeit zur Klärung vorzuführen haben und nicht heile Wirklichkeit. Die Umwelt muß durch uns gestört, aufgestört werden, um dann zur Beruhigung beizutragen. Hören Sie bitte auch den letzten Nachsatz. Viele meiner Kollegen bleiben bei dem ersten Halbsatz des Störens und des Aufstörens, haben aber nicht das Ziel im Auge, daß auch Aufstörung zur Beruhigung beitragen kann.

Sie wisen, daß Maecenas, der Vertraute des römischen Kaisers Augustus, Horaz und Vergil unterstützt hat. Ich kenne viele Menschen, die würden auch Vergil und Horaz unterstützen. Wenn Sie wüßten, daß es Vergil und Horaz sind. Da sehen Sie, das ist das Problem bei allen Sponsoren und Mäzenaten. Meier und Schulze als Vergil und Horaz zu erkennen, das heißt Mäzen sein. Wer ist das heute? Botho Strauß, Martin Walser? War es Heinrich Böll, Thomas Bernhard, Franz Xaver Kroetz? Ich weiß, daß es nicht Simmel ist oder Konsalik.

Der Sinn der staatlichen Subventionen ist, Dinge zu ermöglichen, für die ein Privatmann kein Geld gäbe. Oder unterschätze ich die Privatleute? Ein Künstler muß nicht unbedingt die Gesellschaft bekämpfen, von der er ja auch lebt. Aber er hat sie immer provoziert im Theater heute. Reich-Ranicki hat darauf im Bereich der Literatur hingewiesen. Alle, Dante und Shakespeare, Voltaire und Lessing, Schiller und Kleist, Dostojewski und Gogol, aber auch Proust, Kafka und Joyce waren Provokateure. Und auch die Gestalten, die nach ihrem Ebenbild geschaffen wurden, waren Provokateure. Antigone, Don Juan, der die Gesellschaft ignorierte, Hamlet, Faust, Fürst Mischkin, aber auch ihre Paare, die ihre Liebe jenseits von Anstand und Sitte lebten, sind verkörperte Herausforderungen. Hero und Leander, Tristan und Isolde, Romeo und Julia, Ferdinand und Luisa, Anna Karenina und Wronski.

Staaten und Systeme, die den Künstlern die Provokation untersagen, waren und sind Diktaturen, die die Kraft der Provokateure spüren und die Kunst in die Hände von Kunstbeamten geben. Für diese Staaten ist Kunst etwas Fremdes, etwas Feindliches. Georg Lukacs hat das spöttisch so formuliert: »Talent ist ohnehin eine Rechtsabweichung«.

Was ist Kunst? Die Fähigkeit des Menschen zur Utopie, die Fähigkeit des Menschen zur Phantasie, die Fähigkeit des Menschen zur Innovation, aber auch zum Bewahren, aber auch in der Lage zu sein, das ausdrücken zu können. Kunst ist aufregend, anregend, anstoßend.

Sie müssen uns aber auch erlauben, daß wir anstößig sind. Subventionen bei uns sind in Wahrheit Investitionen. Eine Studie hat bewiesen, daß der Einsatz von 1 Million für die Kultur in einer Region 1,4 Millionen für das ganze Gebiet bringt.

Über allem schwebt die Frage nach dem Oberbegriff von Kunst, der Kultur. Kultur: Ein großer Begriff, schwer zu definieren, vielfach unterteilt und anderen Geisteswissenschaften zugeordnet. Da gibt es die Kulturwissenschaft, die Kulturphilosophie, die Kulturanthropologie, die Kulturpsychologie, die Kultursoziologie. Neuerdings werden immer mehr »Kulturen« in der Biologie gezüchtet, und in der Tagespolitik rumort die Kulturrevolution. Kultur, so glaube ich, ist die Gesamtheit der typischen Lebensformen einer Bevölkerung, einschließlich ihrer Werteinstellungen.

Auch das sei in diesen Tagen der Diskussion um verschiedene Paragraphen erwähnt: Auch die Werteinstellungen gehören zu der Kultur eines Volkes. Wir alle leben in verschiedenen Kulturlandschaften. Aber ich kann nicht glauben, daß dieser so allgemeine Kulturbegriff die Kraft, die Energie ist, die aus Naturvölkern Kulturvölker macht – Völker, die bis dahin ungesehene und unvorstellbare Bilder, Denkmäler, Bücher, Bauwerke, Dramen geschaffen haben, Dramen und Tragödien, aber auch die Komödie. Die Komödie der Irrungen und Wirrungen, aber auch die Göttliche Komödie. Das Drama, das erhebt und in den Orkus stürzt, das Drama mit dem furchtbaren Kaliban, aber auch mit der wunderbaren Miranda, das Spiel vom Ende der Zeiten, das Welttheater im Himmel, auf Erden und in der Hölle.

Und wenn wir Sie oft erschrecken im Theater heute, weil es oft so schrecklich zugeht in diesem Theater heute, dann deshalb, weil wir auch in der Hölle unseren Spielort angesiedelt haben. Und die Hölle ist kein Kohlenkeller. Wie sagt der Psalmist: »Aus der Tiefe, Herr, schrei ich zu Dir.« Das ist dann nicht mehr schönes Theater, nicht mehr erbauliches Theater.

Rainer Kunze hat geschrieben: Im Mittelpunkt steht der Mensch, nicht der Einzelne. Der Einzelne ist nicht lebensfähig, er braucht den Dialog mit dem »Du«. Auch ein Solist wird getragen von einer Begleitung oder dem respondierenden Publikum. Wir brauchen Sie als Publikum. Früher als man noch theologische Dinge anführen durfte, sagte man: Ein Priester kann eine Messe nur abhalten, wenn wenigstens ein Meßdiener dabei ist, sonst ist die Messe nicht gültig.

Warum? Auf das »Dominus vobiscum« mußte ein »et cum spiritu tuo« folgen. Und diesen Dialog, den brauchen wir von Ihnen im Theater heute.

Man sagt so oft, wir sollten doch das amerikanische System einführen: nicht Subvention durch den Staat, sondern durch private Träger. Das ist doch ein Trugschluß. Die amerikanischen Sponsoren können doch ihre Stiftungen größtenteils von der Steuer abziehen, und damit ist ihre Stiftung doch auch öffentliches Geld. Nur verlangen sie meistens dafür etwas: Wohlverhalten, bestimmte Stücke, bestimmte Ziele. Ich schätze das anonyme, allgemeine Geld, das dem Intendanten die Möglichkeit gibt, Intendant zu sein. Entweder man gibt bedingungslos oder gar nicht als Mäzen. Gnade ist nicht zuteilbar, schon gar nicht in Portionen. Der Mäzen, der ein Porträt bestellt, das ihm ähnlich sein muß, ist unmäzenatisch. Der Wunsch künstlerisch, aber anständig, ist unmäzenatisch. Der Wunsch schön und nicht wehtuend, ist unmäzenatisch.

Ich glaube, ein Mäzen ist ein Mensch, der herausfindet, daß er ungerechtfertigterweise zuviel Geld hat und das Zuviel zurückführt. Wir müssen ihn motivieren, wohin er es zurückführt.

Mäcenas war eben ein *Mäzenat,* weil er für seine Gaben nichts wollte. Sponsoren wollen einen Gegenwert – und ich verstehe das. Ich spreche nicht von sauren Trauben. Viele Mäzenaten und Sponsoren haben mir das Prinzregententheater in München wiedergeschenkt und Ihnen allen sei Dank. Seien Sie versichert, daß ich mich wieder an sie wenden werde. Aber das große Geld kam vom Steuerzahler, bewilligt vom Bayerischen Landtag. Wir Theaterleiter in der Bundesrepublik sind in der glücklichen Lage, daß unsere Theater und Orchester von der öffentlichen Hand subventioniert sind.

Das heißt nicht, daß wir nicht glücklich sind über jedes Sponsorengeld, das wir brauchen, um Dinge möglich zu machen, für die der Staat uns kein Geld gibt. Und das ist wahrlich viel. Aber wenn ich Ihnen die Proportionen andeuten darf: Es sind 250 Millionen DM, die durch die Sponsoren an die Kultur gegeben werden. Die öffentliche Hand gibt sieben Milliarden. Ich sehe auch bei den Sponsoren eine Gefahr auf uns zukommen, bei aller Dankbarkeit, die ich habe. Ich sehe die Gefahr, daß künftig Intendanten nach dem Motto gewählt werden: Wer viel Geld nebenbei einbringt, ist ein guter Intendant. Aber ein Geldbesorger garantiert nicht die künstlerische Leistung eines Hauses.

Ich fürchte auch, daß, wenn der Staat sieht, daß andere Geldquellen erschlossen werden, sich die Finanzminister und Kämmerer zurückziehen. Die Armensuppe der bloßen Existenz werden sie weiter subventionieren, aber die Fettaugen sollen wir uns selbst besorgen. Die Subventionierung der Kultur durch die öffentliche Hand ist aber keine freiwillige, sondern sie ist eine Pflichtaufgabe. Nicht so in anderen Ländern, aber Gott sei Dank in unserem, wo der Kulturauftrag gesetzlich verankert ist.

Ich fürchte keine billige Bandenwerbung. Hamlet wird auf der Bühne nie ein Leibchen tragen mit der Aufschrift: »Nur Puma garantiert Sein oder Nichtsein.« Aber ich befürchte eine Abhängigkeit, die wir jetzt nicht haben. Unser Anstoß muß auch anstößig sein dürfen. Und wer garantiert mir, daß die Firma nichts nächstes Jahr schon pleite ist, die Firma, die mich dieses Jahr solvent sponsert, oder daß ich ihr nicht mehr werbeträchtig genug bin?

Und letztens: Dies alles ist nur ein Thema für die großen Theaer. Aber gerade die kleineren Theater, von denen wir – Gott und der Geschichte sei Dank – so viele in Deutschland haben, brauchen mehr Geld. Um die reißen sich keine Firmen, keine Sponsoren. Natürlich, es sei nicht vergessen: Es gibt Privatleute, Sponsoren, die selbstlos moderne Bilder, Musik und Tanz fördern und Dinge ermöglichen, die sonst nicht möglich wären; die eben das unterstützen, was der Staat nicht subventioniert. Sie gilt es zu finden und zu wahren.

Aber von jedem nehme ich auch kein Geld, denn manchmal stinkt's doch. Es gibt auch noch Geschmack, dem wir nicht nachlaufen dürfen, sondern den wir bilden müssen. Der Intendant, der volle Häuser vorweisen kann, ist nach Meinung der vielen ein guter Intendant. Aber volle Häuser erreicht man oft nur mit Gefälligem. Und um einem Geschmack nachzulaufen, braucht man keine Subventionen. Ich habe mich öffentlich für unsere hohen Subventionen bedankt. Aber ich bin es etwas leid, mich immer dafür entschuldigen zu müssen, daß ich von der öffentlichen Hand ausgehalten werde.

Jede Haushaltsberatung will mein schlechtes Gewissen erregen. Aber welcher Bauer hat denn ein schlechtes Gewissen beim Kuhmelken, wenn er an den grünen Plan denkt, welcher Militär beim Absturz eines Flugzeuges?

Eine Bürgerpolitik läßt nicht das »Out« out, das Entweder-Oder zu, sondern versucht, beides zu ermöglichen. Ich glaube, der alternative Vergleich, wie ich anfangs sagte: Krankenhaus oder Theater, ist unstatthaft. Wenn beides zusammen nicht möglich ist, dann muß das klargestellt werden und gesagt werden. Die Lösung kann nicht ein bißchen Krankenhaus und ein bißchen Kultur sein. Wir müssen wieder anfangen zu lernen, Grenzsituationen zu durchdenken. Und Sie wissen, in der Grenzsituation muß ich mich entscheiden, ob ich in der Wüste den Rest Wasser, der nur für einen reicht, dem Freund oder dem Bruder gebe.

Subvention ist nicht nur ein Muß, sie ist auch ein Bekenntnis. Natürlich will jeder seine Prioritäten setzen. Aber es kommt auch mal die Gewissensfrage, ob das Überflüssige nicht genauso nötig ist wie das Flüssige. Wir sind nicht hoch subventioniert für unsere Ideen, für unsere Sänger und Darsteller. Wir sind so hoch subventioniert, weil wir ein Hochleistungsbetrieb mit vielen zigtausend Beschäftigten sind. Und ich glaube, es ist einmal an der Zeit, die echte öffentliche Subvention auszurechnen.

Was geht an den Staat als Steuer zurück? Was bleibt von dem Geld der Sänger in einer Stadt? Welche Seitenbetriebe arbeiten uns zu? Wer berechnet einmal den Wirtschaftsfaktor eines Theaters in einer Stadt? Welche wirtschaftlichen Folgen haben die Festspiele in Bayreuth für die Stadt, von Salzburg gar nicht zu reden? Welche Werbung betreiben wir für eine Kommune, wenn unsere Opern weltweit im Fernsehen ausgestrahlt werden?

Jedes Wirtschaftsunternehmen würde Millionen an Werbekosten dafür ansetzen. Was kostet Persil eigentlich wirklich, wenn ich das alles abziehe, was bei den Theatern selbstverständlich ist? Die Wirtschaft hat ihre Lobby. Unsere Lobby ist allein die Aufführung. Unsere Lobbyisten sind unsere Besucher, und die verschrecken wir mit allzu Experimentellem, mit immer steigenden Preisen und immer geringerem Angebot. Und es soll in Zukunft noch weniger gearbeitet werden. Es soll auch noch mehr gespart werden. Richtig, aber wo? Beim Personal dürfen wir nicht einsparen. Die soziale Besitzstandsmehrung ist eine heilige Kuh. Wo kann denn noch gespart werden? Nur und einzig allein bei der Produktion. Nur bei diesen 15 Prozent, die uns verbleiben. Aber an diesen 15 Prozent dürfen wir nicht mehr sparen, wenn die 85 Prozent noch sinnvoll sein sollen. Noch mehr Freizeit heißt, weniger Vorstellungen. Noch weniger Vorstellungen heißt, den Sinn von noch mehr Freizeit für unsere Bürger sinnlos machen.

Wir haben früher samstags zweimal gespielt, sonntags zweimal gespielt. Heute verlangen die Senioren mit Recht von uns eine Nachmittagsvorstellung. Was tun wir? Immer öfter ist das Schild »Fällt aus« zu sehen. Aber warum? Unsere Bühnenarbeiter nehmen natürlich genauso teil an der sozialen Mehrung und haben mehr Freizeit. Und was tun wir? Wir müßten ein zweites Ensemble engagieren. Das wird aber dann noch teurer.

Alle Stücke im Theater heute sind ein Wagnis. Ich habe den »Tristan« sechsmal inszeniert, die »Zauberflöte« achtmal in verschiedenen Ländern, und immer wieder habe ich einen neuen Aspekt dieser Opern inszeniert, weil ich sie immer noch nicht kenne. Nein, weil die Opern so reich sind, so facettenreich, daß sie immer eine neue Herausforderung für mich sind und ich immer in neuen Bühnenbildern und in einer neuen Interpretation das Stück darbiete.

Nun kommt eine Schwierigkeit. Die meisten, die ins Theater gehen, möchten gerne immer eigentlich das sehen, wie sie das Werk kennen. So wie sie einmal den Schiller früher gesehen haben, daran hängen sie, und sie meinen, das wäre der Schiller. Das war aber nur der Schiller, den sie zuerst gesehen haben, und jetzt kommen sie von dieser Hör- und Sehgewohnheit nicht mehr frei. Und darum verärgern wir sie so oft und sie sagen, »das hat doch nichts mit Schiller zu tun«. Dann frage ich zurück: »Woher wissen Sie denn, was mit Schiller zu tun hat?« »Ja, ich habe doch damals bei Stroux ...« »Ja, sehen Sie,« sage ich, »das meine ich auch. Das war auch richtig und auch gut, aber ob das *der* Schiller war bei Stroux, wer weiß das heute noch?«

Wir haben keine Wahrheit. Wir haben vielleicht eine Richtigkeit. Und das Verum, das Bonum, das Pulchrum mag für andere Gebiete stimmen, für uns stimmt es nicht. Alle Stücke – ich sagte es bereits – sind ein Wagnis. Sie können nur aufgeführt werden, weil öffentliches Geld dafür da ist, Wagnisse einzugehen. Aber auch wir müssen mit Bertolt Brecht die Frage stellen: »Was ist besser, sich die Fußnägel zu schneiden oder immer größere Stiefel anzuschaffen.«

Damit komme ich zum Publikum, zum Adressaten, für den wir alles machen. Für wen spiele ich denn Theater heute, für wen mache ich Oper? Muß ich in einer pluralistischen Gesellschaft berücksichtigen, daß heute das Abonnement grün oder rot dran ist, heute Protestanten oder Katholiken oder Sozialisten an der Reihe sind? Habe ich mich als Intendant an der Kasse zu erkundigen, wer mein Publikum ist? Ich meine, ein Intendant muß so etwas sein wie ein Brennglas, in dem sich das fängt, was ein Publikum ist.

Ich spiele eigentlich für mich. Das klingt hochmütig, ist aber so gemeint, daß ich der Beurteiler sein kann und sein muß. Und wenn sich erweist, daß ich es nicht bin, dann muß ich mich absetzen. In Schillers Xenien heißt es »Ehemals hatte man einen Geschmack, nun gibt es Geschmäcke, aber sagt mir, wo sitzt dieser Geschmäcke Gechmack«. Und als auf des Vaters Leichenfeier allzu schnell der Mutter Hochzeit folgte, als das Gebackene vom Leichenschmaus die kalten Hochzeitsschüsseln bestückte, da rief Hamlet »Wirtschaft, Horatio, Wirtschaft«.

Meine Damen und Herren, Shakespeare unterschob damit wohl der Wirtschaft die Fähigkeit, aus allem immer wieder alles zu machen. Aus Totenhemden Hochzeitskleider zu schneiden und das Übriggelassene vom kalten Büffett für das Dinner zu verwerten. Wirtschaft paßt sich an und paßt auf, daß alles Zweckmäßige den Zwecken zugeführt wird und daß alles Unzweckmäßige verschwindet. Kultur kennt keine Zwecke, und das Unzweckmäßige hat seinen Sinn. Gerade wir, die wir uns so viel einbilden auf den großen Stellenwert der Kultur, wir müssen wissen, daß diese Sachlage ohne eine florierende Wirtschaft, ohne den Steuerzahler nicht möglich ist. Trotzdem gibt es einen Grundunterschied zwischen Kultur und Wirtschaft. Die Wirtschaftler müssen produzieren, *was* ankommt, wir machen, *worauf* es ankommt.

Das klingt hochnäsig, so als ob Lebensmittel keine Mittel zum Leben wären und nur Kunst notwendend sei. Wir müssen aufpassen, uns nicht in Lager zu teilen, aus denen wir nicht mehr herauskommen. Wir alle, Unternehmer und Kultur, schaffen Werte und manchmal Unwerte für den Menschen. Wir schaffen Werte für den Menschen von morgen, dessen Bedürfnisse wir noch gar nicht kennen. Wie viele große Künstler wären nicht durchgekommen, hätten sie sich nur nach dem Geschmack, nach der Notdurft gerichtet.

Auch wir müssen manchmal den Markt beobachten, um nicht ganz im luftleeren Raum zu arbeiten. Aber wir treiben keine Marktforschung, keine Feldanalyse, was der Markt, nein, der Käufer will oder wollen soll.

Sicherlich, Wirtschaft und Kultur dienen dem ganzen Menschen, dem mit Kopf, Herz, Bauch, Geschlechtsteilen und Füßen, mit denen er auf dem Boden der Wirklichkeit steht. Unser wirklicher Dienst aber gilt nicht nur der Wirklichkeit, sondern einer Gabe des Menschen, die sein schönstes und höchstes Attribut ist, der Phantasie. Auch Sie brauchen Kreativität, Phantasie bei der Produktgestaltung. Aber sie muß zweckgebunden bleiben, und unsere darf zwecklos sein. Unsere Kulturgeschichte ist durchwebt von dem Imperativ: Du sollst Dir ein Bild machen. Und so haben wir in Bildern uns und unsere Umgebung abgebildet. Als der Erste sich aus der Horde löste, allein ging, ein Avangardist war, ging er nach Altamira und malte an den Höhlenwänden ein erstes Abbild. Wir haben in Sprachbildern die Natur und unsere Seelenlagen eingefangen, haben mit der köstlichsten Begabung, die ein Mensch empfangen kann, unserer Phantasie, Bilder entworfen – irrationale, verrückte, utopische, aber bis an den Himmel heranreichende. Wir, selbst Abbild, bilden uns in und durch Bilder. Im Wort »Bildung« ist das Hauptwort Bild. Aber heute werden wir mit Bildern so überflutet, daß die Sprache verkümmert und Bildung gefährdet wird, weil die Bilder uns so überfallen, daß unsere Phantasie belegt wird mit vorgebildeten Bildern und unfähig wird zum eigenen Entwurf.

Theater heute heißt zunächst einmal Motivation. Menschen zum Sprechen zu bringen, Menschen zum Spielen zu bringen, Menschen zur Freude bringen, aber auch zur Anregung und Aufregung. Die Fülle der Bilder hindert uns auch oft daran, ein Vorbild zu finden, weil das Einmalige, das Fordernde des Vorbilds überschwemmt wird von Bildkaskaden, die ein Verweilen schwer machen.

Bei Prüfungsarbeiten wird nicht mehr nach der richtigen Lösung gefragt, sondern es werden mehrere Lösungsangebote gemacht, woraus man auswählen kann. Der Gebildete weiß und kennt vieles, aber weit mehr ist er in der Lage, über seinen Bilderrahmen hinauszudenken und zu phantasieren. Er ist kraft seiner Phantasie, die das Unmögliche möglich macht, fähig, eine Utopie zu entwerfen und diesen ortlosen Ort zu einem Zentrum zu machen. Nur durch Utopie wird Wirklichkeit weitergebracht.

Paul Tillich, der große Theologe, sagt, »Mensch sein heißt, Utopie haben«. Und ich glaube, diese »ortlose Bestandsaufnahme« ist eine positive Stellungnahme, denn alle Utopien sind Negationen der Negation. Menschen ohne Utopien, wenn es die überhaupt gibt, sind reine Gegenwartsmenschen. Sie sind der Gegenwart verfallen und projizieren keine Zukunft, keine Kunst und keine Hoffnung. Ich denke an ein Wort von Verdi: »Wenn man die Wirklichkeit nachbildet, kann etwas recht Gutes herauskommen. Aber Wirklichkeit erfinden ist besser, weit besser.«

Kultur ist eine Vision, entworfen kraft der Phantasie eines Erfinders, eines Planers, eines Goldgräbers, eines Pioniers, eines Phantasten, eines Wirtschaftlers. Wir alle leben von der Vision einer besseren, einer friedlichen Welt. Ich glaube, man hat keine Kultur, sondern man *habe* Kultur. Und dieser Konjunktivus Optativus möge uns begleiten, wenn wir allzu sicher sind. Mir scheint so wichtig, mit Kultur zu leben, nicht irgendwo hinfahren zu müssen, um Kultur zu sehen, sondern mit Kultur aufzuwachsen. Darum kämpfe ist um den Erhalt der vielen Theater in den vielen, auch kleinen Städten. Und ich bin aus einer kleinen Stadt, und weiß, was einer Stadt fehlt, wenn sie kein Theater, kein Orchester hat.

Das Aufwachsen mit Theater, Oper und Ballett bildet heran – nicht im Wissen, sondern im Erwachsenwerden mit Kultur. Das heißt auch ein Wachsen mit Kultur zu Qualität. Denn auch Qualität kann man lernen; und zwar nicht nur immer durch vollendete Qualität. Man kann auch für Kultur leben, esoterisch, genießerisch und sich hingebend. Missionare sind für die Verbreitung der Glaubenskultur gestorben, Künstler haben gehungert, weil sie überzeugt waren, daß ihre unerkannte Kunst einmal eine Zukunft haben würde. Schriftsteller haben für die Schublade geschrieben, in der Hoffnung, daß Verleger oder Erben einst diese Laden öffnen würden. Kultur arbeitet Vergangenheit auf, schreibt Gegenwart nieder und hofft auf die Zukunft.

In der Kultur erfüllt sich der Mensch, in der Unkultur brechen alle seine zivilisatorischen Schalen, und der Unrat der ungebändigten Natur, der atavistischen Vergangenheit kommt zum Vorschein. Wir alle tragen den Unmenschen in uns, das Untier. Kultur nimmt dieses Biest an die Leine und domestiziert es.

Kultur öffnet aber auch Narben, unter denen noch Eiter lauert, legt Wunden bloß, die sich unter zivilisatorischen Mullbinden hielten.

Darf ich am Schluß noch fragen: »Was kann Kunst ausrichten?« Lassen Sie mich das ein wenig euphorisch beantworten. Sie kann mich ver-setzen, sie kann mich ver-rücken, sie kann mich ent-fernen, es kann auch gefährlich sein, wenn sie mich nur versetzt, verrückt macht und mich von meinen Problemen und Sorgen und meinen Aufgaben entfernt. Aber sie hat die schöne Gefährlichkeit, meinen Alltag zu versonntäglichen.

Aber sie kann auch mein Bewußtsein wecken, mein Gewissen schärfen, meine Sinne mobilisieren und meinen Verstand zünden. Kunst, vor allem Literatur, läßt mich Menschen begegnen, die ich sonst nie kennengelernt hätte. Dichtung transportiert mich in Welten, denen ich nie ausgesetzt wäre. Sie stürzt mich in Abgründe, deren Schlünde ich nie in der Wirklichkeit bestanden hätte. Sie treibt mich auf Berge, die ich nie zu erklimmen gewagt hätte, aber befördert mich auch in einen trüben, stinkigen Hades mit den schönen Blumen des Bösen. Kunst entwirft Welten, die es gar nicht gibt, und beschreibt die Welt, die es gibt, so genau, daß man neu hinschauen muß. Sie zeigt Elend und Schönheit, die selbst meine Phantasie nicht ausmalen könnte. Kunst läßt mich Klänge hören, deren Dissonanzen und Harmonien mich erschrecken und erfreuen lassen. Kunst schafft eine neue Welt und bringt die kaputte alte wieder in Ordnung. Kunst, glaube ich, ist das einzige, was uns aus dem Paradies geblieben ist, wo man uns zum ersten Mal mit unserem Namen anrief und aus dem man uns verwies und in eine Welt entließ, für die wir jetzt verantwortlich sind. Aber das war die Welt, in der dann gleich der Bruder den Bruder erschlug. Und so fing unsere Geschichte an.

Jetzt versuchen wir, mit den uns verbliebenen Glaskugeln des Paradieses diese Welt wieder zusammenzuleimen, die wir selbst vorher auseinandergerissen haben. Kunst tut auch weh, weil sie unsere Gebrechen offenlegt. Kunst tut gut, weil sie Wunden heilt. Kunst bereitet auf den Tod vor, indem sie das Leben lebenswert macht und um die Vergänglichkeit weiß. Die Visio Dei, wenn es sie nun gibt, den Himmel, das ist das größte Museum mit allen Bildern und Phantasien. Das ist der akustischste Konzertsaal, wo es keine Unterteilung zwischen ernster und unterhaltender Musik mehr gibt. Das ist eine Sammlung aller Skulpturen, das ist die Bibliothek aller Summen, ein Museum aller Filmstreifen, die überlebt haben. In der Hölle hört man, sieht man, erlebt man nichts, nur sich selbst und seine Feinde. Die Visio Dei, das ist der Kosmos, in dem alles klingt, psalmodiert, rezitiert, was die Tagesstürme und die Moden überstanden hat.

Ohne Kultur lebt es sich vielleicht leichter, gemütlicher, problemloser, aber auch viel, viel ärmer.

Ein Überlebender sang
das »Lied des Todes« in Wien

Morgen feiern wir 50 Jahre Kriegsende. Feiern? Wir gedenken des Endes der Tragödie. Nein, das war keine Tragödie, kein unverschuldetes Schicksal, das war gewolltes Verbrechen. Begann dann Schuldeinsicht und Sühne? Selbst heute streitet man noch unsinnig, ob das Ende Befreiung oder Niederlage war, Gott sei Dank eine Niederlage, der die Trauerarbeit folgen sollte.

Das Theater machte sich gleich an die Bewältigung – man wollte spielen, zeigen, darstellen, auf primitiven Bühnen, in kaputten Häusern, auf Hinterbühnen. Das Publikum brachte Briketts mit, man fror und hungerte, aber man wollte »Wir sind noch einmal davongekommen« sehen, später »Des Teufels General«, wollte die Stücke kennenlernen, die in der Nazizeit verboten gewesen waren, wollte sich wieder mit Wedekind und Sternheim auseinandersetzen, wollte Thornton Wilder kennenlernen und die ausländischen Stücke, die eine borniere Kulturpolitik nicht hereingelassen hatten.

In der vorigen Woche feierte die Republik Österreich ihren 50. Geburtstag. Die Wiener Staatsoper beging diesen Tag auf eine außerordentliche Weise. Sie spielte Komponisten, die in der Nazizeit verboten waren, denen man ausgewichen war, die man vergessen, vertrieben, ermordet hatte. Da erklangen Mahler und Korngold, Schreker und Egon Wellesz, da sang Agnes Baltsa ein Lied von Hanns Eisler, Placido Domingo eine Arie von Meyerbeer, José Carreras aus »La Juive« von Halévy und die Gruberova Lieder von Felix Mendelssohn-Bartholdy. Der Direktor hielt eine mu-

Kolumne aus der »Welt am Sonntag« vom 7. Mai 1995

tige Rede und bekannte, was längst bekannt werden mußte, weil es alle wußten: Auch in der Oper wurde diskriminiert und verfolgt, viele mußten emigrieren, manche wurden ermordet. Viele erhielten Vorteile durch die Nachteile der Kollegen, schauten zu und schauten weg. Und nach 1945 waren die Arbeitsplätze der Vertriebenen besetzt oder wurden wieder besetzt, von denen, die sie in der Nazizeit schon besetzt gehabt hatten.

Die Geschichte kennt keine Wiedergutmachung und nicht alle Formen der Musik sind deshalb schon gut, weil sie verboten waren. Aber die Zeit des Verdrängens und Verschweigens muß zu Ende sein, nicht Verurteilungen und Schuldzuweisungen sollen ausgesprochen werden, sondern lange verschwiegene Wahrheiten.

Am Schluß dieses bewegenden Abends – die ganze Regierung war in der Oper – sang der tschechische Sänger Karel Berman ein »Lied des Todes« von Viktor Ullmann, der in Theresienstadt mit Gefangenen seine Oper »Der Kaiser von Atlantis« aufgeführt hatte. Karel Berman hat als einziger dieser Künstler Theresienstadt überlebt. »40 Jahre wollte ich an der Wiener Staatsoper singen, jetzt, 76jährig darf ich es – ein Totenlied.«

Ich habe, als 17jähriger aus dem Krieg zurückgekehrt, auch durch das Theater die Vergangenheit kennengelernt, Lebenshilfen empfangen und Ideale und Utopien für die Zukunft eingeholt. Heute lachen wir über den Nazi-Ideologen, der bei einem Mozart-Fest trompetete: »Wer für den Führer kämpft, kämpft für Mozart«.

Die Liturgie hat ihre festen Feiertage, die Theater haben ihre Premieren, Familien haben ihre Geburts- und Namenstage.

Ein Volk hat seine Gedenktage.

Morgen gedenken wir der Opfer, danken wir den Befreiern und denken hoffentlich daran, daß es einen weiteren »8. Mai« nicht geben darf.

Wenn die Gefühle übermächtig sind, dann singt der Mensch

Flicht die Nachwelt dem Mimen wirklich keine Kränze?

An einige denkt man etwas länger, andere sind schnell vergessen. An Heinz Rühmann dachte man in den letzten Tagen noch sehr, wir sahen viele Reprisen – es war ja auch gerade ein Jahr. Wer kennt noch Friedrich Domin – den großen Wallenstein, wer Robert Graf – »Draußen vor der Tür«, wer Paul Bildt, der aus kleinen Rollen große Charakterstücke machte. Therese Giehse ist in München noch nicht vergessen, aber Tilla Durieux, Christa Keller – *die* Anne Frank. Fußnoten sind viele geworden, die ehemals Schlagzeilen bewirkten. In diesen Tagen drängen sich viele Erinnerungen auf. Vor 30 Jahren starb Hans Knappertsbusch. »Kna« mit seinem gemeißelt kantigen Schädel, der grobe, unendlich weiche Dirigent, der seine Sänger beschimpfte und liebte, der sein Orchester forderte, drangsalierte und streichelte. Er schlug nicht den Taktstock, er schlug mit ihm.

Vor 20 Jahren starb Walter Felsenstein. Ohne ihn gäbe es nicht das, was wir heute »Musiktheater« nennen und womit wir uns von der großen Oper absetzen wollen. Sein Credo war: Wenn die Gefühle des Menschen übermächtig sind, wenn er nicht mehr sprechen kann, dann singt der Mensch. Singen war für ihn der größte, der enthüllendste Ausdruck. Er machte aus Sängern Schauspieler, aus Arien wurden Großaufnahmen der Seele, das Geflecht der Beziehungen der Agierenden interessierte ihn, nicht der schöne Einzelgesang. Vor fünf Jahren starb Leonard Bernstein, ein Musiker,

Kolumne aus der »Welt am Sonntag« vom 22. Oktober 1995

der nicht Musik machte, sondern lebte. Als 25jähriger übernahm er ohne Proben ein schweres Konzertprogramm und überzeugte sofort Musiker und Zuhörer: A star was born – ein Stern, der mit seinen Schnuppen zündelte. Aber es war kein kaltes Licht, es war das Feuer eines Verbrennenden, der uns entbrannte. In den kleinen schwarzen Notenköpfen sah und interpretierte er Chaos, Himmel und Hölle, er fand Leidenschaft, wo andere gepflegte Dramatik entwickeln. Hans Schweikart wäre in diesen Tagen 100 Jahre geworden. Kennt man ihn noch? – den Bavaria-Chef, dann Intendant der legendären Kammerspiele Otto Falckenbergs. Er war der Meister des psychologisch-poetischen Theaters. Nur einen Zustand zu zeigen, schien ihm plakativ, die Gründe des Zustands zu ergründen und sichtbar zu machen, war sein Regiestil. Ich, der ich sein Schüler sein durfte, höre ihn noch sagen:»Jeder Schnupfen hat 18 Ursachen«. Diese herauszufinden und differenziert darzustellen, reizte ihn. Nicht die actio war ihm so wichtig, auf die reactio war er gespannt.

Es gab viel spektakuläreres Theater – bei Hans Schalla in Bochum, bei Gustav Gründgens in Düsseldorf; Hans Schweikart bevorzugte die leisen Töne, er spielte Kammermusik in den Kammerspielen mit einem Ensemble, mit dem man vor allem die kleinen und kleinsten Rollen unvergleichlich besetzen konnte. Er war das Kind taubstummer Eltern – und er sprach mit Gebärden und Gesten. Er ziselierte, wo andere wild mit Ölfarben klecksen, er malte mit Wasserfarben, wo andere spachteln; er erlaubte keine Theatertöne, er war kein Realist, er war Reellist. Die laute Explosion war selten – Getöne und Getöse wurden ironisch eingestreut, er zündete Implosionen. Und er tat etwas heute so völlig ungewohnt Gewordenes: Er bildete seinen Nachfolger heran, er lehrte ihn den Intendantenberuf: Etats lesen und einhalten, Tarifrecht kennen und anwenden, Spielpläne für eine bestimmte Stadt konzipieren, Reden am Grab und bei der Premierenfeier. Seine Lektion für einen Intendanten hieß:

»Der ideale Intendant ist zugleich ein Intellektueller, ein Manager – ein Enthusiast, Don Quichotte und Geschäftsmann, ein Zentaur mit einer Dichterstirn und vier derben Pferdefüßen«.

Freie Rede darf Menschen nicht
unfrei machen

Wie oft hörten wir Klagen aus dem Publikum, daß man die Schauspieler gar nicht verstünde – akustisch –, sie könnten nicht mehr sprechen, nicht artikulieren. Die Klage war oft berechtigt. Die Ursache aber nicht nur Sprachfaulheit. Es begann in den Endsechziger Jahren, daß Schauspieler nicht mehr »gut« sprechen wollten, jedes Bardentum sollte vermieden werden. Man wollte sich dem Publikum nicht an den Hals werfen. Sie sollten gefälligst besser aufmerken. Auch der Sprechunterricht in den Schauspielschulen ließ nach. Das Knurren, Knarzen und »Weg-sprechen« wurde eine Ausdrucksform. Manche sprachen auch bewußt so leise, daß das Publikum empört reagierte. Viele Stücke vermieden auch jegliche gehobene Sprache, um nicht in den Verdacht der lügnerischen »Schauspielerei« zu kommen.

Sie wissen, wie sich formal die Darstellung der Klassiker veränderte. Das geschah auch aus dem Grund, daß man der festgefahrenen Form überdrüssig war, daß man die Seh- und Hörgewohnheiten, die sich einge-»bürgert« hatten, stören wollte.

Das alles hat sich in den letzten Jahren wieder gewandelt. Schauspielschulen legen großen Wert auf Sprecherziehung. Man hat den Hochmut gegenüber dem Publikum in vieler Weise gelassen, man will verstanden werden, will erreichen.

Mit Schmunzeln beobachte ich, wie die Rhetorik wieder den ihr gebührenden Platz erhält. Manchmal denke ich daran, eine Rhetorikschule zu eröffnen für Politiker, für Geistliche, für Vorstände. Nicht die Rhetorik, die in selbstge-

Kolumne aus der »Welt am Sonntag« vom 3. Dezember 1995

fälliger Weise täuscht und mehr überredet, denn überzeugt. Eine Rhetorik, in der Form und Inhalt kongruent sind.

Was politische Rhetorik angeht, sind wir gebrannte Kinder. Das »Wollt Ihr den totalen Krieg« vergißt man nie – auch nicht das zustimmende Gebrüll der Tausenden. Wenn Hitler in Wien den Eintritt »seines Volkes in die Geschichte« vermeldete, konnte man nicht glauben, daß diese Verführungsrede nur Zustimmung fand. Die Reden des Cicero sind Lehrbeispiele für geschliffene, kluge Reden, aber auch Abraham a Santa Clara schwemmte durch formulierte Gefühle die Einwände weg. Ich erinnere an die aufrührerischen Reden des Pater Leppich und manche Meisterleistung im Bundestag.

Die Kultur der Rede ist verflacht. Wie spannend waren die Rededuelle mit Meinung und Gegenmeinung an zwei Ambonen und der Conclusio am Schluß. Aus der freien Rede wurde vielfach eine abgelesene, vorformulierte, stereotype Vorlesung.

In Amerika weiß man bei jeder Rede, daß sie mit einer Anekdote beginnt, um aufmerksam zu machen, dann wird es ernst und sachlich und endet beschwingt. Bei uns folgt Rede auf Rede, oft mit demselben Inhalt, und Karl Valentin sagt dazu mit Recht: »Es ist alles gesagt, aber nicht von allen«.

Mit Befremden merke ich, daß das »Volk« wieder emotional auf Reden reagiert, unüberlegend. Wenn eine inhaltlich schwache, formal mitreißende politische Rede alle umdrehen kann – so gibt das zu denken. Wenn ein prinzeßliches Interview, mit großen Augen und dunkler Stimme vorgetragen, einem Volk neue Sympathien entlocken kann, dann läßt das wieder fragen, ob die Stimmen der meisten die Stimmen der Besten sind. Die freie Rede ist eine hohe Begabung des Menschen, sie darf nicht unfrei machen.

In Mailand lachte Mozart
vom Himmel

In Mailand trafen sich die europäischen Operndirektoren, um die Situation der Opernhäuser zu diskutieren. Für die Scala war gerade ein Streik abgewehrt worden, der die Eröffnung, alljährlich am Ambrosius-Festtag stattfindend, verhindert hätte. Soll die Scala eine Stiftung und eine GmbH werden, wird der staatliche Zuschuß festgeschrieben, sind die kleinen Häuser in Italien zu halten? Fragen, die öffentlich diskutiert wurden. Diese Fragen sind immer wieder berührt von der Kunstfreiheit, von der Kulturpolitik, die auch Sozialpolitik ist und in Österreich zur Außenpolitik gehört.

Wir Deutschen wurden nach den Auswirkungen des neuen Steuergesetzes befragt. Dieses Gesetz, das vor allem Steuerflüchtige treffen sollte, für das die Künstler nur eine quantité négligeable sind, wirkt sich besonders für die großen Opernhäuser gefährlich aus. Ausländische Sänger, ohne die kein Opernhaus auskommen kann, haben ihre Verträge – und die werden Jahre im voraus gemacht – unter der Maßgabe einer 15-Prozent-Steuerabgabe geschlossen. Plötzlich sind das ab 1. Januar 25 Prozent – das ist auch im Vergleich mit anderen Ländern akzeptabel – dazu kommt Mehrwertsteuer, und es kann sich auf über 50 Prozent steigern, wenn sie als unselbständig eingestuft werden. »Unselbständig« aber sind alle Sänger, die an mehreren Abenden und bei Proben beschäftigt sind. Das sind aber mehr als 95 Prozent aller Sänger. Die Auswirkung dieser Steuererhöhung, die auch auf die Gagen niederschlägt, kann von den Häusern nicht aufgefangen werden. Andererseits wird aber der öffentliche Zuschuß reduziert. Fra-

Kolumne aus der »Welt am Sonntag« vom 17. Dezember 1995

gen, Probleme. Der Bundesfinanzminister, selbst der Kultur sehr zugetan, zeigt sich aber gesprächsbereit, und jetzt tagen die Gremien und Ausschüsse. So auch in Mailand und das alles am heiligen St.-Ambrosius-Tag, wo die ganze Stadt dem Ereignis entgegenfieberte. Die berittene Polizei zog schon nachmittags vor der Scala auf; die Demonstranten gegen die großen Firmen, die die Oper sponsern, waren schon da, die Neugierigen säumten die Straßen. Bei Verdi, sagte man, wäre die Aufregung noch größer. Dieses Jahr war es die »Zauberflöte« in deutscher Sprache, von der die meisten Italiener weniger verstehen.

Ich habe die »Zauberflöte« sehr oft inszeniert und saß mit Spannung in der Loge, in der ich vor mir plötzlich Renata Tebaldi entdeckte. Wolfgang Amadeus lachte vom Himmel, als er die Heerscharen der sich balgenden Fotografen sah, aber dann lauschte man ihm drei Stunden und 40 Minuten. Leider darf ich keine Kritik schreiben und bei mir gilt, daß alles besser ist, wenn es Kollegen machen. Aber eines haben mich der Abend und der nachfolgende Tag gelehrt: Sie bestätigten ·mir meine fröhlich-kritische Einstellung zu einigen Kritikern. Einer schrieb, es wäre so schade, daß der Regisseur die Schikaneder-Texte so gekürzt hätte – dabei habe ich sie noch nie so lang und ausführlich gehört. Ein anderer berichtete, daß die Königin der Nacht ausgepfiffen und ausgebuht wurde – er muß in einer anderen Vorstellung gewesen sein, in der Premiere gab es das nicht. Gezischt wurde nur, wenn einige ansetzten, nach einer Arie zu klatschen. Man glaubte wohl, bei einer deutschen Oper, dieser humorlosen, ehrwürdigen Dame, tue man so etwas nicht. Man hatte wohl »Parsifal« in Bayreuth erlebt. Ach ja, für den einen hatte der Baß keine Stimme, für den anderen wurde er mit Bravour interpretiert. Das war eine tröstliche Erfahrung. Und noch eins: Dieses oft krisengeschüttelte Italien, das uns vor 400 Jahren die Oper geschenkt hat, lebt noch mit seiner Oper. Es erregt eine Nation, die Zeitungen berichten so ausführlich und bilderreich, wie bei uns nur bei Unglücksfällen oder über eine freigelassene Vielleicht-Kindsmörderin.

Ein Jahr liegt vor uns –
ein Atemhauch – eine Ewigkeit

Heute schauen alle zurück auf das Vergangene, heute schauen alle voraus auf das Kommende, heute nacht ist die längste Sekunde, die sentimentalste, die bedeutungsschwangere, die lärmende, die stille – Transeamus. Wir merken, daß es fast keine Gegenwart gibt, es ist alles gleich gewesen und wird gleich kommen. Heute möchte ich an die Momente denken, die zeitlos sind, die Zeit gerinnen lassen, die Zeit vergessen machen, wo Raum zur Zeit wird, und Zeit im Raum vergeht, wo wir wünschen, verweile doch, Du bist so schön. Welche Augenblicke sind das in unserem Leben – sind es nur Augen-blicke? Es widerfährt uns in der Beglückung eines Versprechens, eines Gewinns, einer Erfüllung, in den Ewigkeiten der Liebe. Es begegnet uns in der Stille der Einswerdung, in der Überwältigung durch ein Wunder, in der Seligkeit des Glaubens und der Zweifellosigkeit des Vertrauens. Es ist die unaufgeregte Atemlosigkeit, die versenkte Erhebung, der Flug über den Wolken, der Gewinn der Mitte.

Es gibt Hilfsmittel für dieses Glücksgefühl, nicht nur Stimulantia, Antriebe und Aufputscher. Ich glaube, daß die Kultur uns Anwege, Gleitwege, Pfade gibt. Musik kann uns versetzen – verrücken, ohne uns den Verstand zu rauben und die Sinne überzumobilisieren. Sie kann uns das Universum hören lassen und den Klang unseres eigenen Herzrhythmus', Dichtung kann uns Welten sehen lassen, die es nicht gibt, sie kann uns Menschen vorführen, die wir sonst niemals kennengelernt hätten. Malerei kann uns in Gegenden verleiten, deren Weite, Schönheit und bizarre Abstrusität unsere Phantasie zu

---

Kolumne aus der »Welt am Sonntag« vom 31. Dezember 1995

Spielen verlockt, derer wir uns nicht fähig glaubten. Diese Erlebnisse lassen uns leben, lassen uns übersteigen, lassen Zeitlichkeit vergessen und Zeit besser zeitigen. Das macht uns vielleicht verstiegen, aber diese Hintertreppe ist zielstrebiger als das maulfeile Hauptportal.

Kunst führt zu Erkenntnissen, die das Geheimnis übersteigen. Kunst gebraucht die Gefühle als Leiter, um dann frei zu schwingen, nicht im luftleeren, sondern im lustvollen Raum. Kunst macht nicht besoffen, sie bringt mich zur berauschenden Klarheit, sie läßt den Menschen fühlen, wozu er fähig wäre und fähig ist. Kunst läßt Schicksale erleben und erleiden, deren Grausamkeit und Glück unser Bürgersinn sich nicht vorstellen kann. Kunst macht uns Verbrecher und Apostel verstehen, läßt uns Halleluja und Crucifige schreien. Kunst enthüllt und verhüllt zugleich. Sie entlarvt und macht gesittet durch Gesinnung. Kunst macht aus Kreaturen Menschen.

Es gibt keine Primär- und Sekundär-Kunst, keine Elite-Kultur und die Alternative dazu, es gibt keine U- und E-, keine niedere und höhere Kultur. Es gibt sie als Gabe und Begabung, als Muß und als Spiel, als Not und Befreiung. Sie verdammt, löst und erlöst. Sie fordert Können und erfordert Pflicht. Sie ist das menschliche Geheimnis, das uns glauben läßt, daß wir doch nicht nur Evolution, sondern geschöpft sind. Geschöpfte Geschöpfe, die schöpfen. Ein Jahr liegt vor uns – ein Lidschlag, ein Atemhauch – eine Ewigkeit, wenn es erfüllt ist von der Möglichkeit, die dem Menschen gegeben ist.

Silvester erlaubt einen Hymnus. Kunst, mach' aus der Welt – Sonntag.

Ein Dirigent, der sich und die Welt komponierte

Wenn man das Glück und den Vorteil hat, mit den großen Dirigenten unserer Zeit zusammenzuarbeiten, will man wissen, was das Geheimnis eines Dirigenten ausmacht. Bei Karl Böhm war es die Genauigkeit, aus der die Weite und Weihe der Musik kamen, Carlos Kleiber verwandelt Musik zu klingendem Lebensodem und Herbert von Karajan war opulent und begleitete fürsorglich. Daniel Barenboim probiert liebend genau und verliert nicht das Muster großen Wohlklangs, Lorin Maazel lächelt beherrscht, beherrschend filigran.

Mit Zubin Mehta erarbeite ich gerade die »Götterdämmerung« – ein Dirigent, der von Anfang an bei der Probe ist, eine Seltenheit, und uns durch Können, Wissen und Witz erfreut. Ein alter, erfahrener Orchestermusiker sagte mir: Kein Orchestermusiker schaut auf den Dirigenten, die Einsätze wissen wir selbst, das ist alles in den Proben erarbeitet worden, die muß der Dirigent nicht uns, sondern dem Publikum zeigen. Aber es ist die Körpersprache, die uns erreicht. Manche dirigieren mit geschlossenen Augen, manche erreichen uns mit dem Blick. Manche schauen in die Partitur, aber brauchen sie nicht, andere zeigen, wie wenig sie eine Partitur brauchen. Die Körpersprache – wer drückte sich mehr in ihr aus als Leonard Bernstein. Oft kritisiert wegen seiner tänzerischen Einlagen, mehr noch bewundert wegen seiner glühenden Intensität, die ein Stück verwandeln konnte. Wenn man die – sehr ausführliche – Biographie von Humphrey Burton liest, wird man immer wieder überrascht von der Bildung, der Sensibilität und der selbstzerstörerischen Lebens-

---

Kolumne aus der »Welt am Sonntag« vom 11. Februar 1996

251

freude dieses Ereignisses. Es erzählt sich so schön, daß der unbekannte junge Mann plötzlich für den erkrankten Bruno Walter in New York einspringen mußte und – »A star was born«. Aber dieser Stern hatte schon vorher oft geleuchtet, als Komponist, als Lehrer in Tanglewood, als Pianist. Doch an diesem Abend, Lennie in seinem einzigen präsentablen Anzug, geschieht es: Er reißt das Publikum, das nach dem »Meistersinger«-Vorspiel »wie ein einziges Tier in einem Zoo« reagiert, mit und fort. Und dann komponiert er »Candide«, »West Side Story«, dirigiert zu einer Zeit in Israel, als es gefährlich ist. Er erklärt vor dem Konzert dem Publikum den Sinn der Musik, spielt immer wieder zeitgenössische Musik, stellt junge und alte amerikanische Komponisten vor, macht Sendungen für die Jugend. Komponieren hieß für ihn, eine Gestalt finden. Oder es war nur ein Erlebnis, bei dem man eine Atmosphäre ersinnt, der aber der formale Aufbau fehlt. Vielleicht war es ein Thema, das man drehen und wenden kann und woraus man einen Kanon oder eine Fuge entwickelt. Es kann aber auch nur eine Melodie gewesen sein.

Mitten im kalten Krieg spielt er in Moskau, lädt den verfemten Pasternak ein, der nach dem Konzert sagt: »Sie haben uns in den Himmel gehoben – nun müssen wir auf die Erde zurück.« Und dann fügt er hinzu, daß er sich noch nie der ästhetischen Wahrheit so nahe gefühlt habe. Welch eine Aussage.

Ich habe durch ihn Mahler entdeckt, habe ihm in München beim Siemens-Musikpreis die Laudatio halten dürfen, zu der er viel zu spät kam, weil er sich nach schweren Proben zu sehr getröstet hatte. Und dann sprach er – unvorbereitet – über den Unterschied von Agape, Caritas und Liebe. Für ihn war Musik ein philosophisches Staunen – er war mit allen Widersprüchen eine singuläre Erscheinung in unserer Zeit, ein Dirigent, der komponierte – sich und die Welt.

Berliner Theatertreffen 1996

★

Im Schillertheater über die Kraft des Theaters zu reden, ist obszön.
Daß die Theatertage hier eröffnet werden, läßt hoffen.

★

An diesem Platz über die Kraft des Theaters zu reden
kommt mir vor, wie in einer Samenbank über die Potenz des
Mannes zu sprechen. Hier im Schillertheater wurden die
Spermien kultursenatorisch abgebunden, abgespart, und man
ejakulierte Lustbarkeit. Aber gerade an diesem Platz, an dem
ich protestiert habe, spreche ich heute gerne über die Revi-
talisierung des Theatertreffens. Herr Intendant Eckhardt hat
mich einmal zynisch als »Retter des Theatertreffens« für Berlin bezeichnet, weil mein ausdrücklicher Wunsch, dieses Treffen nach München zu holen, die Berliner reaktiviert habe.
Hoffentlich erinnern sich die Kritiker heute nicht an die vielen negativen Äußerungen, die ich über dieses Theatertreffen
gemacht habe: über die Allmacht von »Theater heute«, die oft
eine modische Ohnmacht war, über die Auswahl der Jury, die
uns Theatermachern allzu gemacht erschien – »läßt Du mir
meinen Peymann, dann schlachte ich Dir nicht Deinen Zadek«, über die Provinzialität einer sich großstädtisch gebär-
denden Schein-Kulturhauptstadt. Vergessen, vergeben im
Zuge dieser neuen Entwicklung. Alles neu macht der Mai.

Herr Stadelmaier hat das noch viel unliebenswerter in
einem Dramolett beschrieben: »Verfolgt man ein Jahr Theater in Deutschland, dann ist der Mai der Wonnemonat. Nicht
deshalb, weil da besonderes Theater stattfände. Sondern weil
alle Theater so tun, als sei in diesem einen Monat Berlin die

---

Eröffnungsrede zum Berliner Theatertreffen, 3. Mai 1996

deutsche Theaterhauptstadt. Als Berlin noch geteilt war, simulierte das Theatertreffen die imaginäre Theaterhauptstadt Berlin. Die Stadt wäre jetzt selber groß genug, um die reale Theaterhauptstadt zu sein. Aber ihre Theater sind nicht danach. Insofern ist das Theatertreffen, an sich überflüssig wie ein Kropf, ein schönes Relikt der Berliner Selbsttäuschung.« Auch das ist ab heute vergessen, noch nicht vergeben.

Der Deutsche Bühnenverein hat mit Ihnen allen gegen die Entscheidung des ZDF gewettert, die verdienstvolle Sendung der »Aktuellen Inszenierung« – 500mal gelaufen – abzusetzen. Wir haben es erreicht, daß ARD und ZDF in 3SAT wichtige Inszenierungen des Theatertreffens aufzeichnen oder live senden werden, heute abend ist in 3SAT der Beginn.

Das reformierte Theatertreffen wird mit dem »Sommernachtstraum« eröffnet, und daß dieser Frühsommer kein Traum ist, sondern Wirklichkeit wird, verdanken wir Ihnen, Herr Eckhardt, verdanken wir dem Berliner Engagement und verdanken wir uns. Auch den Erhalt des Stückemarkts. Also lassen Sie uns allen Dank sagen. Aber ein Theatertreffen sagt nicht Dank. Es stellt Fragen, die es meistens nicht beantworten kann, denn die Kraft des Theaters besteht darin, Fragen aufzuwerfen, die es weder beantworten will noch kann. Musicals können alle Fragen beantworten, wenn sie überhaupt Fragen stellen. Da bleibt kein Auge trocken. Adorno fordert sogar, daß wir in die Ordnung das Chaos streuen müssen, um ordentliches Theater zu machen. Das Theatertreffen ist keine Parade, keine Heerschau, es soll zeigen, wieviel Kraft das deutsche Theater noch hat oder nicht mehr hat. Es ist eine Bilanzierung, aber nicht nach Gewinn und Verlust, sondern nach Brisanz und Schlappheit. Es soll zeigen, ob wir nur Moden nachplappern, Geschmäckern nachlaufen oder bilden. Die Kraft des Theaters besteht in seiner Eigentümlichkeit, in seiner Unverwechselbarkeit, in seiner bleibenden Einmaligkeit. Das Theater hat nur selten Revolutionen beginnen lassen, selten Staatschefs gestürzt und nie die

Menschheit verändert. Aber es hat Menschen geändert, es hat sie aufgerufen, angerufen, aufgeweckt, lachen und weinen gemacht; es hat sie nachdenklich und zornig gemacht, fröhlich und aufsässig. Theater hat Kräfte mobilisiert. Das Berliner Theatertreffen war nie langweilig – denn nur Langeweile ist der Tod des Theaters. Berlin muß sparen – wir alle haben bekundet und gebeten, es doch nicht noch mehr am Theater zu tun. Operationen sind notwendig, aber sie dürfen nicht Blutbahnen abbinden und Nerven stillegen. Dies hier ist ein Anfang, auf daß das Theatertreffen nicht nur ein Treffen beliebiger Truppen ist, sondern ein Treffpunkt, wo der Punkt des Theaters getroffen wird. Theater nicht als Treffpunkt der Privilegierten, des Klüngels, der Schickeria, sondern als Arena, für Theater mobile et stabile, für das vergangene Lebendige, das umkämpfte Gegenwärtige und das erhoffte Zukünftige. Was ist die Kraft in einem Samenkorn, aus dem ein Baum wird. Die Kraft des Theaters ist das Wort, der Ton, die Bewegung, von Menschen dargestellt und vorgeführt, auf daß wir Worte neu hören, erstmals hören, erstmals begreifen, uns erstmals oder wiederholt an ihnen erfreuen oder an ihnen reiben.

Theater ist ein Element.

Wie sagt Jakob Burckhardt: »Unser Ausgangspunkt ist der vom einzigen bleibenden und für uns möglichen Zentrum, vom duldenden, strebenden und handelnden Menschen, wie er ist und immer war und sein wird«, und ich füge hinzu: Die ganze Geschichte beruht letzten Endes auf dem Versuch des Menschen, Visionen zu verwirklichen – Theater muß sein.

Epilog

Jetzt haben Sie Reden von mir gelesen, sie aber nicht gehört. Vielleicht hätte ich Sie redend noch mehr überzeugt, als ich hoffe, es schon getan zu haben. Überzeugt, daß Theater keine Wissenschaft, keine Theorie, keine Scheinwirklichkeit ist, sondern wirklicher Schein. Nur stetes Fragen höhlt den ›Schein‹. Kunst macht aus einer Lösung ein Rätsel und löst Rätsel auf wundersame Art. Picasso lehrte uns: »Kunst ist nicht Wahrheit, Kunst ist Lüge. Aber eine Art von Lüge, die uns hilft, die Wahrheit zu verstehen.« Das Theater ist seit Bestehen der Menschheit immer eine Möglichkeit der Verteidigung und keine lasterhafte und billige Unterhaltung. Denn manchmal, so meint Adorno, ist die Aufgabe der Kunst, Chaos in die Ordnung zu bringen – und dann wieder ist es die Sprache, die wesensgemäß die Welt wieder ordnet.

Ich habe in diesen Reden und Aufsätzen viel über Kunst und Kulturpolitik gesagt. Vieles galt nur dem Augenblick, alle Gedanken aber waren beeinflußt vom Intendanten und Regisseur. Mein Fehler: Immer alles allen mitteilen zu wollen. Aber Mitteilen ist nicht nur Weitersagen, es ist mit-teilen. Seine Arbeit teilt der Regisseur mit vielen, die ihm helfen, aber er will sich auch teilen für die, die er zu erreichen hofft, und die Aufgabe muß sich ihm mitteilen. Er steht immer unter dem dualistischen Zwang: Werk *oder* Aufführung oder Werk *und* Aufführung. Er muß sich dem Stück ganz hingeben, sich mit-geteilt haben, um dann zu entscheiden, was seine »Werktreue« ist. Jedes geschriebene Wort klingt gesprochen – von verschiedenen Menschen gesprochen – anders. Jeder schwarze Notenkopf ist ein Geheimnis. Wörter müssen wie Nüsse aufgeknackt und zu Worten werden. Pausen müssen ausgelotet und ausgeschöpft werden. Die Länge einer Fermate ist von keinem Komponisten festgelegt, sie muß erahnt, gezählt oder bestimmt werden. Der Regisseur kann vom Blatt spielen lassen, das ist dann die »Werktreue«, von allen Altgierigen erwünscht. Aber Treue ist kein Begriff, der der Kunst zugeordnet werden kann. Der Regisseur kann aber auch das Blatt wenden und den Hintergrund, den Abgrund zeigen. Er sollte nie einer Mode folgen und nicht seinem eitlen Selbstdarstellungswillen; Effekte sind Wirkungen ohne beglaubigte Ursachen. Der weise Ernst v. Siemens sagte mir: »Mein Vater hatte jahrelang einen Hut, den er täglich trug. Der wurde während dieser Zeit dreimal modern.« Wer nicht modisch sein will, ist deswegen noch nicht altmodisch. Die Interpretation darf eigenwillig und anstrengend, soll aufregend, spannend, besinnlich und schön sein. Es gibt Regisseure, die sind nur Arrangeure: »Du stehst und gehst dort, und wo Du nicht stehst, steht der andere.« Manche Regisseure lassen sich zunächst alles von den Schauspielern vorspielen, um dann das Schauspiel zu ordnen. Andere sagen jeden Fingerzeig, jede Betonung, jeden Scheinwerfer an. Einige lassen die Leute laufen, wie sie zu sein scheinen, einige deuten ihren Charakter neu, so daß oft der Autor überrascht ist über diese von ihm nicht intendierte Deutung; er schöpft, was der Schöpfer nicht ahnte, aber im Tiefgrund der Quelle verborgen war. Junge Regisseure versetzen Zeiten und Zeichen, deuten um, streichen und schreiben fremde Texte zur Erläuterung in den vorgegebenen Text. Gestrichen muß oft werden, denn das kann nicht durchfallen (noch nicht untergekommen sind mir Opernregisseure, die Noten umgeschrieben haben). Stanislawski nannte den Regisseur einen Brautwerber, der Autor und Theater zusammenführt, die Hebamme, die bei der Geburt eines Kunstwerks Hilfe leistet. Aber Kultur steht nie, sie ist immerwährend auf einem Weg, der zum Gehen nötigt. Wir dürfen die Welt nicht ignorieren, in der wir leben, deshalb wird es oft nicht sehr heiter zugehen, wir dürfen aber auch nicht die Welt ignorieren, in der wir *auch* leben, und darum darf es heiter zugehen. Wer sich der Zeit verschreibt, liefert sich ihr aus. In der Kultur sind nicht Mehrheitsverhältnisse zu beachten, aber wir dürfen auch unsere Zuschauer nicht ignorieren. Sie wollen uns verstehen, uns hören, sie wollen nicht in die Schule und nicht ins Purgatorium verbannt werden – sie wollen im Theater sein, dem utopischen, realistischen, phantastischen Eiland, das keine Insel der Glückseligen, aber auch nicht eines der ewig Verdammten ist, kein Niemands- und kein Allerweltsland.

Leonard Bernstein hat nach der c-Moll-Messe in Waldsassen über die geheimnisvolle Verbindung zwischen Publikum, Künstler und Musik nachgedacht:

»Voraussetzung für die Freude am Dirigieren« – und ich füge hinzu – am Inszenieren – »ist schlicht und einfach jenes Wissen um ein Werk, durch das Du ihm gehörst, nicht jenes, durch das es dir gehört. Du weißt, wie der sprachliche und musikalische Text ineinandergreifen oder eben auch nicht. Du weißt um die Probleme, die Hochs und Tiefs, und Du bist sein Hüter geworden, der Wächter der Flamme.«

Ich war auch oft gerufen, Hüter und Wächter der Flamme zu sein, die in allen Theatern brennt, glimmt, lodert, schwelt, kokelt oder erleuchtet. Dann war ich denen, die gern in die Flamme blasen, ein konservativer, einer der ja nur bewahren statt wagen will.

Meine kulturpolitischen Aufgaben forderten mich. Sie forderten mich, von Politikern mehr zu fordern und meine Kollegen zu mahnen, nicht immer nur zur fordern. Immer wieder höre ich die Aufforderung, die Struktur der Theater zu ändern. Was ist sie denn, diese Struktur: Die Subventionierung, die in Wahrheit eine Investition ist, durch die offenen Hände, und es ist das Repertoire- und das Ensembletheater. Und diese Struktur will und werde ich nicht ändern. Der geforderte Stellenabbau führt zum Abbau dieses Repertoire- und Ensembletheaters und führt zu En-suite-Reihen und Wandertruppen. Auch die Vielfalt der Sparten in kleinen, mittleren und großen Theatern führt die Bürger früh ein in die Vielfalt der niemals einseitigen Kultur. Die Politiker müssen verantwortlich sagen: Soviel Mittel haben wir für die Kultur in unserer Stadt. Und dann müssen wir antworten: Für das könnt ihr nur das oder das bekommen. Kulturpolitiker müssen wissen, warum sie jemanden zum Intendanten wählen: Kann er motivieren, kann er führen, kann er einen Etat lesen und einhalten, kennt er die Tarifgesetze, ist er ein Künstler und Verwalter?

Intendanten müssen wissen, daß sie ihre Spielpläne zunächst nur nach künstlerischen Gesichtspunkten erstellen dürfen, dann müssen sie auch daran denken, daß sie mit ihren Botschaften die Menschen erreichen wollen und sollen. Leere Theater sind keine guten Theater – wir alle wollen gehört und gesehen werden –, aber manchmal beweist gerade ein leeres Theater, daß es einen guten Intendanten hat, der nach seinem Prophetenamt waltet, der das Zukünftige erschaut, seinem Publikum Literatur und Wege zu gehen zumutet, die noch keine Trampelpfade sind. Dabei sind wir oft Toren, aber auch Initia-toren, Genera-toren und Innova-toren. Intendanten und Kulturpolitiker sitzen in einem Boot, das sie gegen den Strom und mit ihm steuern müssen.

Zur Sache – wenn's beliebt.

Die Sache der Kunst ist nicht immer sachlich, sie muß oft unsachlich sein, sie darf nie beliebig und beliebt sein wollen, aber sie darf geliebt sein.

Aber man muß die Sache sagen, singen, tanzen können, auf daß sie ansteckt, und darf auch, gerade wenns nicht beliebt, anstoßend, anstößig, wild und umwerfend sein. Es gibt ein Amen und immer ein Tamen, sagt Erich Kästner. Wir müssen das Publikum verführen, nicht nur Schönes hören zu wollen, es muß Musik-Theater erleben und nicht nur Opern konsumieren wollen, nicht nur Stippvisiten machen, sondern auch mal lange verweilen, aber sich nie langweilen. Die Aufregung und das Nachdenken über alle menschlichen Schicksale und mit ihnen leiden, sich mit ihnen freuen, mit ihnen

verzweifeln und auch erlöst werden – das ist Theater. Bei
Goethe heißt das:

>>Woher sind wir geboren? Aus Lieb
Wie wären wir verloren? Ohn Lieb
Was hilft uns überwinden? Die Lieb
Was läßt uns nicht lange weinen? Die Lieb
Was soll uns stets vereinen? Die Lieb.<<